ZHIJING!

XINSHIDAI WOMEN SHENBIAN DE BANGYANG RENWU

致敬！

新时代我们身边的榜样人物

向晓金　主编

榜样是一面镜子　也是一面旗帜

树立榜样　学习榜样　争做榜样

沈阳出版发行集团

沈阳出版社

图书在版编目(CIP)数据

致敬！新时代我们身边的榜样人物 / 向晓金主编. --
沈阳：沈阳出版社，2019.9
ISBN 978-7-5716-0328-1

Ⅰ. ①致… Ⅱ. ①向… Ⅲ. ①人物-访问记-中国-
现代 Ⅳ. ①K820.7

中国版本图书馆 CIP 数据核字(2019)第 193786 号

出版发行:沈阳出版发行集团｜沈阳出版社
（地址:沈阳市沈河区南翰林路 10 号　邮编:110011）
网　　址:http://www.sycbs.com
印　　刷:长沙市精宏印务有限公司
幅面尺寸:170mm×240mm
印　　张:16 印张
字　　数:200 千字
出版时间:2020 年 4 月第 1 版
印刷时间:2020 年 4 月第 1 次印刷
选题策划:张晓薇
责任编辑:杨敏成
装帧设计:潇湘悦读
版式设计:曾小平
责任校对:张　晶
责任监印:杨　旭

书　　号:ISBN 978-7-5716-0328-1
定　　价:48.00 元

联系电话:024-24112447
E - mail:sy24112447@163.com

写在前面

张立云

“一个有希望的民族不能没有英雄，一个有前途的国家不能没有先锋。”习近平总书记非常敬重英雄，崇尚先锋，并在多个场合对新时代涌现出来的英雄模范和榜样人物表达敬仰之情。

确实，当我们回望革命年代的“人民英雄”，回首建设岁月的“建设标兵”，重温改革时期的“改革闯将”，感佩新时代的“时代楷模”时，内心满满的都是感动。榜样人物的力量是无穷大的，值得我们永远铭记与崇敬，正是他们强大的精神动力，激励着我们不断前行。榜样是一面镜子，也是一面旗帜。以榜样为镜，让我们深知自身的差距与不足；以榜样为旗帜，给我们指引方向，引导我们不断向好的方向前行和发展。

“树高千尺，必有根基；水流万里，定有源泉。”为了挖掘榜样背后的故事，自 2017 年 4 月开始，潇湘悦读文化研究会（湖南读书会）特组织了一群爱心作家，深入到各行各业与各条战线涌现出来的榜样人物面对面进行交流和采访，并形成精美的文字，前期发表在我们的官网——潇湘悦读网上。读书是我们研究并传承的一项工作，推而广之，我们是不是可以让“读”字更深入一些呢？于是，我们开始了读“人”。与这个社会优秀的榜样人物交流，并为这个时代真正的榜样人物用文学的形式立传，这工作应该非常有意义。

于是，便有了我们选定需要撰写的对象。这个人选的敲定，是一项庞大的工程。好在我们不是孤军奋战，在采访编辑这本书的过程中，不仅集合了我们编委会全体成员的力量，还向中央电视台、人民日报、沈阳出版社及省、市有关部门请求支援，最终形成这样一个大致的范围。我们知道，单凭我们的力量，其权威性是远远不够的。但是，要编就要编出一本真正有品位的图书，这种信念也来自于榜样人物的精神指引。于是，便有了这本即将精彩呈现的图书的模样。当然，在这个榜样辈出的时代，100个、1000个哪怕是10000个的数量都不足以展现这个群体的全貌。限于书的容量和出版的要求，我们从众多人物中选出58个代表中的代表进行深度报道。这种做法，不是对榜样人物的轻重之分，也不是对其社会贡献的大小之分。我们敬重每一位榜样人物，因为无论时代怎样变化，榜样始终是我们内心的坚守、追随的真理、讴歌的对象！

这58个人物，来自全国各地的各行各业，有的为全人类做出过巨大的贡献，他们的名字大都已经如雷贯耳，但大部分人却只是基层一线的一粒小小螺丝钉。他们并非高高在上、遥不可及，但他们都有一颗积极向上、全心全意为人民服务的心。我们认同英雄，就是认同正确的价值观；追随先进，就是追随真善美；颂扬榜样，就是颂扬正能量。

"学所以益才也，砺所以致刃也。"榜样是一种向上的力量，具有极强的感染力，只要我们树立榜样，学习榜样，争做榜样，在全社会形成崇德向善、见贤思齐、德行天下的浓厚氛围，就能凝聚起强大的正能量。今天的中国正处于社会大变革时期，发展日新月异。为了让我们的共同目标能够更好更快地实现，我们需要榜样人物的产生，需要榜样人物的精神来引领社会主流价值。我们不但要向榜样致敬，更要"见贤思齐"，将他们当成标杆，学习他们在艰苦的环境中扎实苦干的作风，学习他们面对困难时锲而不舍的精神，日积月累，水滴石穿，从推崇他们、模仿他们，最终成为他们直到超越他们。

编辑出版和阅读推广是目前我们研究会的两大块工作。我们每年都要策划出版近一百本书，做几十场阅读推广活动。在出版方面，其实我们还停留在"来料加工"式服务上，自己全程策划编辑出版的书还不是很多。我们希望以此为契机，多出好书。

在本书即将付梓之际，要重点提一个人的名字，她便是我们的副会长向晓金女士。她是本书立意的推动者和主要执行者，为此书的采访、撰稿到编辑、出版付出很多。

李白诗云："高山安可仰，徒此揖清芬。"让我们与榜样同行，齐步共进，携手续写人生的新篇章，为我们的美好明天共同努力奋斗！

注：张立云系潇湘悦读文化研究会（湖南读书会）会长。

目录

MULU

第二辑　产业的力量

第三辑　桃李芬芳香满园

第四辑　时代之光

第一辑

文艺的天空有多美

“画魂”王诚：

用爱心和画笔对话世界

◐ 湖南读书会

墨香浓淡，沉淀绝世之美。方寸之间，尽显信仰大爱。

他诚信做人，水墨清音，蕴涵昂扬向上的民族精神。

他用爱心和画笔对话世界，作品神韵天成，尽显个性光芒，这也是被誉为“画魂”的由来。他先后师从启功、廖静文、张性荃等大师，笔耕不辍，创新不止。他的作品集各家之长，体现了泱泱大国的美学内涵和现代视觉架构，具有极高的审美价值和精湛的艺术水准。

他就是中国当代著名书画家、国家一级美术师、中国书画艺术家协会会员、中华诚信书画研究院院长、北京诚宝轩主——王诚。他先后多次举办个人书画展，多次在国际和国内比赛中获奖。他的多幅书画作品被故宫博物院、国家博物馆、人民大会堂、钓鱼台国宾馆、毛主席纪念堂、天安门城楼以及中外大使馆收藏。不仅如此，中国邮政还两次发行他的庆祝建国65周年、纪念抗日战争胜利70周年个人书画邮票。

墨海行舟，风正帆悬

王诚具王者风范，其作品博采众长，兼容古今，自成一统。他的书法作品，无论正、草、隶、行、篆，都是气宇轩昂，笔意流畅，如黄河之水雄浑激越，荡气回肠。他的绘画作品，也是激情澎湃，翰墨淋漓，静如高山流水，清润自然，动如长江浪涛，气势磅礴。自然之美之韵，山河之壮之阔，万物之真之善，莫不成竹于胸，泉涌于笔端。

一草一木，率性自然，物我两忘；一花一鸟，清新淡雅，意趣盎然。

牡丹，雍容华贵，鲜嫩欲滴，是一种情绪，一种情感，一种眷恋红尘、积极向上的繁华与渲染。

荷花，或含苞或怒放，硕大莲蓬，用墨沉酣，衬托荷花出淤泥而不染的高洁风格，给人一种很强的视觉冲击力。

竹鸟图，动静结合，形神兼备。竹干形态各异，老竹久经风霜，愈发苍劲；新竹拔地而起，直上青云；幼笋破土而出，粗壮有力。其间小鸟欢快飞腾，啼声几欲可闻。

硕果画，寥寥数笔，竟将葡萄之水灵之饱满之丰腴画得淋漓尽致。那一种丰收的喜悦，那一种成熟的韵味，那一种因成熟而有所期待的淡淡羞涩和哀愁，也淡淡地萦绕心间。

山水画，心中如无万丈豪情，笔下定无壮丽山河。细寻画中风骨，让人感悟到了峭壁巉岩的刚强，山谷怀幽的包容，奇峰异石的磊落，银练倒泻的浩大，白云舒卷的自在，山水相依的永恒……

一幅幅唯美独特的作品，是一首首建构精巧、意蕴丰满的诗篇；又是一曲曲阳光般的天籁之音，唱响了春天的心事，诉说着中国梦：那《国色天香牡丹》、那《花好月圆》、那《太行山下幸福人家》、那《报春红梅》、那《三山五岳》……真是一眸千年，一眸万载，一眸多少美丽，一眸多少眷恋与祝福、期盼和畅想。

岁月的积累与功力的积淀，让王诚的书画越来越纯粹，画路越来越宽广。

王诚的每一步都走得铿锵有力。他建立了属于自己的文化支点，用作品贯穿艺术的理念和人文情怀，在理想中攀升，在攀升中超越，在超越中升华。

大爱无垠，传递阳光

王诚擅长运用雄健的笔法，营造力量感和结构美，用跳跃的画面反映社会的紧张节奏和生活韵律，用书画构筑梦想和追求。

王诚品正艺美，大爱盈怀。他在对中国书画艺术孜孜追求的同时，对社会公益事业也倾注了更多的热情。他总是播撒爱心、传递正能量。他如和风细雨，温润着弱势群体、贫困学子、地震灾区人们的心田；如一缕缕沁人的阳光，照亮他们头顶上的蓝天。王诚得到了社会各界人士的尊重和好评。

2012 年 5 月，王诚被授予“中华优秀艺术家”称号；

2014 年 8 月，荣获“慈善大使”称号；

2014 年 11 月，获颁《中华榜样艺术大使》荣誉证书；

2015 年，荣获世界“国礼大师”光荣称号；

2016 年 12 月，在法国罗浮宫荣获国际艺术沙龙奖……

王诚，如一本色彩与文字相得益彰、博大精深的书卷，让人感悟深深。他把“厚德载物”和“宁静致远”沉淀为一份深深的情愫，把所有浪漫与飞扬，转化为岁月的成熟和厚重。

相信一直孜孜不倦追求地王诚，将成为世界画坛又一颗璀璨的明星，在不久的将来或许会带给我们不一样的惊喜和骄傲。

鲁奖获得者许晨：

笔墨常随时代新

王倩倩　滕　璐

2018年8月11日，第七届鲁迅文学奖评奖委员会公布获奖名单，票选出中篇小说奖、短篇小说奖、报告文学奖、诗歌奖、散文杂文奖、文学理论评论奖、文学翻译奖7个类别共计34部作品获奖。其中，著名作家、山东省作协副主席、湖南读书会顾问许晨凭借《第四极——中国“蛟龙”号挑战深海》获得报告文学奖。这部被称为“纯粹崇高、无私勇敢、智慧坚韧精神情感的深切体会和动情的文学书写”的作品，以蛟龙号深海探测为主题，文学性与时代性俱佳，写出了时代主题、中华精神。这是许晨跟随“蛟龙”号远航太平洋，深入一线深刻体验的成果。

“笔墨当随时代”,许晨始终是站在时代风口上的瞭望者。

写作,是许晨一生的挚爱。在机床车间里,在战旗军营中,他都是一名酷爱文学的业余作者。20 世纪 90 年代初,他成为文学编辑和专业作家,曾获得全国冰心散文奖、山东省精品工程奖等各类文学奖项。

儿时播下文学梦

读书,是许晨记事以来的嗜好,还不识字的时候,小人书就已不离手。那时街头的书摊旁,一分钱看一本书,他把压岁钱拿出来,一蹲就是大半天。

上小学后,许晨对语文课情有独钟。每次开学时发下新课本,他总是迫不及待地浏览一遍,但还是不过瘾,于是从同学那里借来各种课外书,经常半夜躺在被窝里打着手电筒悄悄看完。小小年纪,他就把《西游记》《林海雪原》《钢铁是怎样炼成的》等作品读过了。

许晨母亲工作的工厂里有一个职工图书室,管理员与许晨母亲是好朋友,听说他爱看书,便破例对他敞开了大门。童年,他的课余时间几乎在那里度过。其他小孩在捉迷藏、斗蛐蛐的时候,许晨一个人在那里读书,仿佛周围一切都与他无关,看到有趣的地方捧着书大笑,动情时则潸然泪下。“小时候看书就是看故事、看热闹,从没想过将来会当作家。但书看多了,也总是想写些什么。”许晨笑笑说。

一粒写作种子就在那时种下,等待着萌发、成长。

20 世纪 70 年代,许晨爱上诗歌散文创作。“文革”期间,许晨进入工厂做学徒工,自告奋勇写黑板报。后来,他多次自嘲是“在黑板报上成长”的作家。

那时,山东作家最大的愿望就是在《山东文学》和《大众日报》文艺副刊上发表文章,许晨也不例外。1975 年 3 月 2 日,他的一组散文诗《风雷篇》在《大众日报》文艺副刊发表。刚刚 20 岁的他,几乎走到哪儿都带着这份报纸,端详着作者栏“工人许晨”四个字,不知兴奋了多久。随后,他的作品《青春篇》《金色的十月》又相继登上《大众日报》文艺副刊,而且都在头条位置。

许晨从不放过任何一个学习的机会。1975 年 12 月,山东省文化局创作办公室在泰安召开全省创作会议,培养工农兵作者。许晨作为工人代表参加。开诗会时,许晨的即兴诗作引发共鸣,时任省创办主任的郭澄清十分关心这位小老乡。许晨回忆说,他从郭老身上学到很多。后来,许晨在《山东文学》任社长时,力主举办全国性的“郭澄清农村题材短篇小说奖”征文大赛,以表达师恩难忘的心意。

此时的许晨，已成为省内小有名气的业余作家，但他在等待一个机会，一个让自己有质提升的机会。

热血从戎不弃笔

机会很快来了。1979 年 5 月，原济南军区空军政治部文工团招收创作员，许晨被特招调干入伍。他怀着满腔激情深入部队体验生活，采写文学作品，先后在《空军报》《解放军文艺》《解放军报》《前卫报》发表了一些诗歌、散文作品。

许晨从未满足于眼前的成绩，相反，学习专业知识的渴求越发强烈。1987 年夏天，解放军艺术学院文学系招生。许晨积极报名，考试取得了优异的成绩，并得到时任解放军艺术学院文学系主任、著名军旅作家王愿坚的赏识，从而开启了正规学习文艺理论的大门。

脱产两年，带薪上学，还可随时向名家请教，在许晨看来，这是难得的机会。他一头扎进教室、图书馆，边学习边创作，不断拓宽自己的“文路”。

1988 年初，得知烟台市率先实行住房制度改革，许晨便利用寒假去采访，写出了长篇报告文学《居者有其屋》，发表在《中国作家》杂志上，并由华夏出版社出版单行本，这是许晨的第一本书。恩师王愿坚专门写下序言，激励他“笔墨当随时代”。书中预言“房改的方向是走向商品化”，如今已变成了现实。

许晨就读的解放军艺术学院，曾是样板戏剧团的宿舍，在那里他经常看到京剧名角刘长瑜、浩亮等人出入，便萌生出采写关于“样板戏”幕后故事的想法。1988 年秋天，许晨着手落实这一计划。他利用课余时间，接连跑了《红灯记》《沙家浜》《奇袭白虎团》等剧组，采访了许多主创人员，而后挥笔疾书。一年后，20 多万字的报告文学《人生大舞台——“样板戏”启示录》完成，由《十月》杂志摘要发表后引发轰动，全国几十家报刊转载、连载，黄河出版社还出版了单行本，深受读者欢迎。作为首部全景式描写“样板戏”现象的报告文学，这篇文章先后获得全国晚报连载作品一等奖、山东省优秀报告文学奖，并在新中国成立五十周年之际入选《山东新文学大系》，许晨也因此成为中国作家协会会员。

结缘《山东文学》社

1991 年，解放军艺术学校毕业的许晨被提升为某部宣传股长，授予空军少校军衔，但由于酷爱文学，他谢绝部队首长的挽留，转业到《山东文学》担任编辑部副主任。由业余作者到专业文学编辑，许晨在文学旅程上转换了角色，但他始终牢牢握紧手中的笔。

那些年里，许晨一边组稿编稿，一边深入改革开放第一线，专心从事喜爱的报告文学写作，几乎每年都出一本书。反映济钢集团改革发展的《钢铁铸造的岁月》(合作)和描写鲁能泰山足球队夺取“双冠王”的《巍巍“泰山”》先后获得山东省精品工程奖。“非典”疫情突袭时，许晨与几位作家临危受命，前往一线采写山东人民支援北京和全国抗击“非典”的报告文学，在《人民日报》上发表。2008 年四川发生大地震，许晨及时赶赴灾区，写出了齐鲁儿女支援灾区的长篇报告文学《真情大援川》……

因为是文学编辑，所以培养文学新人，推出精品佳作，繁荣山东文学事业成为许晨义不容辞的责任。每年经他和同事们编选的作品都有不少被全国性报刊转载，获得各种文学奖项。他一心一意做好编辑工作，不断深入生活写作。

1995 年，不满 40 岁的他，被破格晋升为文学创作一级职称。

如此，许晨在《山东文学》整整工作 20 年，由编辑部副主任、主编助理、副主编、执行主编、社长一路走来。在此期间，他组织发表了全省各地作家诗人的大量好作品，为繁荣山东省文学事业做出了突出贡献。2006 年，许晨被山东省期刊协会授予优秀编辑奖。

2008 年 11 月，许晨开始全面主持《山东文学》社工作。“不当家不知柴米贵”。自 20 世纪 90 年代中期开始，《山东文学》在全国文学期刊中被率先推上了改革潮头。经费“断奶”，编辑缺乏。许晨义无反顾地挑起了这副担子，一番努力之下，《山东文学》迎来了新的局面，先后荣获“山东省优秀期刊”和“华东地区优秀期刊”荣誉称号。许晨本人被评为“华东地区优秀期刊工作者”。

2009 年山东省作协面临换届，因工作成绩突出，许晨在民主推荐中获得高票，经过上级领导机关严格考查后列为候选人，最终当选为山东省作协副主席，他深感肩上责任重大。许晨除在主席团任职外，还兼任《山东文学》社社长、党支部书记，省作协机关党委委员。他率领全体编辑再接再厉，锐意进取，掀开了《山东文学》新一页。

近年来，半岛蓝色经济区高速崛起，许晨觉得如果能够见证和记录这一切，将意义深远。与此同时，《山东文学》聘请了著名评论家、省作协副主席李掖平为主编，许晨与她配合默契，杂志社走向良性循环。向往大海的许晨再次作出了一个重要选择，辞去《山东文学》社社长职务，于 2011 年调到青岛市文联，从事专职文学创作。

这几年，许晨致力于海洋文学的创作和研究。在《人民日报》发表的散文《青岛的记忆》是他在参观青岛档案馆图志展览后所作，以古观今，抒发了青岛人民实现蓝色大跨越的豪情壮志，作品获得了全国第五届冰心散文奖。2014 年，许晨受国家海洋局之邀，跟随“蛟龙”号前往太平洋科考，经历了台风、巨浪等恶劣天气的考验，写出了一系列散文和长篇报告文学，其中《第四极——中国“蛟龙”号挑战深海》在《中国作家》发表，著名评论家李炳银专门撰文给予好评。2018 年，该作品获第七届鲁迅文学奖报告文学奖。据悉，许晨计划写作“海洋纪实文学三部曲”的第三部作品，“写作主题是我国海洋科学研究，以此向 2019 年中华人民共和国成立 70 周年献礼”。

“远近看许晨，机敏有精神。编写两只手，得失一寸心。”这是他的老师、德高望重的军旅作家李心田先生为许晨所作五言诗中的句子，也是对他文学生涯的高度概括。

爱心书画家谢晓钢：

最美艺术家坚持26年做公益

◐ 湖南读书会

提起谢晓钢，大多数人的第一印象是画家，共和国人民艺术家，中国国画院常务副院长。他的力作《醉春图》、佛菩萨画系列在业内非常有名。鲜为人知的是，他还是低调的公益热心者，26年来，通过书画拍卖、基金资助、个人筹资等，为贫困地区修桥、资助贫困大学生上学、为路上偶遇的老人垫付医药费、帮助患病儿童重获健康……对于做公益这件事，他没有半分的犹豫，总是不遗余力地去帮助别人。他常说，做好事不难，最难的是一辈子做好事，公益这件事是值得他一辈子做下去的事。艺术家的率真和慈善之心，让他一直坚持公益之路。谢晓钢2018年被评为中共湖南省委文明办“湖南好人”，2019年由中央文明办评选为“中国好人”。

慷慨捐赠拍卖书画作品，帮助社会有需要的人

谢晓钢的书画造诣很高，以国画见长，其作品多次荣获国家级奖项，多幅作品收藏于国内外知名美术馆。他经常组织义卖活动，为需要帮助的人和爱心公益组织筹款，联合社会各界的力量，让爱心不断传递。

2014年1月，谢晓钢与鄢福初、周中耀等10余位书画名家联合举行“大爱如山”拍卖会，听到浏阳市小河乡金沙村村民刘瑞英一家3年花12万元照顾残疾邻居杨昌海的故事后，谢晓钢非常感动，将拍卖所得的10余万元全部捐赠给刘瑞英，希望好心人也能得到别人的帮助。

2015年7月，谢晓钢在江门市热心人段女士的微信朋友圈了解到广东开平爬行男孩李晓俊的遭遇，当即在微信留言："为了能让小孩住院治疗，我会尽力支援他。"2015年8月1日，谢晓钢特意赶到新会龙泉大酒店，举行义卖专拍活动，短短一天时间，筹款20多万元，全部捐赠给李晓俊。

在谢晓钢的书画人生里，公益一直是相伴而行的。2012年，由湖南省文化艺术基金会、省拍卖公司拍出的20幅作品，共68万元全部捐赠给基金会。2013年，由湖南省残疾人福利基金会、省拍卖公司、省图书馆联合举办的名家保真义卖会，谢晓钢著名的《醉春图》48000元起拍，所拍善款全部捐给基金会。

2015年重阳节，谢晓钢特意为耒阳市新市镇敬老院捐赠50幅书画作品，价值400多万元，为老人提供更好的生活环境。作为艺术家谢晓钢只要是公益性的书画拍卖会，他总是大力支持，从不拒绝。

无私救助白血病患者，帮助贫困家庭渡过难关

从1992年开始，谢晓钢在湖南、广东、江西等地一直在做白血病患者的捐助工作，为家庭贫困无力负担昂贵医药费的家庭提供帮助。

2015年9月，谢晓钢了解到湘潭县河口镇先进村4岁的小女孩白血病患者陈恩慧家庭贫困，难以支撑高昂的治疗费用，特意从北京赶赴湘潭，并通过QQ、微博、微信等方式联系自己的朋友进行爱心募捐，联合多位书画家慷慨义捐精心创作的50余幅精品，共募得善款20余万元。所拍善款全部捐

赠给陈恩惠小朋友。

2018 年 2 月，株洲云龙村 70 多岁的王如老人外甥女得白血病住院，王如从湖南省儿童医院一位医生那里了解到谢晓钢画家专门帮助白血病患者，一直在做这方面的公益。王如抱着试试求助的心态，给谢晓钢打了电话，谢晓钢核实情况后，当即从卡里转了 5 万元，去医院看望小姑娘，鼓励她勇敢面对生活，想办法给她提供更多的帮助。

2015 年，谢晓钢为江西省新余市白血病儿童曾志捐款 30 万元；2015 年 6 月，为长沙市白血病患者捐款 4 万元；2018 年 4 月，为黑龙江齐齐哈尔市市区白血病儿童捐款 20 万元……这些年，谢晓钢到底捐助过多少白血病患者，捐过多少钱，他自己也记不清了。不管是别人主动请求救助，还是偶然得知的求助消息，谢晓钢总是尽自己的能力去帮助，他没有什么宏伟的心愿，只是觉得人活在世上，就应该多做好事，多做一些善事。

坚持善行善举，传递社会正能量

2017 年底，谢晓钢接到一个年轻小伙子的电话，电话那头一直在拼命地感谢："如果没有您当时的帮助，真不知道我爸爸会怎样，非常感谢您把我父亲送到医院。"谢晓钢想了好久，才想起 11 月份的时候，他乘坐汽车从西安到北京，车上一位老人突然发病，当时他马上告诉司机，请司机将老人送到医院急救。

老人身上没有联系方式，谢晓钢为老人办好住院，垫付了医药费，了解到老人情况稳定后悄悄地离开了。老人只有一个独子，在边防工作，常年不在父亲身边，后来老人的儿子想办法打听到他的联系方式，一定要表示感谢，谢晓钢只说了一句："孩子啊，你在边防为国家流血流汗，我做这点事不算什么的。"

谢晓钢经常会接到这样的感谢电话，别人笑称他是"大慈善家"，他总是予以否认，"我做的这些不算什么，但是能让别人感受到这个社会是温暖的，人与人之间是可以互相信任、帮助的，我就很开心"。在他的影响下，谢晓钢的很多朋友都加入公益的队伍，哪里有学生需要资助上学，哪里有家庭困难的病人需要帮助，成为他们常聊的话题。

不图名，不图利，用一颗平常心来做好事。谢晓钢把公益这件事当成自己一辈子的事业来做。帮助了多少人，他不记得，还要帮助多少人，他也不清楚，只是希望能有更多的人和他一起在公益的道路继续前行。大爱无声，艺术无价，他是热心公益的最美的艺术家。

青年词作家贾鸿：

心有莲花，影亦芬芳

◐ 涉江红帆

2017 年春天，鸟语花香。在文友的介绍下我认识了贾鸿先生，同行的文友们给我介绍："这是贾鸿，CCTV-4《中华情》栏目组的现场导演，艺人统筹、词作家。"我仔细打量着他，一身休闲装、目光炯炯有神，坚毅而睿智，浑身上下充满阳光与朝气。

后来，因共同参加一些文学活动而慢慢加深了解。得知，他不仅策划统筹了大大小小的文艺义演等爱心活动 30 多次，而且参与策划中央文明办、中国文联主办的"东方神韵《诗经·风》专题文艺晚会"，任艺人统筹，做得非常出色；更是出色音乐人，词作家。

他的音乐作品或收录或成为影视剧主题歌，而且深受观众喜爱。他的主要音乐作品有：电视剧《男人底线》片尾歌《爱在风雨中》；电视剧《戒毒所日记——拯救》主题歌《心墙》；电影《又见桃花笑》同名主题歌；李雨儿《我的心》专辑收录歌曲《不迁徙的候鸟》；韩亮个人首支单曲《放逐》；为家乡马鞍山创作歌曲《画里画外马鞍山》；送给儿子的出生礼物创作歌曲《为人父母》；电视剧《幸福照相馆》主题歌《守望时光》等作品。

从一个安徽乡下的农村孩子到今天取得的辉煌成就，并且能够在北京央视工作的文化人，笔者认为贾鸿先生一定付出了不同常人的努力。他在文化领域走过了一段怎样的旅途？记者采访他时，他的故事也在他流淌的音乐中娓娓道来。

“文学梦”源于热爱大自然

70后的贾鸿在安徽乡下长大，父母是淳朴善良的庄稼人。家乡的青山绿水、阡陌棋布、夜空繁星给了他天然的美妙感触，让他热爱敬畏大自然的一切。受父亲的影响他很早就接触四大名著和三言两拍，尤其喜好《封神演义》，故而对文学产生了浓厚的兴趣，时刻想用自己的笔把家乡的山山水水绽放在他的笔下。读书的时候，他的作文是语文老师朗读给同学们的范文。

后来，他有机会到北京参军，退伍之后他怀揣对艺术的挚爱，通过上各类艺术培训班，打开了进入演艺圈的大门。1997年他很幸运地参与了中央电视台体育频道真人秀栏目《体育游艺宫》，担任艺人统筹和导演组成员。通过这次珍贵的经历，他学习到很多关于文艺栏目制作的宝贵经验。后来，他和歌手含笑一起创立了北京维多利文化公司，担任含笑的经纪人。在维多利文化公司期间，他参与了中国青少年基金会的“同在一片蓝天下”希望工程百场巡演活动，通过文艺演出的形式为希望小学做一些力所能及的事情。

人生潮起潮落，在演出行业不景气的时候，他的人生也处在低谷。他想用写歌词的方法给自己解压或者是一个很好的引导自己的方式。他不想让自己就那样沉沦下去。从小对文学的挚爱，对音乐和唱歌的梦想在记忆深处越来越强烈。从农村到城市他一直带着这个梦想，从未破灭。

通过学习写歌词，他希望能找回自我。没有老师的指导，他漫无目的写着，强迫自己每天写一首歌词。夏日的夜总是那么炎热，待到夜深人静的时候，他打开收音机收听伍洲桐主持的“零点夜话”。从某种意义上来说，这个节目就是他写作的“导师”，在不断地肯定自己和否定自己中徘徊。在这种情况下崎岖前行，最后让自己走出了人生最低谷的时段。直到有一天，他不再强迫自己写歌词，因为那偏离了梦想的本质，不是自由而是禁锢。

他告诉记者，是文学指引他重新站了起来，是梦想告诉他不要放弃，是故乡的山山水水吸引他去书写，是美丽的大自然呼唤他去把它们绽放在他的笔下。“游子客居京华梦，赤心只向故土情”，这是一个游子内心的真实写照。

“奋斗的足迹”上找不到休止符号

贾鸿先生无论处于顺境还是逆境，他都淡笑嫣然，勇往直前，朝着心中的梦想奔跑……他总是脚踏实地，一步一个脚印向着心中的目标前进。从入京城至今 20 余年，他一直处于奋斗、努力拼搏之中。记者就从他留下的一串串闪光足迹上，摘取几朵芬芳，以温暖读者的心扉。

2007 年贾鸿先生参与“江阴市撤县建市 20 周年暨刘天华民族音乐节”中央台电视晚会，他任制片；并参与中国舞协“荷花奖”颁奖中央台电视晚会，任制片；

2008 年贾鸿先生参与策划由中宣部、中央文明办等六部委主办的“我们的节日·中秋中华经典诗文诵读专题文艺晚会”，任艺人统筹；

2009 年贾鸿先生策划参与“刘天华民族音乐节”中央台电视晚会，任艺人统筹；并参与导演“第十九届青岛啤酒节”开幕式文艺晚会；

贾鸿先生参与策划中央文明办、中国文联主办的“我们的节日·明感悟道德经专题文艺晚会”，任艺人统筹；并参与策划中央文明办、中国文联主办的“东方神韵《诗经·风》专题文艺晚会”，任艺人统筹；

2001 年 3 月—2011 年 2 月，贾鸿先生主要从事演出经纪、歌词创作，在此期间参与中央电视台海外中心电视文艺晚会相关录制工作，历任制片、舞台监督、艺人统筹、副导演等职；

2011 年 2 月—2014 年 10 月，贾鸿先生在北京冠华盛嘉传媒文化有限公司担任副总经理，艺人总监，全面主抓文艺演出工作；

2011 年—2017 年贾鸿先生在 CCTV-4《中华情》栏目组做艺人统筹和现场导演；

2014 年 10 月—至今，贾鸿先生在中视时代(北京)国际传媒文化有限公司担任副总经理。

大海逐浪，百舸争流。这位从安徽农村走进京城，走进央视的楷模，他留下的一串闪耀着奋斗火花的足迹，是找不到休止符的，留给我们的只有受益与钦佩，只有阳光与满满的正能量。

伟人特型书画家杨阳：

引领红色演艺时尚，传播中华书画艺术

◐ 湖南读书会

杨阳，安徽芜湖无为人，1977 年生，书画人、毛泽东特型演员，现主要从事书画（扇画）创作。他自幼酷爱书画艺术，一直孜孜不倦勤学苦练。2000 年在北京青年影视艺术剧院进修兼书画艺术创作；2011 年参加深圳大运会中国文化展示并获得荣誉证书，受到相关领导接见。他的作品被海内外人士收藏。他还经常受邀到各院校现场教学，深受好评，颇有学生缘。

不仅如此，杨阳还经常应邀参加大型晚会演出，现场书画以及爱心公益活动。“纪念抗日战争 70 周年”活动中，他的书画作品《中国梦》被爱国人士收藏。他的作品被选入“纪念中国共产党成立95周年”中国邮票发行。他还是团中央榜样人物爱心艺术家荣誉获得者、人民艺术家协会形象亲善大使等。

杨阳作为饰演中国红军长征时期毛泽东特型演员的书画艺人，用心研读毛泽东艰苦奋斗为国为民的一生，用心研读毛泽东思想参透其传神的书法。他不辞辛劳奔波于公益慈善活动与爱国主义教育活动，传承伟人精神。

他坚持书画创作和演出，只是让新中国年轻一代在历史书上学习毛泽东精神的同时，更能感受伟人毛泽东的思想及其丰功伟绩，让年轻一代真正了解历史，更加热爱祖国和坚定爱国情怀，让中华民族更有凝聚力，共创中国梦，为祖国繁荣富强而努力奋斗。

著名导演杨雨辰:

肩负责任,壮志凌云

◐ 李　墨　涉江红帆

杨雨辰:2016 年中国梦爱心行爱心大使、2016 年中国青少年公益电影十大新锐人物、原 CCTV7《阳光大道》栏目嘉宾主持人、著名魔术师。

集口技、变脸、舞蹈、编剧、导演于一身。北京电视台,中央电视台特约嘉宾,原周口电视台《中原喜乐会》栏目总导演兼主持人,河北省武警文工团艺术顾问。

……

这张特别、闪光的名片,透出的不只是精彩,还有心酸和执着……

“在北京曾经两年搬家 13 次，吃遍了所有明星成名之前的苦……”杨雨辰微笑地与记者说，他的故事也在他的淡淡微笑里娓娓道来……

童　年

1976 年，杨雨辰出生在防震棚里，所以父亲就给他取了杨震这个名字，雨辰是他到北京之后改的艺名，其由来就是把震字拦腰切开一分为二了。

“打小能记事开始，我们家就处于贫穷的状态，爷爷在我父亲 13 岁那年暴病身亡，奶奶撇下我父亲和 5 个姑姑改嫁。”杨雨辰说。

上小学的时候，他一直是班级里的捣蛋大王，但仗着生性聪明，成绩一直还算是比较优异的，时不时还能拿个三好学生奖状回家。

上初中的时候，全国盛行歌舞团走穴演出，连常周这个不起眼的小乡村也不时有歌舞团光顾。两块钱一张的门票杨雨辰是掏不起的，于是他就爬到高高的窗户上，透过黄豆大小的洞往里看。也就是那时候，杨雨辰知道了什么叫迪斯科，什么叫霹雳舞，他也梦想着有一天能站到舞台上，接受掌声追捧。

终于有一天，同桌肖阳不知道从哪里弄来一本学习霹雳舞的书，于是班里几个要好的同学课余时间就有了新的追求：太空漂步、传电、柔肢、单腿全旋、鲤鱼打挺、鱼跃等，这些书中的霹雳舞动作经过依葫芦画瓢，竟然被杨雨辰他们比划得有模有样了。当然这一切是不能让老师和家长知道的，身上青一块紫一块的伤，只能说是上体育课摔的。

剧　团

1992 年 7 月 19 日，杨雨辰坐上了四舅买砖头的拖拉机进了城，不经意间走到城北建筑工程安装公司门口。突然，杨雨辰看到公司大门旁贴了一张用毛笔写的扬州市金燕艺术团招聘启事，他毫不犹豫地报了名。

7 月 25 日上午初试，杨雨辰把自学的霹雳舞动作和技巧全部跳了出来，还演了小品《起床》。

在被告知 8 月 1 日正式报到上班的那一刻，杨雨辰懵了，他被县城歌舞团录取的事情也成了村里的头条新闻。

艺术团上班半个月的一天，杨雨辰的父亲拿着高中录取通知书来到歌舞团让他回去上学，杨雨辰沉思片刻之后说道：“我们家要啥没啥，即使上了高中也不一定能考上大学，即使考上大学将来出来也不一定能找到好的工作，三百六十行，行行出状元。”父亲走了之后，杨雨辰暗暗发誓，要成为团里最好的舞蹈演员。寒冬腊月，冰天雪地，杨雨辰穿一件薄薄的练功服，把公园里的栏杆当成练功的把杆。高强度的锻炼，杨雨辰和几个学员基本都出现了不同程度的韧带拉伤。

从群舞到领舞再到双人舞，从单位先进到泰兴市里拿奖再到扬州市直至省里拿奖，杨雨辰从一个农村娃逐步蝶变成泰兴一个小有名气的舞蹈演员。

裁　缝

歌舞团的风光是表面的，但是工资待遇却少得可怜。杨雨辰心不甘情不愿的被父亲带到哥哥在无锡打工的厂里学裁缝。裁缝最基础的就是熨衣服，杨雨辰总是心不在焉，不到三天双手就被烫了大水泡。就在他觉得前途一片灰暗和迷茫的时候，杨雨辰患上了急性黄疸型肝炎，他拿着哥哥给的 20 元路费，离开了那个只干了十几天的服装厂。到家后，爸爸妈妈带他去乡里的医院，医生一检查说：“赶紧回家取钱吧，交 3000 元押金，再晚这孩子的小命或许就危险了。”

爸爸妈妈心急火燎地回家取钱，杨雨辰一个人孤独无助地蹲在医院门口等着。快到中午的时候，爸爸妈妈终于满头大汗地赶到了医院，后来才知道，他们回去把还没到出栏时候的 4 头猪卖了，又借了好几个亲戚才凑了 3000 元钱。

一晃三个月过去了，杨雨辰身体逐渐恢复了，他再次回到了艺术团上班，这一次他的父亲没有阻拦，因为他的父亲也认为，儿子吃歌舞团这碗饭或许就是天意。在杨雨辰不懈地努力下，他被调到了当时还是文化事业单位的泰兴歌剧团。

北　漂

一场失败的恋情带来了两万多元的外债，也让生性好强的杨雨辰觉得颜面扫地，他不顾家人反对，毅然辞去了来之不易的工作，孤身一人踏上了北上的列车，到八一电影制片厂学习表演。

半个月后，学员班的经理把学费卷跑了，学员们只能无奈地选择离开，只有杨雨辰选择留了下来，因为他觉得没脸回家，他坚信：是金子总会发光。于是，北京电影制片厂的大门口又多了一个怀揣着梦想等待机会的群众演员。他先后参加了《还珠格格》第一部、《蓝色三环》《大明宫辞》《铁齿铜牙纪晓岚》等剧的拍摄。

《还珠格格》第一部是杨雨辰人生当中的第一部戏，当时在北影仿清一条街拍摄抢劫法场的大场面，杨雨辰在里面演清兵，乱哄哄地拍了一整天也不知道有没有拍到自己，不过他人生第一次近距离地见到了那么多明星大腕。

拍《蓝色三环》的时候，杨雨辰见到了刘晓庆，他在里面演一个副官。

拍《大明宫辞》和《铁齿铜牙纪晓岚》的时候，时值隆冬季节，杨雨辰他们演太监的群众演员只穿着一层薄薄的太监长衫，脚上穿的是一层薄薄的靴子，脚冻得没有一点知觉。

有一天，需要有个太监端一个托盘，箭步走到公主身边，还有几句对白，副导演张跃德本来定了一个演员上去演这个角色，但那位仁兄不争气，拍了好几遍就是拍不好。最后只能在现场换演员，不知道为什么，张导竟然在众多的群众演员中找到了杨雨辰。杨雨辰没有辜负张导的期望，临阵磨枪一遍就过了，也就是因为这场戏，张导把杨雨辰从群众演员变成了龙套演员。

在拍摄《铁齿铜牙纪晓岚》的时候，有一场戏让杨雨辰终生难忘。那场戏著名演员张国立、王刚、张铁林都在场，因为直接和张铁林演对手戏，几个大腕儿的强大气场压得杨雨辰喘不过气来，早就背得滚瓜烂熟的台词导演一喊开始就不知道跑哪儿去了，结果拍了七八遍。

有一搭没一搭的群众演员的收入根本不足以维持在北京的生活，杨雨辰捡起舞蹈专业找到一个女舞蹈演员，他们两个排了一个双人舞《梁祝》走进了夜总会、酒吧等场所进行演出。当时的北京夜场，通常一场演出能给 80 元到 100 元的劳务费，圣诞节的晚上他们赶了好几场演出，竟然每人赚了 900 元钱！回到租住地，累得快虚脱的杨雨辰把手中的钱数了一遍又一遍，心头的压力也随之释然。

快到年底的时候，他们接到了一个春节庙会的演出，一直排练到大年三十的下午六点多钟。杨雨辰拖着疲惫的身体回到出租屋，才发觉菜场已经关门了，屋里只剩下了半个白菜帮子。那年的年夜饭杨雨辰是大米粥就白菜帮子，一个人坐在空荡荡的屋子里，眼泪顺着脸颊默默流了下来。

就这样，杨雨辰一个人过完了到北京后的第一个除夕。

魔 术

1998 年 4 月的一天，杨雨辰在万寿路边上的一个饭馆吃饭，旁边一桌几个人在高谈阔谈，其中一个人变起了魔术，因为曾经对魔术很感兴趣，杨雨辰凑了过去，就这样认识了王墨龙，北京一位资深魔术师。

聊天当中得知当时他要参加烟台的一个大型演出，需要一个魔术师配合他演出。杨雨辰便随王墨龙老师一起去了烟台。烟台之行让杨雨辰赚到了 2000 元钱，回来之后杨雨辰就开始琢磨，原来魔术师赚钱比舞蹈演员可观得多。

有了当魔术师的想法之后，杨雨辰翻出了当年的日记本，把当初在歌舞团学到的一些魔术翻出来，自己做了一些简单的道具和一身小丑的衣服，一个半路出家的魔术师就这样横空出世了。

在东三环万家灯火饭店，杨雨辰身着小丑衣服开始了魔术处女秀的表演。不知是心情紧张还是学艺不精，在表演空中悬杯的时候，本来应该悬在空中的杯子却应声落地，杨雨辰一脸尴尬，台下观众哄堂大笑。

不演出的时候，杨雨辰就去看别的魔术师演出，目的是偷偷学两手。就这样，他的演出越来越多，2001 年的演出场次突破了 500 场，2002 年和 2003 年的演出场次都达到了 1000 场。

变 脸

2001 年年底的一天，杨雨辰在报纸上看到一则教川剧变脸的广告，他就去找这位老师并向他求教。

老师觉得杨雨辰勤奋好学，又主动教了杨雨辰吐火和一些江湖伪气功、伪特异功能。

杨雨辰到八宝山旧货市场花 140 元买了一架缝纫机，准备自己做变脸的衣服。没有脸谱，就去琉璃厂买来颜料和脸谱的书，把自己关在屋子里，整整一个月，杨雨辰还就真的鼓捣出了一套有模有样的变脸服装。

于是，北京的变脸界又多了一个响亮的名字：杨雨辰。

由于有舞蹈的底子，杨雨辰把变脸精心设计了一整套动作，有板有眼，很快就在变脸的几个演员中脱颖而出，演出也应接不暇。

有一天，程野找上杨雨辰，要学变脸和魔术。那个时候程野还没有什么名气和杨雨辰一样在北京的夜场里演出，杨雨辰玩魔术，他唱二人转。万万没有想到的是，第二年程野投在了赵本山门下，电影《三枪拍案惊奇》里大龅牙的形象让他成了红遍全国的明星大腕儿。

后来，杨雨辰又学会了口技鸟语，又转战影视界，担任导演。生活是最好的老师，其实说的就是，生存是最大的动力。磨难，让杨雨辰自虐般地学会了许多，而在他的小资料里，特长一项赫然写着：游泳、驾驶、骑马、射击、擒拿格斗。

“不喜欢流浪，却总是一个人远走他乡；孤单的行囊，装着昨日的忧伤。漂泊的路上，曾经有过迷茫和彷徨；疲惫的脚步，从来没有迷失过方向；跳动的心灵，让梦想插上金色翅膀，流浪的脚步，不再回头奔向前方。汗水伴着希望，脚步越走越坚强；追梦的路上，一路的阳光尽情飞翔。这首《流浪的梦想》是杨雨辰写的一首诗，他说，这首诗，就是写给自己的……

公　益

杨雨辰的聪明睿智，让他在每一个人生的关键路口，总是做出了异于常人的选择。每一次华丽转身的背后，他对事业的执着与吃苦耐劳的精神让人找到了前行的路标。

2016 年 5 月 26 日下午，国内首部关爱留守孤儿的零片酬公益电影《妈妈回家吧》封镜。

18 天拍完一部电影，泰兴人杨雨辰创下了电影界的“泰兴速度”。他让我们看到，原来看似高大上的演艺圈，也有这样令人感佩的清贫和坚守。

问起杨雨辰为何关注公益题材，他说自己是普通人出身，这些年拍戏看过很多的弱势群体，也经历过很多让他们至今无法忘却的事。到过异常贫穷的地方，那里的人和那里发生的事情让他深深震撼。他们也去过繁华的都市，鲜明的对比和巨大的反差让他一度失语，他们考量再三，决定参演公益电影对准那些社会底层的人们。“我仿佛匍匐在世界的脚下，去观察那些晦暗、肮脏、简陋、逼仄又散发着霉味的空间里，人们如何依然顽强地活着，也许那种方式是我们常人无法想象的，但却又实实在在地存在于我们身边，用自己饰演的人物搭起隐形的桥梁，让生活在不同世界的人们互相凝视，通过真实的表演去表达，我相信，画面也是有温度的。”

他导演的《大国小兵》是一部人见人爱的公益电影。杨雨辰说:"青少年健康成长是每个家长乃至全社会共同关注的一个话题，这部电影旨在培养孩子坚强刚毅的军人品质和良好的团队合作意识，引导孩子树立面对困难和战胜困难的自信心,锻炼孩子的管理能力,帮助孩子改正不良生活习惯,矫正心理,培养孩子和家长的心理沟通能力,学会感恩,懂得回报,传承和发扬孝德文化。"

他导演的弘扬中华孝道题材电影《好爹好妈好媳妇》将会给这个社会，注入一股积极向上的清流和正能量。电影《妈妈回家吧》后来改名为《有妈的孩子是块宝》荣获中国校园健康行动、中国关心下一代爱心行组委会颁发的优秀青少年公益电影项目奖。

杨雨辰经过几十年的艰辛拼搏,功夫不负有心人,他成功了。

杨雨辰系北京市第一批持证上岗的文化经纪人，北京梦飞扬文化传播有限公司法人。自 1992 年登台以来,已经从艺 26 个年头。集众家之长为我所用,在传统艺术的表演基础上,融入独特的舞蹈形体语言,形成了行云流水般的流畅表演风格。

他先后做客中央电视台《五洲同乐》栏目、中央电视台《星光大道》栏目、中央电视台《与您相约》栏目、中央电视台《乡村大世界》栏目、北京电视台《挑战绝活》栏目、北京电视台《五彩缤纷》栏目、湖南卫视《谁是英雄》栏目。黑龙江卫视、天津卫视、山东卫视、江西卫视等也相继相邀,并获得广大电视观众的褒奖。

淑浦文坛执牛耳者舒新宇：

以警予精神书写文学传奇

谭士珍

作家舒新宇，湖南省溆浦县人，从 20 世纪 70 年代初便开始文学创作，至今发表和出版文学作品 300 余万字，出版专著 8 部，作品 25 次在省内外获奖，是中国作家协会会员，国家二级作家，怀化市作家协会副主席。湖南省政府给他记大功一次，省委宣传部授予他“宣传战线先进标兵”，怀化市委、市政府先后授予他“有突出贡献的科技拔尖人才”和“德艺双馨文艺家”称号。全市评选 10 个优秀共产党员标兵，他是其中一个，并当选感动溆浦人物。

不顾生死写洪灾

1990年6月13日，溆浦遭遇了百年罕见的特大洪灾灾情，惊动了中南海。

舒新宇当晚冒着危险，开始在县城采访，途中一不小心掉进了滚滚洪水里，幸亏大家将他救起。第二天他冒着炎热酷暑，深入到几个重灾区实地采访，随后夜以继日地写出了5万多字的报告文学《溆浦特大洪灾》。之后，将全文印刷一万份对开版报纸，免费赠阅，顿时轰动县城，民众争相传阅。作品中那种在危难中体现出的人性和良知，温情和无私，勇敢和奉献，忠诚和友谊，眼泪和喜悦，深深打动了每一个读者。

2016年7月4日，溆浦再次遭遇特大洪灾。在陈黎明的策划下，舒新宇又以激情之笔，全方位地展现了这场风暴之烈、灾难之惨、人性之美的洪灾，再次记录了洪灾中一个一个惊心动魄的瞬间、感人肺腑的场景、催人泪下的画面，读来令人振聋发聩。

为弱势群体鼓与呼

麻风病人是最受煎熬的苦难者，为避免遭受歧视和引起人们的恐惧，全国八百多所麻风院全部建在与世隔绝、人迹罕至的深山老林。

舒新宇决心去采访他们，走进那个被人遗忘的恐怖世界。他深入到湖南、贵州、四川等地麻风院进行采访。由于麻风村的特殊地理环境，他每次采访都要跋山涉水，攀悬崖峭壁，跨峡谷深涧。病人都是痛哭流涕地倾诉遭受的非人苦难，他也是流泪记录。回来后，他很快写出了20万字的长篇纪实文学《死囚的伊甸园》。

书稿在北京《十月》发表后，引起社会强烈反响，随后由中国文联出版社出版，中国麻风协会称其为我国第一部反映麻风院的文学著作。《北京晚报》、上海《解放日报》等十几家报纸进行了60多天连载。后被日本大阪大学教授译成日文出版，随后入围湖南省首届毛泽东文学奖。2003年，日本世川财团看了《死囚的伊甸园》，推荐舒新宇参加了在广州举办的第五届“国际尊严尊敬日纪念大会”，他是唯一的特邀嘉宾，并安排他在大会上演讲。

破解屈原溆浦之谜

屈原流放溆浦，在溆浦创作了大部分作品，是溆浦成就了伟大诗人屈原。两千多年来，研究屈原的论著汗牛充栋，竟然没有一篇探讨屈原流放溆浦的文章。

2007 年，为了配合县政府举办“中国溆浦首届屈原文化节”，舒新宇夜以继日赶写出了 25 万字的学术专著《破解屈原溆浦之谜》，即由人民出版社公开出版发行。这是我国第一部探讨屈原流放溆浦的学术专著，被专家学者誉为“填补空白之作”。全书用大量翔实的史料及田野考查材料，对屈原流放溆浦之谜进行了令人信服的破解，在国内外引起热烈反响。全国 80 多家媒体网站纷纷推介此书，并登上了国家图书排行榜，进入人物传记类 100 强，排名 73 位，人民出版社社长说：“学术著作进入排行榜是很不容易的。”

舒新宇应导演之邀，又将《破解屈原溆浦之谜》改编成了电影剧本，不久将开机拍摄。

讴歌女中豪杰向警予

1977 年，舒新宇正在拼命复习，准备参加“文革”后恢复的第一次高考。考试临近，中国少年儿童出版社来了位女编辑，要县里为向警予写一本书，任务自然落到他的头上。舒新宇毅然放弃上大学的机会，前往长沙、武汉、上海、广州等地调查采访，搜集了上百万字的资料。

1979 年，《向警予的故事》出版了，发行了近 60 万册。另一本故事《向警予》（与谭士珍合作），发行了 20 万册，该书获湘版图书一等奖、湖南省政府文学创作优秀作品奖、湘鄂赣陕四省革命先辈故事丛书优秀作品奖。反映我党创始人蔡和森的《盗火者之歌》，获湖南省儿童文学大奖。以上三书均被国家教委、团中央、全国妇联和国家新闻出版广电总局选为全国中小学生推荐丛书和全国红领巾读书活动推荐书目。描绘向警予的散文《过年》，获《儿童时代》优秀作品奖，1986 年被选为湖南省小学六年级语文教材。

2005 年，76 万字的长篇纪实文学《向警予》当选中国作家协会重点扶持项目，是当年湖南省唯一入选的作品。2012 年，76 万字的长篇纪实文学终于完稿，后又多次修改，人民出版社即将分上下两卷出版。

在向警予女儿蔡妮的支持下，舒新宇又把书稿改编成40集电视连续剧。90万字的剧本数易其稿，终于通过了中央电视台、国家新闻出版广电总局和中央宣传部的审查，现已拍摄完毕，即将在中央电视一台黄金时间播出。

不久，舒新宇又马不停蹄，与作家彭仲夏联手创作了40集电视剧本《袁隆平》，即将由湖南卫视开机拍摄。

甘为人梯结硕果

舒新宇是有名的文学组织者和鼓动家。那是20世纪80年代激情燃烧的文学岁月，按照王跃文的说法："县里的文学氛围很浓厚，执牛耳者为舒新宇君。"当时舒新宇负责县文联工作，他发起成立了三个全县性的文学社团《奔放文学社》《云燕女子文学社》《大江诗社》。当年王行水、陈黎明、何先培、向继东、胡金华、姚南、韩生学、丁哲、赵妙晴、吴桃琴、韩香菊等，都是这三个文学社的社员，皆是当时溆浦文坛的风云人物，其中的佼佼者当属王跃文，是中国著名作家，现任湖南省作家协会主席。

这里值得一提的还有陈黎明。1982年，舒新宇就在其主编的《溆浦文艺》上发表了陈黎明的诗歌处女作和小说处女作，多次邀请他参加舒新宇举办的文学创作学习班。近年陈黎明成立雪峰山生态文化旅游公司，开发雪峰山旅游，引起世人瞩目。

当年的文学社员，有4人已是中国作家协会会员。向继东成为《湘声报》编辑部主任，如今已是广东人民出版社的人文总策划。赵妙晴成为湖南省名气不小的女作家。申瑞瑾获得冰心散文奖，现任怀化市作家协会副主席。谌东升走进了鲁迅文学院。韩生学以《失独家庭调查》一书震撼国内外，现任怀化市作家协会副主席。后来从政的有现任怀化市委常委兼市委秘书长王行水、中方县委书记姜耀文、怀化市财政局长姚南、怀化市水利局局长胡金华、怀化市发改委科长丁哲等。

湖南读书会形象代言人欧阳静：

芬芳女子，吐气如莲

涉江红帆

有幸认识这样一位女子，是在随《中国好节目》走进中国香港时。

那一日，她宛如一只紫蝶，更像荷塘里高雅的莲花一朵，满怀爱心翩跹于《中国好节目》舞台。那优美的舞姿，翩若惊鸿，云鬓水袖，一笑倾城。仿佛炎热夏天骤然迎来了一夏清凉，裙裾任由夏风吹拂，随意飘舞，让人无来由的喜欢。我一次又一次醉倒在她芬芳情怀和高雅的气息里。

演出后，我惊喜地发现，我们竟然住同一个宾馆，在同一个桌子吃饭，坐同一辆车进出，而且我们老家都在湖南。他乡遇老乡，两眼泪汪汪。她如姐妹一样呵护着她身边的每一位朋友。她虽然定居在北京，但是心里时刻系着家乡的一切。

每每她总是让我感动，让我难以忘怀。这位女子总是淡淡地微笑，浑身氤氲着江南的气息，温婉而美丽。

我的心中总有这样的画面：有一幢房，以文字盖顶，用音乐作墙。用舞蹈铺地，房前有一荷塘，细雨如丝，花瓣若蝶。有位女子坐在窗前，吐气若莲。我不可否认地相信这样的情景适合她，因为她对生活充满感恩，因为她的心中充满阳光和正能量。这种闲适、唯美、温暖的画面，让人耳目一新，惬意无比。这个清新阳光、如莲女子，有一个很美很温暖的名字叫欧阳静，这个名字和她的容貌一样入梦入心……

其实许多自然的东西，有时不需要多华丽的词语来形容，何况欧阳静是一位内秀外慧的女子。她的舞姿、她的笑颜就如夏日小荷绽放，如微风吹拂，在你的耳边、在你的眼前留下了一串又一串动人的声响和画面。更重要的是她的言行真情自然朴实动人，有些潜藏于灵魂中的东西在她的行动中得到淋漓尽致的诠释。掩饰不住的亮丽和芬芳，如同晨阳洒在你的肩上，春雨亲吻着你的脸颊，让人舒服极了。

随着了解的加深，得知这位如莲女子是一位教师，是革命后代，还是中华榜样作家的理事与执行秘书长，湖南读书会形象代言人……她爱文学艺术，醉心模特艺术。常常用文字记录自己的阳光言行与心路历程。

她发表了许多作品在《江陵文学》《诗刊》等全国性的杂志及网络刊物上，获奖无数。

她业余时间随舞蹈团和模特团参加国内外的公益演出；她还资助三峡移民及学生；关爱孤寡老人，助演袖珍人春晚；每年参加北京恭和苑等养老院义演……她无怨无悔全身心地投入和付出，黑龙江等电视媒体对她及所在团队进行了采访报道。让我们湖南读书会用如诗的情怀，拥抱这位内外兼修的湖南好儿女——欧阳静。

我相信，这位如莲女子的阳光言行，如同我们诗词中文字的跳动，感染着我们……

有人说，站在她的身边，会感受到一股沁入心肺的馨香，如莲花一般从她骨子里溢出一缕缕爱心的音符，奏响起温暖欢快的节奏，如她在舞台上的优美舞蹈，经过灵魂之风的过滤，滋生了一份独特的美，淡若星辰，亮若珠玉,装扮着我们的世界,温暖着身边的你我他。

有人曾这样写道:"在花海深处，请你用你那芬芳和高洁编织的辫子轻柔地抽我。我只想贴近你,尽情吸取你的馨香,我只想盈满怀从你骨子里散发出的娇媚芬芳和高雅神圣,曼舞流年。"这也是笔者与大家的心愿。

最后,愿如莲女子欧阳静,魅力永恒。

“春天般的诗人”涉江红帆：

文贵有魂，承载大道

◐ 王琼宇

文贵有魂，文贵传真，承载传递着世间大爱之声。

在文学的原野，在水墨飘香的潇湘，有一位才慧、美貌、善良的典型传统湖南女子，她已连续出版《春天的请柬》《陌上阳光》《画魂》《心香一瓣》等五本诗歌集，在全国文坛引起不小的反响并获广泛好评。

她秀外慧中，天资聪明，她文如其人，从她作品里，每每都会找到她的影子；她有春天般的心灵和温暖，热心公益事业；她在文学圈有众多的粉丝。她是一位写诗的阳光女子，拥有阳光的气质、美丽和潜能。她就是涉江红帆，中国散文学会会员，湖南省作家协会会员，湖南读书会副会长；（团中央）分类引导青年活动工作案例《身影》节目签约艺术家。

心怀春天，用文字芬芳生活

红帆像著名女作家丁立梅一样，用音乐煮文字，喜欢温暖的写作，喜欢把平淡的日子过成诗。

红帆的文字里更多体现的是三唯元素：唯真情，才动人；唯实践，才有血肉；唯有爱，才有灵魂。

一滴水珠折射太阳的光辉和世界。红帆的文章，言简意赅，旨在建构和营造文章的灵魂，支撑起文章的生命，昂扬起文章承载的大道之声。

远方是澄清的天宇，身边是繁花馨香满地；时光如此静美，让心，永远微笑向暖。不必奢望那美好的明天和未来，过好每个今天，让日子过得单纯而美好。美好的，留在心底；遗憾的，随风散去。活在当下，且行且珍惜。时光美好，红帆的善良、清纯心态，处处流淌自然、和谐韵味的文字，让人时时想着《最美好的，永远是今天》。

“……真挚的情谊如陌上阳光，是镶嵌在心中一扇明媚的窗，每每种满花朵和阳光，有清泉在流淌，有悠悠白云在荡漾。还有一个懂我的人，陪我看万家烟火，陪我写意幸福的时光。和我一起体味一粥一饭的温情，于平淡的日子，我们一起牵手风雨，赏花开花谢，坐在老藤椅上，翻阅旧时光。”《陌上，阳光》，在忙碌的节奏中，在时光的陌上，欣赏品味那一缕缕炊烟的味道和家的温情。

文贵有魂，闪耀思索和感悟

文贵有魂，魂是文章的精髓，是文章的生命和精华。所谓文魂，亦为文章的思想感情、文章的精神内涵和审美指向，所达到的力度和高度及其感染人、打动人的艺术形象及魅力。

红帆的文章充满鲜明的人文精神，闪耀着对社会、人生的深刻体验和思考的热点、焦点和亮点。

红帆的每一篇文章，都能紧扣主题，紧扣魂，让文章插上翅膀，飞翔起来。

“我深深地知道，雨的季节总会过去，而我会驻足在流动的梦境里，守望着阳光守望着你。浓浓潮湿的记忆已经被秋火红的情怀渐渐烘干，于是我把自己溶于初秋的烂漫深情里，聆听着那首千古的绝唱，走进了无边的祝福和思念里……"《守望着阳光守望着你》，守望是一种心海的微澜，是一种情怀的倾诉。

"……第二天，我跟妈妈早早就离开了医院，回到宿舍，取出放在皮箱里的红帆船，轻轻地从窗口放飞出去……"《红帆船》中，因为一段爱恋，因为刻骨，才更加怀恋初心。

生活是根，折射文章的影子

生活是根，文章是结的果，也是生活的镜子。

一篇好的作品，除了一个好的谋篇和主题思想外，往往得益于文眼的"秀"字来成全和提升，从而获得闪光的奇效，使文章神采飞扬，生机盎然，意味隽永。

"陌上，在光阴的世界里，伴随着花的笑颜，我让文字插上了翅膀，穿过江南，走过塞北，在岁月的平平仄仄中丰盈着自己。……天流泪了，浸湿了家乡的大地，您可知道？那是思念的痛。"《清明，悄悄话儿向您说……》，树欲静而风不止，子欲养而亲不待。流泪的文字，流淌着对父亲的怀念。血浓于水的亲情，在文字里哽咽、哭泣，感悟。

"我要向马良借一支神笔/画一幅没有地震和苦难的家园"/"借我一米阳光/亲吻迷茫的灵魂和边防/芬芳/每个角落里的小草树木和心房"/"用盈盈博爱/簇拥着人民生命的春天/用天使青春/抒写着生命的传奇/用奉献崇高/把爱心真谛演绎成永恒"。

从诗文中，我们能强烈感受到红帆丰沛的内心，奔放的激情，大爱的狂热，忠贞的执着，幸福的渴盼，完美地追求。细腻情怀中，尽显女性的柔媚。红帆的情怀，满是云蒸霞蔚，满是空明澄碧，满是春光烂漫，满是音符曼舞，满是盈怀花香。

爱无垠，只因一颗善良心

十年前的清明节，红帆随丈夫回老家扫墓，邻里一个叫霞的女孩儿因父亲病故，家庭困难，学习难以为继。他们承担了她的全部学习和生活的开销。霞初入县城读书，成绩跟不上，她便为她请了数学、物理的补课老师，自己则亲自辅导她的英语和语文。霞慢慢融入了城里的孩子，她活泼可爱，学习成绩优秀，吹得一手好葫芦丝，从外表看，谁也不会相信她是单亲家庭的乡村孩子。霞现在已经走入工作岗位，成为单位的佼佼者。完全可以说，是红帆的爱心重塑了一个乡村孩子的人生。红帆还在岗东等贫困山区资助多名家境贫困的孩子，他们现在的成绩都非常优秀，以后将会是栋梁之材。

红帆是一名普通英语老师，然而一名普通的老师竟然连续多年组织全县中小学生作文大奖赛。大奖赛没有谁要求她去组织，也没有政府给她经费支持，全凭一颗爱心的驱动。因爱心的感召，一些人围绕在她组建的主题活动。又因爱心的感召，许多部门为大赛解囊相助。每次大赛参赛的作品不下三千篇，几个组委会的人每天看作文都要看到深夜两点。每次大赛都有隆重的颁奖典礼，为获奖的学生颁发奖金和奖品；每次大赛都要将部分优秀作品编印成书；每届的费用不下三万元。《感恩》《爱心》等一册又一册阳光正能量的书籍已经送至贫困山区孩子们的手中，滋润着他们干枯的心田。这一系列的劳作没有一分钱的报酬，可红帆却说，孩子们一张张灿烂笑脸便是对她最大的酬劳。

红帆是一名志愿者协会的成员。心怀大爱，她和志愿者平凡的身影，就会出现在需要帮助的群体身边。资助贫困山区的孩子们读书，定期给孩子们做心理辅导，经常抽时间去敬老院、去乡村看望和关爱留守老人和孩子，去医院做义工，帮病人做按摩……用阳光般的笑颜，滋润着渴盼阳光的眼睛。《有爱，就会有童话》，赠人玫瑰，手有余香。涓涓溪流，滋养善念和行动，滋养阳光和笑声的河床……

正能量文字，用生命书写

用五千年风化的文字镶入曲涧流水、苍山白云、深林鸣幽，无须刻意雕琢风骨，自然风韵十分。

红帆说，滚滚红尘，我们每个人生活得不容易。我只想让我的文字，阳光、温馨、向上、浪漫和满满的正能量。

是啊，作家只有用生命书写，洞察世态炎凉，表达出自己的观点，才能写出自己的意境和灵魂，才能写出文章的鲜活和刻骨。

中国当代著名的书画家、北京诚宝轩主，国家一级美术师，中国书画艺术家协会会员，中华诚信书画研究院院长王诚先生对红帆的文章和为人，倍加推崇，并亲笔为其文集《陌上阳光》《心香一瓣》题写书名。我国著名作家、鲁迅文学奖获得者、山东省作家协会原副主席、中国散文学会理事、中国报告文学学会理事、国家一级作家许晨与我国著名作家林家品、舒新宇等多位作家也赞赏红帆的文字与人品，都欣然为她的书写序言。

作品即人品，作文如做人。篇篇优秀作品，闪耀着红帆思想的成长，心灵的浸润，精神的淬炼，人生的注释。正因为红帆具有才、情、趣的人格魅力，她的作品才更接地气，以意境感染人，以真情实感打动人，让人读后回味绵长和启迪深深。

“你的源泉来自潇湘，阳光送你一路前往，沿着文字流向远方，一直从心里流向远方……”

心魂浇筑、传递好文章，红帆的文章越写越多，越写越好，作为一名经常赏读其作品的业余文学人士，真的发自肺腑为她高兴，为她自豪。

路漫漫其修远兮，吾将上下而求索。期待红帆笔下耕耘出更多精彩。

“文学湘军七小虎”之林家品：

用文学演绎历史

◐肖　婷

作为 20 世纪 80 年代末的湖南文坛“湘军七小虎”之一，林家品视写作为生命，多产且执着，在生活的纵深处一锹一锹开掘前进，冷峻理性的文字背后，说的是残酷的现实，寄予的却是无限的希望……

湖南评论家、《理论与创作》原执行主编朱日复惊讶于林家品的作品，他评价道：“总是不断地有新的作品爆出来，使你惊异，使你欣喜，使你刮目相看。他（林家品）无疑是当代一位具有巨大爆破力和充沛后续力的作家，他必将写出新的震撼读者心灵的佳作来。”

“老街”中不容忘记的历史

2005 年冬，林家品在家中接到了一个令他激动不已的电话，是美国新泽西州抗日战争史实维护会会长、著名汉学家李培德教授打来的。他告之，林家品的著作《老街的生命》荣获首届亚太战争文学奖第一名。该作品被评论家誉为“纪念反法西斯战争暨抗日战争胜利 60 周年的典范之作”。书里描述的是，二战时日本军国主义在中国偏僻农村所进行的惨无人道的罪恶行为。

“我没想到会获得如此殊荣。”事隔多年，林家品言及当时的感受时仍不乏激动，这部小说的获奖对他自己，他的父老乡亲乃至所有的中国人都意义非凡。因为它被翻译成英文，中文版也先后由解放军文艺出版社、台湾秀威资讯科技公司、广东人民出版社等正式出版，并获第七届茅盾文学奖提名，被改编拍摄成电影《风水》。和这本书构成《抗战三部曲》的另两部《兵贩子》《雪峰山决战》于 2015 年入选中国好书榜、新华好书榜等，被制作成有声读物系列连播，这意味着林家品完成了一桩心愿——不但告慰被日寇残杀的父老乡亲，告慰所有在偏僻的山区被屠杀、被遗忘的人们，而且从独特的角度、抗战的多个侧面，再次将那个时代的苦难与抗争、屈辱与光荣呈现在读者面前，丰富了抗战史的文学书写，并站在历史的理性高度，对这场战争的实质进行了深刻的揭露和批判，同时深入到中、日两个民族由历史文化积淀所形成的性格冲突中，揭示出这场战争反人类、反人性以及带给人们不可回避的惨痛教训和深层次的思索和反省。

《老街的生命》中的白沙镇，是林家品的故乡，邵阳新宁县的一个小镇。“那里虽然不大，可是风景却相当美，绿山环绕，草地茵茵，还有一条如丝带般的扶夷江……”林家品深深地吸了口烟，表情严肃起来，话锋一转，“但是最美丽的风景，最善良的百姓，遭受了最残忍的罪行！”

一次偶然的机会，让林家品真正萌发了创作抗日历史题材小说的冲动。一次返乡扫墓中发生的一幕，让他一直无法释怀。“一个村民指着扶夷江江心说：‘喏，日本鬼子走后，这条河里就塞满了死人呢，河水都流不动了！’当时这个村民的脸上还流露着一种令人不解的表情，继续说道：‘打死的都是国民党！’”

看着老乡，林家品顿时无语。他没想到，在这个偏远的地区，人们的民族意识如此淡薄，“我当时已经失去了语言表达能力，心中只怀揣着一个信念，就是要弄清当年在家乡这片热土上到底发生了什么！”

林家品开始走访村里的老人，并认真地从亲历过灾难的母亲和大哥那里了解情况。经过多番查证，一个个血淋淋的真实故事慢慢浮出水面。正是在这条老街，日寇侵入新宁县白沙镇时，林家品的母亲亲眼看见7个正在摘辣椒的妇女被两个日本兵用刺刀捅死……当时才十多岁的大哥，曾两次被日本兵抓走……这些真实的事件，让他时常久久站在扶夷江边，浑身战栗不已，震撼迅速凝结成一股创作的“冲动”涌向心头。

素材正是村民口中略带不屑的真实故事。1944年，日军在新宁县白沙镇设伏六天六夜，一个往新宁开来的整团国民党部队进入伏击圈，全部被杀害，一个都没逃出虎口。而当地进入了伏击圈的村民，也从此再没有人从那里走出来过。躲在神仙岩洞里的百姓，全部被日本兵用烟熏死。

“这已经够惨烈了。然而，更让人寒心的是，到今天为止，这支国民党部队的番号是多少，团长是谁，还找不到任何记录。《新宁县志》也仅仅记录了战斗一事。”林家品说，这不仅是白沙镇人的失忆，也是整个中国人的集体失忆。他能做的就是用文字再现历史，献给在偏僻山区被屠杀、被遗忘的人们。

“白沙老街前那日夜流淌的扶夷江，被死尸堵塞得水流不动……”《老街的生命》中那一句句看似文学化的描绘，实际上却是真实场景的再现。“真的，有的时候，文字往往比语言更具有说服力。”林家品说完，叼着烟，一句话也不说。

林家品写作多年，发表、出版作品达九百多万字，但唯在写《老街的生命》时，这个沉稳刚毅的作家，泪水不时夺眶而出……他不仅仅要将真相告诉人们，还要提醒年轻的一代，勿忘历史。正如林家品在小说扉页中写的：“那些惨死在日本兵手里的生命，既没撩日本人，也没惹日本人，几乎没有被屠杀的起因，但他们被集体屠杀了。而集体屠杀的手段，比德国纳粹党将犹太人灭绝于毒气室内有过之而无不及。因为这些被屠杀的乡民生活在偏僻山区，死了也就死了，没有人再去提起，不但连墓碑（哪怕是空冢的集体无名墓碑）都找不到一块，就连新修的家谱中，也最多只有一句：殁于某年。”

不舍的家乡情结

“对一个作家而言，故乡蕴涵着文学创作者永远无法逃脱的情感，尽管我4岁就离开了新宁，可是每年清明我都会回去看一看，没想到《老街的生命》及《抗战三部曲》创作源泉也最终回到这里。如中、日大规模会战的最后一战，雪峰山会战南部战场最先打响之地，就是我的老家。"林家品说："没有故乡这块文学磁场，也就不会有现在这么多的作品问世！"从《野魂》到《热雪》，从《蛊惑之年》到《生番女兵》，从《兵贩子》《雪峰山决战》到《蔡和森》……林家品的作品与故乡、与坎坷的生活分不开。

林家品 14 岁便独立谋生。16 岁下乡做了知青，那个年代青年人对知识的渴望，是现在很多同龄人无法想象的。"文革"时，很多人把家里的藏书扔到垃圾堆，我就去把这些宝贝捡回来，白天出工，晚上偷偷地读……"

林家品说，这辈子，生活赋予他太多，写作是为了"还债"。譬如老街那些被人们遗忘的人，要还债给他们，要提起他们，让人们记住他们，这就是我的责任。

在林家品的心里，他从未轻视肩上承担的历史责任感和人文主义关怀。林家品坦言："现在的'愤青'激情澎湃，但是不讲理，甚至蛮横。在对待日本不承认历史这件事情上，靠骂是解决不了丝毫问题的，只有通过事实，通过讲理才能达到真正的效果，才能解决根本的问题。"

林家品认为，要唤起青少年对历史的反思，文学作品是最有影响力的手段，因为文学作品与历史史志不同，文学作品更形象化，更容易为大众所认知，接受面也更广泛。林家品认为，理性地再现历史的意义在于为了和平，而不是挑战历史。

"书痴"万辉华：

书里乾坤，笔下苍生

◐ 何发涛

买书、淘书、藏书、读书、写书、评书。坐拥书海如沐十里春风的万辉华先生自号"书痴"。近万册藏书是他人生中最珍贵的财富，藏书是乐趣，写书是癖好，以书为友使他获得了心灵上最大的自由，淡定，超脱，但又不自傲自骄。读书既自娱又娱人，于是以手写心，以笔为椽，行文为苍生抒苦难，写诗为红尘过客存影像。《心灵有一片风景》《书生情怀》两本集子记录着他的心路历程。

近年来随笔、书评、诗歌更是接地气，总有闪光亮点和质感让读者受到启迪和感召，其诗作《会漂泊的芦苇》获湖南省作协征文三等奖。其乡土系列诗更是展现了他的才华和灵气，在巴陵诗坛独自开拓了一片天地而不同凡响。

买书成痴，交友为书

80年代走出校门后，辉华先生受家传熏染，在物质匮乏的时代，书是他的钟爱，宁可食无肉，但不可读无书，于是搜罗古今中外典籍成了他最大的嗜好。

那个时代，刚刚从“文革”思想混乱中走出，改革声中伤痕文学，朦胧派诗歌，批判现实主义和反思古代文化以及西方文化的各种流派犹如春日花园，百花争艳。人的尊严，人的价值，社会向何处去？这些都成了文学的母题。为了买书，他在每个周末都要去岳阳南岳坡附近的外文书店，解放路的竹荫街新华书店以及位于岳阳师专附近齐家岑书店淘书。每当满载而归时便向文友展示他的收获，心中喜不自禁。

那时候居住在岳阳造纸厂不到十五平方米的房子里，几个书架满满都是西方哲学存在主义，精神分析学派，现象学，实证派以及西方浪漫主义，批判现实主义，魔幻现实主义和中国古代、近现代以及当代大家著作。当时电视未平民化，没有手机，网络更属稀罕物。那时，三五好友，一两瓶大米大曲，一碟花生米，一盘猪头肉，摇着折扇，坐在星光闪烁的法国梧桐树下的夜宵摊边慷慨激昂谈异化，谈人的个性解放，谈人生的价值，谈如何追求个人的自由，他总是主角。他不时相邀岳阳的年轻文学朋友来开沙龙，互相朗读自己的作品，交流创作体会，他亦是最为活跃的一个。

那时的年轻人，心地纯洁，总是高擎着理想信念之旗，期盼一个新时代的来临。与此同时，迷惘和困惑也缠绕着他，一支笔在更深昏黄的灯下记载他的怀疑和思考，一本又一本读书笔记现在还整整地码放在他的书柜里。那是青春时代最沉重而又宝贵的记忆。

读书成瘾，无书不欢

几十年岁月，弹指一挥间，而读书已是他每天的必修课，除了特殊情况，每天必须保证四个小时的读书时间。西方各种理论学说为他打开了心灵的一扇窗，但是毕竟文明的源流不同，中学为体，西学为用。

为探究传统文化的奥秘和民国大师的心路历程，他在后来的时间里大肆搜罗近代民国大家的学术著作，吴宓，陈寅恪，胡适之，梁启超、康有为、王国维、冯有兰、谭嗣同的书籍、传记和日记等，沈从文、傅斯年、蔡元培、梁漱溟、蒋梦麟、钱穆、季羡林、梅贻琦、张伯苓等生平事迹。这些人生趣事无不一一印在其脑海中，独立之人格，自由之精神也深深地影响了他，“不为五斗米折腰，不为权贵拍马，不写捧哏之文章”成了他的人生信条。

同时他也以考据的形式展现大师风范，并有大量书评被《潇湘晨报》《粤港信息报》《羊城晚报》刊用，并被收入《书生情怀》一书。知识分子的命运一直是他关注的重点，近几年他又将目光聚焦于晚清知识分子群体，并对湘籍历史人物曾国藩、曾纪泽、左宗棠、郭嵩焘、吴敏树等传记、日记以及来往书函进行研读，探索满清中兴之盛衰，以古鉴今，力求还原这些被遗忘的大儒风骨，以当今知识界犬儒之风盛行而行以醒酒之方。

化书为著，乐于传播

辉华写作颇勤奋，评论曾是其人生之重点，旁征博引，去伪存真，条分缕析，使历史人物鲜活于目前，夹述夹议，洞明其理，为当今社会理念尽失而忧心。近几年又新拓一片天地——写诗。诗歌的创作主体以挖掘地方风物，百业工匠，文明淘洗后消失的影像为要务。乡土味浓厚，灵光片羽间能悟能抵达生命之本源。他的诗已形成了独立的风格且为当今诗坛吹起一股朗朗的新风。在网络便捷发达的今日，微信微博和传统媒介中有他大量的优秀作品，诸君不妨去细品其妙吧。

近二十年来，他撰写的书评、时评、艺评约有 200 多篇，刊发于《光明日报》《大家》《作品与争鸣》等全国知名报刊，有 50 多篇分获全国省级征文评奖。

他年年要到学校、社区、企业、机关开展读书写作讲座，参与送文艺下乡的志愿服务，为乡村小学捐书 1000 多册。

一分耕耘，一分收获。他于 1992 年获岳阳市首批“书香之家”称号。1995 年被岳阳市委、市政府授予百名优秀知识分子称号。2002 年，他加入省作家协会，连续四届当选为岳阳市作协理事。他现担任岳阳新闻传媒公司党支部副书记、副总编辑。近年，他荣获岳阳市优秀党务工作者、和谐家庭、学习型家庭、最美家庭等称号。

笔者在此期盼爱心书评家万辉华以后的人生更精彩，把书香播撒在神州大地的每一个角落。

朱德特型演员段冬生：

红色精神的守护人

◐ 梦　斯

“抚育部曲亲如子，接遇工农蔼如风。席间谈笑胸襟阔，最从平淡见英雄。”这首诗是诗人杨朔于1939年12月1日在太行前线为朱德贺寿时即席而作的，它十分形象地刻画出了朱德总司令的博大胸怀和宽厚长者的风范，深得八路军众将士赞许。朱德是伟大的马克思主义者，无产阶级革命家、政治家和军事家，中国共产党、中国人民解放军和中华人民共和国的主要缔造者和领导人之一，中华人民共和国十大元帅之首。文人墨客爱用文字歌颂朱德总司令，也有大量诸如《朱德的扁担》这类歌唱朱德总司令的歌曲在民间广为流传。本文的主人公特型演员段冬生也用自己独特的方式演绎着朱德总司令传奇的一生。

江西萍乡是一座有1700多年历史的文化古城，在近代史上，萍乡是中国工人运动策源地、秋收起义策源地、中国少年先锋队诞生地和红领巾的摇篮。特型演员段冬生就出生在这样一个革命圣地。他从小就在安源路矿工人运动纪念馆、秋收起义广场玩耍长大。小时候对于这些地方背后的故事和承载的意义还很模糊，随着年龄的增长和知识面的扩展，他开始慢慢地了解并熟知家乡的角落都遍布着无数个令人热血沸腾的革命故事，他开始去寻找、去挖掘。受到红色革命事迹的熏陶与浸润，耳濡目染之下他便暗暗下决心要将这份宝贵的精神财富进行守护和传承。

巧合的是长大后的段冬生在身形和容貌上竟然与朱德总司令高度相似，军装一穿之后就更加像了。这时候他想也许他可以通过扮演朱德总司令的方式来传播弘扬红色革命精神。扮演朱德总司令不仅要在形上相似，更重要的是神韵的契合。为了将朱德总司令扮演得神形兼备，他找来朱德总司令的各种影视资料不断地学习，模仿总司令的说话、行走、面目表情等。现在我们看到的段冬生老师扮演的朱德总司令几乎与本人相差无几，殊不知在背后他付出了多少的艰辛努力，才有了我们现在看到的特型演员段冬生。

段冬生老师在确定了自己的目标之后，便开始不断通过参加各种活动、参演电视剧来宣传和弘扬红色革命精神。多年的伟人特型演艺生涯，使他沉着冷静，睿智儒雅，在扮演朱德总司令的过程中加入了自己的理解。他还参与并策划首届全国伟人特型演员重走长征路，首届全国伟人特型演员相聚在韶山的活动。在伟人特型演员团体中，他当选为长征路上的朱德总司令，韶山活动当中担任总指挥，多次在全国各地参加文艺汇演。他的影视代表作品颇多，电视连续剧《脊椎》饰省委委员，《欢乐校园之高考》饰校长，《月满梧桐》饰红军军官，《我不是妖怪》饰商户老板，《父女之殇，那一年所种下的恶果》主演爸爸，《毛泽东朱德1930安源行》饰朱德等。

2017年11月由段冬生老师担任总策划和总指挥的全国伟人特型演员走进安源大型公益活动拉开帷幕。他在全国革命圣地参加了许多活动之后，开始利用自己多年的艺术经验在自己的家乡举办了一次大型的宣扬红色革命精神的公益活动。从活动的筹备、活动中的接待，到带领参与活动的人员参观安源纪念馆、与当地人民群众进行互动等整个活动流程他都亲自参与。当地的很多人民群众也是革命烈士的后代，当他们看到“毛主席”“朱德”等特型演员走到他们身边时仿佛感觉这些伟人们还活在当下，还活在他们身边，甚至有些参加过革命的老战士露出了难以置信的表情，此情此景仿佛又回到了那个令人热血沸腾的革命年代。

中国革命历史是最好的营养剂，多重温我们党领导人民进行革命的伟大历史，心中就会增添很多正能量。段冬生老师带领着来自全国各地的伟人特型演员和全国爱国人士走进红色安源，寻找伟人足迹，拜访红色圣地，牢记使命，实地传播红色革命精神，活动的举办极大地弘扬了红色革命精神，获得了社会各界的一致认可和称赞。

崇高的理想，坚定的信念，永远是中国共产党人的政治灵魂。党和红军几经挫折而不断奋起，历尽苦难而淬火成钢，归根到底在于心中的远大理想和始终坚定执着的革命信念，始终闪耀着的火热光芒。习近平总书记强调，光荣传统不能丢，丢了就丢了魂；红色基因不能变，变了就变了质。要保证革命先辈们用鲜血和生命打下的红色江山代代相传，党的事业血脉永续，必须传承红色基因，使之融入人民群众的血脉之中、内心世界、灵魂深处。以段冬生老师为代表的特型演员们就利用自身优势发挥自身特长，坚定地做共产主义远大理想和中国特色社会主义共同理想的信仰者、忠实实践者。

正是有他们这样一群红色精神最为忠实坚定的守护人和传播者才让我们这些没有亲身经历过那个战火纷飞的人有幸能够通过他们的演绎从而感觉到那个时代的风起云涌，中国革命的胜利和新中国的崛起。我们相信，无论时代如何变迁，催人奋发的红色精神肯定是中国价值观的组成部分之一。段冬生老师为我们年轻一代树立了坚实的榜样，让我们明白我们也有传承和守护这份珍贵精神的使命。

朗诵艺术家磊明：

一位美的发现者与创造者

◐陈　驰

名　片

磊明，山西广播电视台主任播音员、综合广播业务指导，山西省朗诵艺术协会副会长，山西省戏剧职业学院话剧影视系客座教授，朗诵艺术家。曾获中国广播电视学会播音主持作品一等奖，采编的作品有三十余篇获中国新闻奖、中国广播电视新闻奖。被省委宣传部授予“最佳播音员”称号，“全省百佳新闻工作者”称号。策划主持担纲朗诵省内外大型朗诵活动一百余场。出版发行有《中学生语文教材诵读示范》。曾任山西人民广播电台新闻部副主任、新闻中心副总监;山西省第七届、第八届青联委员。

故　事

在播音主持界有一条不成文的规则:“个人形象从声音开始。”

这既是一道门槛,又是一道绝美的风景,意味着由此之后腾挪翱翔直至理想王国的无限空间。而朗诵,则是通往这一空间的必经之路。

一名出色的朗诵者,除了声音条件之外,还需要人生历练的积淀、内心世界的丰盈与审美情感的深刻。只有这样,才有可能在自然、社会、生活中不断发现美的源泉或美的踪迹,从而构建出一幅幅声与形的美图。

磊明,就是这样一位美的发现者与创造者,是声之美、语之美的造型师。

聆听磊明的朗诵,就仿佛在欣赏一幅多彩美丽的图景,无论是一个故事、一篇散文或一首诗歌,他都能绘声、绘色、绘形地深情表达,将流自心底的美好情愫,自然从容、层次有序地展现出来,在声与情的水乳交融之中,彰显强化“形”的星光闪烁,呈现出生命的华美。潜移默化,把观众带入一个色彩斑斓的视听世界。在这里,心的陶冶、心的修养和心的净化不可缺少。任何一个审美形象都不是抽象的,而是具体的,是内容与形式、主观与客观的统一,只有美的心灵才能够感受和发现美的踪迹。

正如诗人华滋沃斯所说:“一朵微小的花,对于我可以唤起不能用眼泪表达出的那样深的思想。”而对于磊明,或许是塞北故乡的萧瑟苍莽,渤海湾的浊浪翻卷,再加上30年从艺生涯的冶炼熔铸,让他早已看惯了大红大紫、大悲大喜的世间常态,明白了浮华与质朴、欲望与理想、卑微与高尚之间的云泥之差,顿悟到“大写之人”的生命真谛,才有了他奉为人生信念的顽强固守,宠辱不惊,去留无意,光明做人,磊落从艺。将这样的信念融入创作,从而构成了磊明朗诵艺术的审美特征之一。

其次是声音的色彩。一个作家,当他的作品被不同的朗诵者演绎的时候,常常会收获不同的听觉冲击;一个听众,当他从不同的朗诵者那里获得多元的审美感受时,常常会提出这样的问题,为什么同样的文本会有如此迥异的视听效果?这种个性多元的风格到底是怎样形成的?磊明给出的答案是心觉、感知与领悟,支撑这三者的全靠声音与气息。“声”与“气”是朗诵者在二度创作时遇到的第一个问题。“气”是中国古代美学的一个重要范畴,也是现代朗诵艺术中一个基本的概念。古代文论家刘勰指出:“气之清浊通塞,人之禀赋,体气之高下,质骨有崇卑。”意思是,“气”是人格的魂魄,决定着生命个体的尊卑高下。

磊明接受这样的美学观点,极为重视自己作品的“一以贯气”,以“气”驭声,从而赋予作品多彩的气象,或雄浑,或飘逸,或清健,或婉约,不同的审美对象、审美情感,辅以不同的声气组合,张弛有度,吐纳自如,营造出一幅幅错落有致、虚实相间,斑斓而不失主调、华美又不乏简约的视听美图。一首《将进酒》,狂飙溅落的浩然大气令人梦回魂牵,他将诗人的豪放、诗情的澎湃、诗心的激扬,演绎得酣畅淋漓、荡气回肠。

如果说心灵、声音的色彩是磊明朗诵艺术的骨架,那么情感的色彩就是磊明朗诵艺术的灵魂。磊明的情感触角是敏锐的,甚至是敏感的。生活中,一个小小的动作,一句窃窃的低语,一丝微妙的表情变化,都会被他捕捉并感知,都有可能让他惊悸、悚立、怦然心动乃至刻骨铭心、终生不忘……这样禀性的人,往往很难规避脆弱,需要更多的包容与庇佑。

幸好,磊明曾有军人的经历,严酷的军旅生活在他敏感的背后筑起一道坚实的堤岸,使他的性情变得宽厚而顽强:可以孤军奋战,但绝不孤芳自赏。敏感一旦升华为敏锐,就会成为艺术家可遇而不可求的一份得天独厚的优势,弥足珍贵。如此,磊明或许又是幸运的?因为,唯有敏锐,才能成就丰富,唯有丰富,才能铸就情感世界的绚丽与斑斓。王羲之在《兰亭序》里曾这样说:“仰观宇宙之大,俯察品类之盛,所以游目骋怀,足以极视听之娱,信可乐也。”

这是大书法家对审美对象的理性凝眸,他用丰盈多变的笔墨完成了自己对自然与精神之美的虔诚膜拜。品味磊明朗诵,最摄人魂魄的,就是他宽广音域、醇和清亮声线驱动下的多彩情感。他时而慷慨激昂,时而低沉迂回;时而哀婉悲怆,时而柔情似水。无论是如怨如慕的浅唱低吟,还是大气磅礴的长风浩歌,他都能以情动人,异常精准地表现出情感的色彩和层次,并贯穿始终,心甘情愿地与作者同喜同悲,与听者共振共鸣,让人身临其境,最终营造出一种甚为特殊的“与我心有戚戚焉”的美感氛围。

善于用情,但绝不矫情,更不滥情,一切都是有感而发的自然流露,水到渠成的由衷呈现。这体现的是他对朗诵艺术以及用声音造型的掌控能力,而表象背后所隐含的却是他极为高远的美学追求和极富个性的雄性风骨。

启　示

如是，我们得到的审美启示又是什么呢？

还是让磊明自己来回答吧！我们或许体验到了美的魅力，肯定了美的存在，而美的无限丰富内涵仍需要我们不断地去发现、去开掘。千百年来的诗人、艺术家已经发现了不少，就贮藏在他们不朽的作品里，千百年后的世界仍会有新的表现。学海无涯，艺无止境，每一个能够创造出新形象的人，就是拓展和丰富了我们的审美情感、并使我们变得更为高尚、更为纯净的人。

“民歌仙子”金姗姗：

坚持铸就成功，感恩谱写精彩

◐ 马细莲

从小，她就对歌唱情有独钟，大自然的任何造化都能化作她嘹亮悦耳的音符；从小，她就执着于她自己的爱好，任何艰难困阻，都无法磨灭她心中最初的梦想；从小，她就有冲破束缚，化茧成蝶的决心，“不放弃、不抛弃”，天道酬勤是她永恒的座右铭。她用“观山者视巍然突兀者为高，观水者视源远流长者为大，观人者视卓尔不群者为杰”来激励自己，用青春和激情铸就充实的歌唱人生，这就是被誉为“民歌仙子”的金姗姗。

良好的品行，是她成功的根基

“我始终认为做事先做人，人品决定成败、决定命运。”阳光乐观的金姗姗如是说。的确，无论是在生活中，还是在工作中，她都秉持这一原则：认真做人，认真做事。生活中，她是懂事孝顺的好女儿，是父母的暖心小棉袄。

出生湖南溆浦的她，从小就学会了做家务，做饭洗菜拖地，样样都干得很出色。上学期间，为减轻家庭负担，更是经常半工半读，靠做兼职赚取生活费；母亲烧伤期间，她亲自背着竹篓上山采药，并把苦涩的药草嚼烂敷在妈妈的伤口上，日复一日，一做就是好几个月，直到妈妈伤口痊愈。虽出生农村，但她从不叫苦，从不喊累，任何的辛苦在她那里，都化作了一种成长的力量，激励她乐观地面对一切。

从小，她就很少流泪，但有一次例外，当她被迫辍学时，她躲在自己的小房间里偷偷哭了半天。不过哭过之后，她毅然擦干眼泪，决然地离开家乡，南下打工补贴家用。打工生活中，她继续秉承真诚做人、艰苦奋斗的原则，秉承认真工作、精益求精的精神，赢取了领导同事的一致好评。她，就是阳光、乐观、孝顺、执着、不屈的金姗姗。

永不言弃，是她成功的前提

她，并不因为打工而放弃了自己的梦想，也并不因为眼前的困难而选择退缩。她努力工作，将自己挣的钱一部分寄回老家，一部分自己悄悄存起来。通过省吃俭用，她终于拥有了一台属于自己的录音机。从此，她待录音机如待珍宝，录音机成了她业余生活的寄托。当别人早上还在温暖的被窝里睡懒觉的时候，她跟着录音机在练声乐；当别人下班后，聚在烧烤前享乐的时候，她跟着录音机在练声乐；当别人进入美梦时，她仍然戴着耳机跟着录音机在练声乐。

终于功夫不负有心人，一次偶然的机会，演艺公司负责人发现她的嗓子非常清透，便与她签了约，成为该公司的一位核心民乐歌手。在接下来的演艺生涯中，她那天籁之音传到哪里，掌声就跟到哪里。为了提升自己的声乐水平，2009 年金姗姗辞去公司的演艺职业，来到北京考入中国音乐学院，师从声乐导师朱以为教授，开始接受声乐专业的系统教育。

正是对音乐的热爱，使她执着地坚持下来。2012 年 5 月，金姗姗以一曲赞美佳木斯张丽莉老师舍身救学生的歌曲《舍身一推》，唱进了中央电视台第一套、第四套、第八套频道，并在全国几百家大小报刊相继报道。2012 年 7 月，在第三届中国时代风采活动中，全国人大常委会原副委员长、全国妇联原主席顾秀莲亲自为金姗姗颁发了“中国时代影响力歌手”奖牌。

2015 年 12 月，金姗姗又在北京鸟巢获得由中国互联网电视时尚电视台春晚组委会颁发的“最具时尚青年歌手奖”，同年还获得“中国好品牌年度十大好歌星”荣誉称号；2016 年 2 月，被中国民间春晚唐山分赛区组委会特邀为“春节联欢晚会明星——爱心公益大使”。她，就是永远坚持自己梦想，努力、上进的金姗姗。

懂得感恩，是她成功的必然

“如果没有故乡，就没有今天的我；如果没有故乡的山山水水，也就没有我今天的歌声。”金姗姗诚恳地说。如今的金姗姗，凭借自己的才华，已经飞出了溆浦，飞到了更高更远的天空，去开辟更广阔的天地，各种奖项已是拿到手软，各种荣誉纷至沓来，她成了全国著名的女艺人。

但她并没有因为眼前的成功，而将故乡淡出自己的视野。相反，作为从湖南湘西走出的女孩儿，她一直致力于打造一个能够展示湘西民族文化的平台，让更多的具有湘西风情的好作品能够面世。

于是 2015 年，在她的第一张个人专辑《土家妹子》中收集了近几年来不同演唱风格的 12 首优秀歌曲，由国家级音像出版社公开出版发行，深受大众喜爱。正是汲取了湘西题材，她才能演绎出像《湘西情歌》《半个月亮落在草原上》以及新唱的歌曲《莲与廉》《金银花儿开》《欢乐海》等这般深情而婉转、欢悦又动人的原创歌作。她，就是懂得饮水思源、懂得感恩的金姗姗。

“任何成功的取得都不是轻而易举的，必须非常努力才能看起来毫不费力。”金姗姗在她歌唱家的路上，一路披荆斩棘，战胜重重困难，终于踏出了一条属于自己独特风格的道路。她，不仅是一个公众人物，更是正能量的一种体现。她的成长经历，值得我们每一个人去深思。

根艺美术大师熊明瑞：

寻找福根寿根的“树兜子”

◐ 袁晓燕

熊明瑞，男，1962 年 1 月生，湖南省益阳市人。艺名树兜子，中国根艺美术大师、中国传统工艺美术大师、中国根艺美术学会名誉副会长、中国根艺美术学会湖南联络处主任、湖南商学院客座教授，湖南工艺美术职业学院熊明瑞根艺大师工作室主任、长沙不多堂美术馆董事长、湖南黑茶收藏家、沅江赤山岛清静庄园园主。1981 年毕业于湖南城市学院中文系、后分别就读于中国人民大学法律系、中国社会科学院国际商贸专业，获研究生学历。在政府机关工作多年，曾任益阳市政府驻深圳办事处主任，沅江市公安局局长、益阳市人民警察学校校长、益阳市政法干警培训中心主任。2014 年后弃政从艺，全身心投入根雕艺术创作和文化艺术事业。

建立高校工作室和美术馆，让根雕艺术创作走进高校

熊明瑞是将根雕艺术引进高等学校的第一人。

2013 年 11 月，经多方努力争取到湖南省委宣传部专项拨款 50 万元，在湖南工艺美术职业学院建立了“熊明瑞根艺大师工作室”。2014 年 3 月，湖南商学院教务会议研究决定，无偿提供 2000 平方米的场馆，于设计艺术学院建立“不多堂美术馆”，成为国内第一个建立在高校的根雕美术馆。美术馆集工艺美术作品特别是根书创作与收藏、书画艺术品展览、根艺美术展览与交流、根艺美术的教学与观摩为一体，旨在通过高校的平台，传承、弘扬和发展根艺美术这一独特的艺术门类。湖南工艺美术职业学院“熊明瑞根艺大师”和湖南商学院“不多堂美术馆”已成为这两所高校根艺美术的一张名片。湖南省委宣传部副部长蒋祖烜多次到熊明瑞工作室调研，并为工作室撰写前言。

2013 年江西余江“中国第十五届根艺石艺博览会”，熊明瑞带领“湖南工艺美术职业学院”学生参展，是根艺展览史上第一次出现高校参展团体。四个学生都是第一次带作品参加展览，获得两个银奖，两个铜奖的好成绩，展示了高校学生的能力和实力。

通过交流，架起中西根艺文化沟通的桥梁。根雕中国古老艺术的一部分，熊明瑞担负着承前启后的责任，要让这化腐朽为神奇，鬼斧神工的艺术不仅滋生在中国土地上，而且还要走出国门，走向世界。让世界认识、了解、欣赏中国传统的根雕艺术。

2010 年，他应邀到英国伦敦博物馆和泰勒现代艺术博物馆学习考察，带去了自己创作的根雕艺术品，与国外专家切磋交流。虽根雕艺术于外国人有些陌生，但外国艺术家、专家学者对根雕这门艺术表现出来的热忱与兴趣，这让熊明瑞看到了根雕艺术发展的前景。

2015 年 6 月 1 日，美国洛杉矶大学的布朗校长参观湖南商学院“不多堂美术馆”后，很认真地写下留言：“我很高兴有机会来参观您的博物馆，深切地感受到这些美丽的艺术，我会将您的艺术精神带回美国并分享给我的家人和朋友，并建立起中美艺术的桥梁。”

根雕艺术作品超凡脱俗

根雕艺术在中国的发展源远流长。原始社会时期人们就会雕刻木像装饰品，到了隋唐根艺已趋于繁荣。唐中期《李泌传》有李泌用天然树根制作“龙形爪”献给皇帝的记载。清时期的根艺作品《玉玲珑麒麟》《凤凰》等今还在上海豫园陈列，这些作品把根艺作品的神韵表现得淋漓尽致，影响深远。

熊明瑞的根雕创作思路博采众长，不流于俗气。他扎根于中华民族几千年博大精深的中国汉字文化研究之中，将书法与根雕有机结合，赋予根雕艺术作品一种全新的形式与内涵。中国书法是古典艺术中的一朵奇葩，在世界文字书写中，没有任何一个国家的文字书写，像汉字书写一样，最终发展成为一种独特的艺术形式，且源远流长，成为受众最多最广的艺术表现形式之一。

熊明瑞创作的题材，主题十分明确，就是广大老百姓喜闻乐见的“福”“寿”“梦”“虎”“根”等根艺书法。平凡中接地气，显大雅，寄托着熊明瑞无尽的大爱情怀，乡恋之情。如《五福临门》《天下第一福》《天下第一寿》《美人鱼》《蝴蝶福》《中国梦》《虎虎生威》《根》等作品，不仅有形，有神，还有故事。特别是长沙不多堂美术馆镇馆之宝《福寿大鼎》，目之：心花怒放、得其三昧；摸之：福寿双至、梦想成真。在中国古代，鼎乃立基业，宗庙常器，国之重器。“福寿大鼎”的现世，象征着长沙不多堂美术馆将孕育辉煌的根雕文化，而誉满天下；标志着长沙不多堂美术馆福寿大成，绚丽多彩。

熊明瑞讲到《福寿大鼎》时，总有一种发自内心的激越和自豪，他说：“这《鼎》可说世上独一无二，它来之不易，又得来全不费工夫，当归我“树兜子”莫属，真谓大缘，天意也。我兴奋得好几天都睡不着觉，这种情感久久不衰，延绵至今。”大鼎不拼不接，取其天成。高 1.71 米，直径 1.17 米，色彩十分绚丽，和谐，沉稳，朴实。有金黄、淡黄、黄褐、红褐、灰白、灰黑等色交融一体。由于通体晶莹剔透，不愧为长沙不多堂美术馆镇馆之重器。

根雕是一门独特的造型艺术，在艺术创作上不仅需具备历史、文学、诗词、绘画、书法、雕塑、音乐、舞蹈、建筑等艺术的基本功底，还必须具备强健的体魄，与天同创的激情。否则，即使加工技艺再娴熟，也只能做出充满匠气的作品。他说：“我虽然不是这个名家，那个名家，但我认真学习各家之长，拜师访友，切磋技艺，不断提升自己的审美修养与创作才能。”挖掘普通事物的真、善、美，赋予每件作品以灵魂，这就是他与其他根雕艺人的不同之处。

曹植文学奖获得者王琼宇：

求索路，用文字传递正能量

湖南读书会

初识王琼宇，源于《聊城日报》对他的专访报道。他在《中国文学》杂志社主办的"中国作家、诗人眼中的名胜景点"奖项评选中，诗歌作品《凝瞩鱼山》上榜"最能打动游客心灵的十大景点"。

这个奖项的含金量是相当高的。此奖项历时9个月，面向海内外征稿评选，共收到54861位作者的60755篇（首）作品。经过六轮网络投票和评委投票后，177位作家、诗人眼中最美的中国旅游名胜景点入选，共评选出"我眼中最美的十大名胜景点"10篇、"最能打动游客心灵的十大景点"10篇、"我最喜欢的十大旅游散文作品"10篇、"我最喜欢的十大旅游诗歌作品"10篇。

王琼宇笔下的鱼山，海拔 82.1 米，占地 80 余公顷，属泰山西来余脉。作为鲁西平原与泰山山脉的分界点，站在鱼山顶可以清楚地看到黄河在此转弯折向东北。与此同时，鱼山东南方向起伏连绵的泰山余脉与西北方向千里沃野形成鲜明对比。泰山余脉的鱼山被黄河隔断，而三国曹植的命运和孤傲的鱼山极其相似，发配于东阿的八斗才子曹植，葬于鱼山。

正如王琼宇的诗歌作品《凝瞩鱼山》所描绘："孤傲的姿势/一直保持着"才高八斗"的秉性/滔滔的黄河/静默心志。"由于展现出真挚的情感、深厚的文化底蕴，该作品在众多优秀作品中脱颖而出，令鱼山上榜。

王琼宇在山东聊城有一定的名气。他是华夏诗学协会会员，山东省散文学会会员，聊城市作协、诗协会员，东阿县作协常务秘书长。曾任《东阿阿胶报》主编，《华润医药报》《金田》、聊城青年作家特约撰稿员。先后在《中国文学》《党员干部之友》《大众日报》《华文月刊》《华夏诗刊》《文学与艺术》《华润医药报》《齐鲁英才》《艺术山东网》《潇湘悦读网》《鲁西诗人》《水城文艺》《聊城日报》《淄博晚报》《微型文学》《青田侨报》等发表文学作品 600 多篇(首)，获全国征文奖项 20 余次。

山东人讲究伦理道德，其中一个重要内容就是诚信、正直。孔子说："人而无信，不知其可也。"意思是说，人如果连信用都没有，这怎么可以啊。深入了解东阿县作家王琼宇，欣赏他正能量的诗，正能量的人生，感受他对诚信、正直的诠释。

记忆一辈子的《汶川特刊》

王琼宇在编辑汶川地震特刊时，电话采访东阿阿胶驻地的工作人员，那时在四川的东阿阿胶销售人员都加入到志愿者行列。他采访的对象沈超，讲述了一个令人感动的真实故事：

5 月 13 日一大早，我便急忙赶到绵阳市中心医院，在那里一连待了四天。每天忙碌 14 个小时左右，5 月 15 日那天一天一夜没合眼，不是用担架抬重伤病人就是细心地照料安慰伤员和家属。从门诊大楼抬到住院大楼，有几百米，一天最多抬过 60 多人，电梯忙的时候，五楼以下就走着上。一个在地震中成了孤儿的 8 岁小女孩，骨折进了医院被惊吓得一直哭，我就给他讲故事，找小人书看，陪她说话，给她讲笑话，让受伤的心灵躲开地震这个话题。小女孩不知道她父母已经在地震中死亡。

我对她说："你的父母也在医院里，给他们打电话打不通。孩子，你要尽快恢复，恢复不好对你今后的生活有影响。”我不知道这个小孩的具体姓名，只知道她姓杨。手术后，我去看过她一次，手术很成功，后来小女孩有了专门的护理。我再去的时候，小女孩已转院了。还有一个上小学五年级的小女孩，救援队救出来的时候，双腿受伤。她的父亲在地震中去世了，妈妈受了轻伤陪着她，我和其他两个志愿者用担架抬着她，护着她，往返于绵阳中心医院的门诊部、拍片室、化验室、手术室之间，直到做完截肢手术。我们又将她抬到离门诊部200多米外的住院部3楼安顿好。小女孩已经懂事了，情绪极不稳定，总是说：“以后我怎么办？”

我和其他3名志愿者一直陪护在小女孩身边，给她讲保尔、张海迪的故事，鼓励她说：“孩子，你要坚强，我们和你在一起，你幸运地活下来，就是希望，要好好活下去。”我给她留下衣服和100元钱，说衣服是给她买的，那孩子真乖，将衣服收下，但钱没有要，孩子说：“叔叔，我是幸运的，我还活着，以后会好的，把钱给灾区更苦的孩子吧！”

灾区10岁的小女孩感动着每一个人，王琼宇把这个真实的声音，写成了专稿发在特刊上。特刊还精简了捐款、集体默哀、员工与灾区人民众志成城等内容，引起读者强烈的反响，受到社会各界的一致好评。

他写的诗作《汶川，不要哭泣》：“在九百六十万平方公里的土地上/一场特大自然灾害考验着一个伟大的民族/砥砺着顽强不屈、生生不息的风骨和精神/汶川，不要哭泣/擦干流干泪的眼睛/亿万只手和心与你紧紧相握相牵/共和国的阳光一定会驱散灾害的阴霾/血浓于水的骨肉亲情将筑起一座爱的长城/伟大而崇高的长城。”这首诗荣获了华润医药2008年度好副刊奖。

谈起《汶川特刊》，王琼宇说，那次汶川地震特刊是一场灵魂和精神洗礼，让人一辈子都记得。

弘扬正气是写作者的责任

文学需要独特的思考，以及独特的表达。除了文字，还要看到文字背面存在的对于社会和人生的思考，这是写作的底色和基调。作为一个严肃的诗人，除了具备的基本文学素养，重要的是每一个字，每一行句子都要有真诚态度、历史责任感，经得起时间的考验。

王琼宇说，作为一个诗人，应理性思考，有艺术想象的诗性激情，具备坚定的精神信仰和价值立场。一首好诗，首先要怀有社会担当，要有灵魂，更要有社会责任感和使命感。只有这样，作品才能无愧于读者，无愧于时代。

聊城市公安局特警支队青年干警陈春龙为解救人质，被穷凶极恶的歹徒刺伤，因伤势过重去世。英雄的壮举，触动王琼宇思绪和笔端。“诗文和颂辞/已加入为你含泪送行的行列/灵感和思索/已流进悼念的春天冰河/一名特警的优质血液/融入水城这片永远深情厚重的土地/擦亮守护老百姓的天空/从此你的名字/以碑的海拔/在人们的仰望中耸立/陈春龙/灿烂警徽的庄严与尊严/你三十岁的人生光芒/传递给水城温馨安全的家园/大写在齐鲁人民的心中……”这首诗被《党员干部之友》转载，算是给英雄最好的纪念和送行。

北京奥运会开幕式举国欢庆，怎能没有诗句颂扬。“今夜，中国铺展浓缩厚重历史的画卷/《论语》穿越时空的隧道琅琅入耳/四大发明、丝绸之路同长城一道/灿烂礼仪之邦的盛世文明……”

神七升天，傲视全球，激荡着王琼宇的情怀。“梦有多高/神七就飞多高/听/中国剪裁太空的恢弘声响/嫦娥奔月的传说从课本里走出/再一次像故事/生动在一个伟大复兴民族的现实中/CHINA 我深爱的祖国/烙印所有黑眼睛祝福和喝彩的足迹/赢得世界如雷的掌声……”

新中国 60 华诞阅兵，全世界瞩目，王琼宇的全部身心触摸着激动、自豪的祖国。“今天/天安门广场浓缩九百六十万平方公里的版图/写意蓝天白云的五星红旗/用崇敬的心情解读纪念碑/领唱朝阳的中国。”

黄河，高过母亲河的字眼，激荡间，一首铿锵有力的大交响诗在苍凉间升华。“黄河/已经高于母亲河的字眼/教会一棵树如何站成一条淌翠的河/教会一粒种子长大就要有信仰/教会一个民族要有自己的豪迈和方向/黄河/苍凉黄河/风也苍凉/苍凉才有血性/才会雄起/才会挺起骨头和脊梁”。

近期，王琼宇看到余旭烈士的事迹后，用一首短诗为烈士垒起纪念碑。“以歼-10 为笔/书写优秀而高贵的答卷/热血/青春/永不退缩的‘金孔雀’/融入祖国的蓝天/余旭/三十岁的军人光芒/屹立成巍然的碑文”。

满满的正能量，让王琼宇有了读者群。他的博客、微信也有了很多的粉丝。

深入草根接地气

关注当下，关注时代发展，贴近大地与心灵，是作者创作的根基和源泉。发现、沉思、审视，以行者的姿态行走于思想，总有不可错失的主题。

王琼宇的创作，有自己的角度，不是千篇一律的发现，有独特风格、个人气质鲜明。

卖煤球的老人，清扫着楼道遗落的黑，卑微又高大的形象呼之欲出。“老人和煤一起走到城里/在刺骨的北风中等待/吆喝着出售的温暖/暗淡的皱纹/喘着粗气/唠叨着爬上六楼/攀爬到我上层的邻居/老人小心认真地清扫着/遗落楼道的黑/他说，莫弄脏你们城里人的鞋”。

收破烂的老人，几分钱也是生活的惊喜。“收破烂的老人/小喇叭代替了吆喝/两指间的火星/燃一朵呛人的火烧云/视线钓着楼上或储物室打开的惊喜/每日奔忙的双脚/驮着破烂的价值/驮着生活的重荷/在几分钱讨价还价的间隙里/偶尔打一下很旧的手机/憨厚着一种叫做淳朴的微笑/伏在老人肩上的城市阳光/照亮赖以生计的三轮车”。

磨剪子、跄菜刀，一种即将消失的声音。“生锈发钝的菜刀/等待一种吆喝/‘磨剪子、跄菜刀……’/磨刀者/越来越少出现在城市的身影/破旧自行车/绑着板凳和器具/低着头寻找着自己的生计/粗粝的磨石/细细地打磨城市快节律的生活/打磨着城市拒绝的形象”。

清洁工，就像雪，擦去一个大地，又呈现另一个宁静的大地。“不停地走来走去/会议室、走廊的玻璃、卫生间……/是必做的功课/毛巾、抹布、扫帚/是铁的原则和秩序/新芽擦去了旧叶/在人生的轨迹上/面对烦琐、浮杂、喧嚷/擦抹一种解除、一种布道”。

从 1993 年正式发表作品至今，已经整整 23 年了。当王琼宇以时间为尺回顾和总结自己的时候，他有一种说不出的滋味。

一个业余作家把岁月与文学叠加，以虔诚的态度写出了生命本质、心灵之善、尘世之美的作品。一路走来，不离不弃。是文学作品，特别是诗歌，给了他观察社会的角度，体味草根阶层的冷暖，给了他一种信念和穿越精神，成为他弘扬正气的重要写作来源。

王琼宇，他还做过浙江省温州市义工。在高铁捡钱包，还失主；把迷途的孩子送回家，他做的好事还不少呢。普通却不平凡的他，本身就是一首正能量的诗。

深刻愈深沉，明智愈追求，务实愈探索。王琼宇在“中国作家、诗人眼中的名胜景点”奖项评选获奖感言时说：“诗，是内心情感的触动和映照。文学作品要想感动别人，首先要感动自己。生活阅历是创作的源泉。真情实感、立意新颖、贴近生活的正能量作品，才能吸引广大受众群。一篇文章，读者记住其中一句话，也算是成功的。”

器大者声必闳，志高者意必远。“漫漫求索路，用诗歌传递正能量。”曹植文学奖得主王琼宇如是说。

“中国十大实战策划专家”、畅销书作家娄义华：

一个文化人的山河岁月

◐巧　娟

早在一次活动中，同行的同事给我介绍：“这是娄义华，前新华社记者，著名作家。现在是北京师范大学在读博士生。”我仔细打量着他，一身休闲装、大而黑的双眸，眉宇间几分俊朗，加上幽默风趣的谈吐，与想象中戴着厚重眼镜与严肃表情的博士生形象迥然不同。

后来，因共同参加一些活动与其逐渐熟悉，得知，他不仅是摘得全国新闻奖的著名媒体人、博士，更是中国摄影家协会会员、畅销书作家，湖南作家协会会员，著有《看法》《玩味》《张国荣飞往天堂》《梅艳芳菲》《萨达姆传奇》《奥运 108》《特别关注》等作品。2014年底，娄义华先生又众望所归地捧回了“全国十大策划人”的大奖。

从一个成长于贵州余庆县松烟镇的小孩到今天取得硕果累累的文化人，娄义华先生在文化领域走过了一段怎样的旅途？仗着与他有几分熟悉，在沐浴冬阳的下午，我给他打电话表明采访意图，他欣然应允。和煦的午后，我们相约在林科大的花之林茶座，略微感冒的他看起来有点疲惫，但说起过往岁月却精神焕发。我们就着一杯清茶侃侃而谈，他的故事也在音乐流淌的氛围中娓娓道来。

一切的“折腾”源自好奇心

生于20世纪70年代的娄义华在贵州余庆县松烟镇长大，父亲在央企建筑单位工作，工作性质让他长年在外面四处出差奔波。母亲因不愿跟父亲一起过着吉卜赛人似的流浪生活，选择在家务农。在我国，这种半工半农的家庭群体占的比例不少，尤其在祖国大搞建设时期，夫妻中其中一方保留农村户口留个退路是很多人的想法，不愿意丢掉农村的一亩三分地，即便有机会成为双职工也不要。成长于这种家庭结构的娄义华，多年后决定为这个人群撰写一本小说，记录他们将青春、热血和汗水抛洒在祖国大江南北的故事，希望社会不要忘记他们，今天的发展是这一代人共同努力的成果。

半工半农的家庭结构里，娄义华从小跟随母亲在乡下生活。童年时期，山明水秀韬养了娄义华的好奇心，对事物有着探究本源的求知欲望。不满足于长辈和书本给予他的现成答案，他喜欢亲自实践得到对事物的认识，家里的无线电产品成了他满足好奇心的首个实践对象。20世纪70年代末80年代初，黑白电视机、电子管收音机刚刚进入寻常百姓家，五六岁的娄义华站在这些新鲜玩意儿面前歪着脑袋琢磨：为什么画面里面的人能自由走动？为什么能发出声音？它们是怎么做到的？

“有一次，趁舅舅出去赶集，我偷偷把他家的一台电子管收音机给拆了。我花了一下午时间，想弄懂它为什么能发出声音，那里面怎么有这么多人，一个小箱子里面能装下这么多人吗？他们不吃不喝，难道真有传说中的小矮人？在舅舅回家前，我又成功复原了它。”娄义华回忆着对无线电痴迷的有趣故事，不时荡漾着甜蜜的微笑。

不仅仅是舅舅家的收音机，家里的电视机、闹钟都成了他的修理对象，拆了装，装了拆，自得其乐。这种对无线电的浓厚兴趣，让他在应付高考的学习期间，还利用晚上的时间去夜校攻读无线电与电子专业的大学课程。他对能否考上大学并不抱太大希望，也做好了考不上大学就去做电工的打算。他谨遵父训：有一技在手，走遍天下都不怕。高考那年，娄义华却超常发挥，不仅考上了大学，考上的还是中国著名的高等学府——中国人民大学。

“我高考头一天还在看武侠电影，深刻地记得看的是《黄河大侠》。考完语文感觉很不错，接下来其他科目题目也很对路。我们当时是先填志愿，后考试。觉得中国人民大学这个名字很正气，就选了他。”他轻描淡写地回忆着这种“阴错阳差”，好像只是得到了一次命运之神的眷顾。但命运之神从来不会眷顾没有准备的头脑，是娄义华天性的刻苦钻研精神，让他鱼跃龙门，跨入了名牌大学的大门。他还幽默道：“出题的老师我一个都不认识，农民出身，没有背景，只有背影，他们出的题目撞在我的枪口上了。”

意外考上名牌大学，若干年后经过世事沉淀后的娄义华回忆这次命运的眷顾，却有了与当初截然不同的态度。他常常自问，若当初不读大学，在山清水秀的老家务农，幸福感是不是还会强烈一些呢？生活在长沙这座市井气息浓厚的安逸之都，初始的幸福感和新鲜感褪去后，娄义华也深感迷茫，他开始怀念起孩童时在老家那段纯真质朴的乡村岁月。联想到在当下很多农民通过各种途径挤进城市，却发现幸福感相比从前更加稀薄，且始终找不到归属，这种矛盾的心境使得他们只好在城市与乡村之间游走，进退两难。

由于学的是文科，娄义华未能继续攻读无线电专业，而是选择了新闻传播专业。在人大念书的四年里，正是娄义华价值观确立之时。青春缱绻于此，他开始海绵般地吸收各种知识，参加学术社团，读书会，选修文学课程，也在业余时间疯狂写稿赚取生活费。不仅当报社的通讯员写新闻稿，写武侠小说，赚取微薄的稿酬。

爱因斯坦虽然把好奇心称为“神圣的好奇心”，但也认为它是一根脆弱的嫩苗，很容易夭折。在娄义华这里，好奇心不但没夭折，反而更加茁壮成长。无论是孩童时对无线电的好奇，还是后来执笔写新闻、文学，他都力求创新，精耕细作，他的新闻作品曾多次获得全国各种大奖。摄影虽然只是他的业余爱好，但他也玩出了另一番天地，他曾多次参加国内外的摄影展，各种大赛，并荣获各种奖励。连生活中最接地气的一件事——做饭，他也会尝试每天做出不同的色、香、味、形、营养俱佳的菜品。他曾挑战自己，一个月中每天做不同的菜，并要人鉴证，为此，并把这种对美食的研究与热爱通过撰写专栏的方式与人分享。

他说中国是一个吃的国度，什么都与吃有关。于是，才有了他那本《玩味》，书的封面赫然写着："舌尖上的中国最玩味！"这本书并不直接写吃，却犹如中国吃文化般玩味无穷地剖析这个社会。

正是这份好奇心，让他成为一个多领域的专业玩家，拥有永不枯竭的创意能力。

最喜欢"作家"头衔

从媒体人过渡到作家，对娄义华先生来说，是一个重要的过程。集摄影家、策划家、记者、企业家、作家这些头衔于一身的他，作家，也许是娄义华先生最喜欢的一个身份头衔，他更愿意别人称呼他为作家娄义华。对于为什么写作，很多作家曾经试图回答这个问题。严歌苓说她的写作初衷源于"写作是一种秘密的过瘾，不能写作，我最精彩的部分就死了"。而娄义华先生的写作初衷却没那么具有个人色彩，有着很清楚的价值取向和目的。也许写作本身无法改变世界，但写作可以改变人的思想，人的思想可以改变世界，很多精神是一个被雕塑的过程。"我相信观念的力量，希望以撰写评论和杂文的方式熏陶感染社会大众，推动社会的发展。"娄义华如是说。

在众声喧哗的社会图景中，寻找到问题的出口，替社会万象中的很多人事发声。虽然用文字当作工具来承载一种社会责任感未免有些沉重，然而在多元化的社会，总要有人发出声音，毫不遮掩，直指利害，这是他在媒体行业浸染了十多年，目睹了社会万象之后找到的造福社会的方式。娄义华认为当今社会只迷恋看得见的东西，不相信精神的力量，会带来很大的灾难，坚持独立和自由的思考是非常重要的。而作为一个知识分子就是要对这个意识形态、自由制度提出一些你独立的思考，提出你的批判。

娄义华非常喜欢苏轼的"言必中当世之过"言论。自古以来，人们就非常重视文艺创作目的，提倡有感而发，有为而作，反对"无病呻吟"。文学要能揭露社会之弊端，以引起疗救。苏轼之所以能够提出这样的创作理论，与宋代开明的政治有关，而作者要能写出这样的作品，则必须具有政治预见性和勇于坚持真理的不屈精神。娄义华希望自己的文字在当下能有点积极的作用，在未来的时空排序中哪怕只留有只言片语也不枉此生。

作品是作家的辛勤劳动成果，然而在当今的文坛却面临着一个困局，很多的作家书很好，但卖不出去。创作了作品，没有人买，对于作者本身来说是一件很苦恼的事情，因此自古文人总是给世人留下穷酸的刻板印象。对此，娄义华毫不讳言自己写作的“商业动机”，就是将作品的价值最大化。他也致力于摆脱“文人穷酸迂腐”的处境，他认为作家贫穷不应是生活常态，人应当致力在解决基本生存问题之外过有精神内核的生活。当然，多少作家都希望通过正常的写作能过得生活无忧，然而，这样的日子或许还要等待。社会对待作家的态度，或许就是进步的态度，毕竟，作家是社会的良心。

文字是作家生产出来的文化产品，只有通过市场流通，读者购买它，阅读它，才能实现它的价值，否则就只是一张废纸。文学作品也具备产品属性，就如茶叶、烟、酒一样，需先找到它的需求市场，才能实现它的价值转化。娄义华认为把市场营销中“以销定产”理念运用到他的创作中未尝不可。先研究读者需求，有的放矢地创作，可以让作品的价值最大的量化，也可以最大限度避免作品出版了却无人问津的窘境。

文学作品是有多重属性的，他并不指望自己的作品能够流芳百世经久不衰。但作品必须首先去遇见他的读者。就如雨果曾说:“出版一本书，就像在荒岛上向大海丢出一只求救瓶，随着天候潮汐，随着命运，瓶中的稿子会漂向何处，何时落到何人手里，我一无所知，正因为一无所知，所以充满希望。”

自由是不能代替的远方

在物欲横流的时代，安坐于室朝九晚五的工作并不是娄义华先生追求的生活方式，这也是他婉拒多个政府机关工作机会的缘由。爱写作，爱旅游，爱美食，爱摄影，但娄义华先生最爱的还是自由。自由是人的天性，却绝非水面轻鸿。某种程度上这也是一种重负，真正拥抱自由的过程中，才会体察到其向内外索求的艰难。而他对自由的驾驭，也是漫长地摸索过程中得到的结果。

从人大毕业后，刚走出象牙塔的娄义华梦想着干一番丰功伟业，他被分配到新华社国际部中东分社。在此期间，他常常需要以记者身份游历不同的国家。他去过伊拉克、伊朗、土耳其、德国、日本等多个国家，跨国体验让他在时评写作中开始以一种全新的视野来看待自己的国家。

中西方文化的异同问题，一直困扰着一代又一代的知识分子。然而对于民主与自由这些在国外盛行的闪光熠熠的价值观，娄义华有着自己的理解。他认为，我们的国家目前还存在很多问题，但确实取得了很多进步，逐步在走向繁荣富强，百姓生活安定。在这个价值多元的社会，各种新思潮通过互联网冲击着我们的思想观念，这就更加要求我们学会分辨和自我教育。在这种不同的文化对照甚至冲突中，他有了更多思考的空间，娄义华更加清醒的知道自己是谁，也更希望能活出不一样的自由人生。

时光荏苒，三年博士即将毕业，娄义华计划毕业后开始写作，希望通过靠文字养活自己。读书、旅游、写作，以自己的方式观察这个世界，让自己成为一个丰富健全的个体。让每个个体都生活得有滋有味，娄义华认为这是因叛逆而燃烧的青春岁月教给他的人生意义。

“花瑶百灵鸟”向孜：
醉人的歌献给最美的你

◐梦　斯

音乐是一位好老师。它会将你的心灵从喧嚣和冗杂之中带出，带到一片静土，使你那烦躁的心平静下来。音乐是你开心时的朋友，音乐也是你失意时的伙伴。爱音乐的人一定是个内心柔软，充满对生活的激情与热爱，溆浦县一中的向孜老师就是这么一位热爱音乐、热爱生活、充满正能量的青年音乐人。

童年生活艰苦，坚强不息

向孜出生在溆浦水田庄，年幼时父母便因为矛盾分开了，向孜跟随母亲生活。家里没有了主心骨，孱弱的母亲用单薄的双肩挑起了生活的重担，含辛茹苦地抚养着向孜。为了生活，母亲选择了自己开酒厂。没有启动资金，母亲把房子卖掉了。没地方住，母女俩只能住在昏暗潮湿的仓库里，一住就是好几年。母亲全部精力都放在了酒厂里，根本无暇顾及年幼的向孜。懂事的向孜也理解母亲的不易，小小的年纪便已经会做各种家务活了，洗衣、煮饭、打扫卫生成了她的家常便饭。年龄稍微大一点的时候，她在学习之余还会到酒窖帮忙，跟母亲一起酿酒，踩着三轮车送货，俨然一副大人模样。

年底生意好的时候，母女俩经常要忙到半夜才有空吃饭，即便生活再苦再累，向孜也不曾抱怨过，她说，能帮到妈妈不管怎么样她都不觉得苦累。就这样，母女俩相互依偎，相互搀扶。功夫不负有心人，现在母亲的酒厂办得有声有色，生活也慢慢好起来，生活终究是善待了这对坚强、乐观的母女俩。

向孜爱唱歌，歌喉清脆，这是村里的乡亲和老师、同学早就发觉的，这位平时文静寡言的小女孩，一到唱歌的时候，完全是另一副神态，活泼天真，浑身散射一股激越的神情，令熟悉她的人常常惊诧不已。这个小女孩天生有着一副好嗓子，天生就是唱歌的料。因为当时家里不富裕，也没有多余的钱给向孜请专业老师教她唱歌，那时热爱唱歌的她只能跟着电视节目模仿自学。

一直到了读高中，她的这一天赋引起了老师的注意，老师也被她天生的好嗓子惊艳倒了。为了支持她学习音乐，怀化一中的赵红老师还帮她垫付了学习音乐的学费。向孜也没有辜负老师的期望，通过努力学习，在 2006 年以湖南省第二名的优异成绩被山东师范大学录取，在完成了本科学业之后她考取了音乐硕士学位，成为一名专业的音乐人。

毅然返乡，推广民乐

在读大学和研究生期间，向孜便已经小有名气，毕业后她本来有机会留在学校执教，大城市也有更多的机会施展自己的抱负。在得知母亲因为常年操劳，身体状况堪忧的时候，她不顾所有人的劝阻，毅然回到了家乡，成了一名高中音乐老师。这样她就可以留在母亲身边照顾她，在她看来即使留在外面过得再光鲜亮丽，也不及陪母亲在家乡过得安然踏实，家乡与相依为命的母亲重于一切。

回到家乡的向孜决定把家乡的民间音乐推广出去。溆浦的高山号子是一种原生态的劳动号子，是音乐美和劳动美的统一，具有重要的历史文化价值，是研究溆浦民俗发展的重要依据。为了更好地保护这种原始音乐，向孜数次去到小横垅等地寻找还会唱这种劳动号子的继承人，跟他们沟通交流，尽可能完整的记录。在经过多次深入了解和搜集资料之后，她写了《浅析溆浦高山号子》一文，该文被国家级刊物《神州》优先刊登，这篇凝聚了她无数心血的论文还获得了音乐教授黄明水的高度评价。

2015 年 8 月 16 日，向孜带着她经过精心培训的 11 名花瑶姑娘参加了张天甫“爱在中华”庆祝中国抗战胜利 70 周年的音乐会，表演的 8 首原生态美轮美奂的花瑶歌舞惊艳了全场，首都的很多媒体都对她们进行了报道。只要有机会在外面演出，向孜都坚持用花瑶语言进行表演，她说要让更多人知道花瑶的音乐，慢慢的把花瑶音乐文化推向全国。花瑶的音乐没有具体的文字记载，全靠代代花瑶人民口口相传下来，这样很容易让这些优美的音乐流失。通过不断地努力，向孜将十余首花瑶山歌写成了简谱，并且将这些山歌排练成歌舞。后来她还带领这些文艺工作者到山背演出和教学。学生们对向孜的教学表现出浓厚的兴趣，看着这群孩子对花瑶音乐充满了浓厚的兴趣，向孜觉得她做的一切都是值得的，花瑶音乐有了传承人，有了继承者，传统文化有了新的呐喊者和传播者。

引吭高歌，唱出家乡美

位于溆浦县葛竹坪镇山背村的花瑶梯田是中国花瑶梯田的核心景区，梯田从 300 米到 1400 米高的山上，绵延数公里，气势磅礴，壮观、秀美、景色宜人。随着沪昆高铁的开通和溆浦高铁站的建立，花瑶梯田也开始慢慢被外人所熟知。向孜也利用自己的优势用歌声唱出了山背梯田的美。《坐上高铁去山背》这首旋律优美，大气磅礴的花瑶民歌就是向孜唱给花瑶山背梯田的。在向孜看来音乐不仅仅是一门艺术，也是对外宣传家乡的名片，向孜始终坚持穿着家乡的特色服饰，用家乡的语言演唱家乡的人、家乡的景，尽自己最大的努力为家乡的发展做出自己的贡献。《金樱子》《雪峰山》《灵翠山之恋》等都是向孜的代表作，也是她唱给家乡的赞歌。

2017 年由著名演员胡静主演的大型红色电视剧《向警予》在溆浦开机，形象健康，笑容甜美的向孜也参与了该电视剧的拍摄，饰演一名向警予学校里面的结拜姐妹章翠玉。相信在不久的将来电视剧播出的时候观众们也可以看到她别样的风采。

现在的向孜是怀化市青联委员，湖南省音乐家协会会员，湖南消防公益代言人，今年 11 月还被选作了全国消防公益使者，为宣传消防身体力行，尽心竭力。她还是第一个登上“湖湘大讲堂”发表演讲的少数民族女性，演讲引起了现场观众的强烈共鸣，鼓舞激励了青年学生们。向孜身上坚强、乐观、善良这些美好的品质也如同她的歌声一样传递着正能量，播撒着新希望。

她的笑容是这冬日里的一抹亮色，她的歌声是这旷日下的一缕暖阳，响彻了山背梯田，惊艳了流年时光，温暖了芸芸心灵。祝愿这位美丽、善良、温暖的姑娘一如既往的被岁月善待，被生活呵护。

身残志坚的榜样作家王友年：

用心奔跑，在文字的天空飞翔

◐ 涉江红帆

在 2018 全国榜样春晚上，有一位身体残疾但总是面带微笑的榜样人物，他就是中国散文家协会会员王友年。

王友年，1963 年出生在河北保定市雄县，他的呱呱坠地，给这个冀中平原上的农家带来了欢乐。然而，谁都想不到，一场瘟疫差点夺去他的生命。脊髓灰质炎，让他落下了终身残疾。他开始懂事的时候，看到同龄小伙伴们蹦蹦跳跳地玩耍，他开始感到无比的自卑。是长辈的爱让王友年树立了对生活的信心，也让他对未来充满了希望，阳光从此进驻了他的内心。

因为身体残疾，上学后，王友年和他的那些小伙伴们相比，困难就显得大多了。尽管这样，他坚持不要爸爸妈妈送。从小学一年级开始，他就坚持自己步行到学校，并且总是班里第一个进教室。他这种好强的性格，赢得了老师和同学们的尊重。

在学校，他养成了爱读书的习惯，生活遇到迷茫的时候，书中的那些杰出人物，就会给他指明方向，给他力量。

王友年初中时，正赶上国家恢复高考，他和同龄人一样，心中都怀着“为中华民族崛起而读书”的理想和抱负，于是昼夜苦读。那时，他的数理化成绩一直名列前茅，然而，当真正参加高考时，王友年却因刚刚做完手术，高考成绩虽然上线，但因为体检不合格，被拒之大学门外。这应该是王友年人生中第一次遇到的巨大打击。

那一刻，王友年第一次陷入了人生的低谷。当时，王友年做完手术不能下床，陪伴他的只有他喜欢的书籍和一台半导体收音机。因为他对古典诗词的偏爱，所以方明主持的《阅读和欣赏》成了王友年每期必听的节目。当听到方明朗诵的《前赤壁赋》后，他的心一下子被苏轼那种豁达的人生态度所感染，心窗被打开，他开始认识到，人生的路不只有上大学，在另一条路上，人们同样在创造自己人生的辉煌。

于是，王友年走进了村里，和许多要急于改变家乡穷困面貌的乡亲们，一起摸索致富的道路。王友年和乡亲们一起办厂，被乡亲们当成了他们的工程师。他也是初生牛犊不怕虎，毫不犹豫地挑起了这副担子。从此，他吃住在厂里，把学到的知识，用在了图案设计上，他要用他的聪明才智，帮助乡亲们早日脱贫致富。

建厂一年后，这个小厂开始小有名气，并且引起了河北省委的重视。后来《河北日报》也做了相关报道，肯定了他们的做法，这更让他们有了决心，步子越迈越大。很快，这个厂就成了雄县的纳税骨干企业。没有走进大学校园，一直是王友年的一个遗憾，但他从没有放弃自己的追求，更没有放弃自己的梦想。白天繁忙过后，夜晚，一盏灯，一本教材，三年的时间，一千多个夜晚，从古汉语到希腊文字的起源，从问天的三闾大夫到苦苦思索《浮士德》的歌德，王友年用先贤的文字充实着贫瘠的大脑。那一段时间，他的生活特别充实，对未来也特别有信心。三年后，王友年顺利地读完了《北京语言文学大学》的函授课程，而且没有耽误厂里的工作。这期间，他设计的产品被保定市外贸局评为二等奖；另一产品为法国大使馆收藏。

20 世纪 80 年代末，全国副委员长赛福鼎考察了这个乡村小厂，看到王友年设计的波斯风格的地毯，竖起了大拇指。后来，他们还迎来了冰岛副总理兼能源部长，他对王友年设计的地毯图案表示喜欢，这无疑是对王友年的巨大肯定和支持。

由于王友年的努力和刻苦学习，他也找到了自信，企业的发展也日趋成熟。因为学习了西方文学，对意大利人的抽象美学有了充分理解和认识。王友年的设计成了意大利国内的一个品牌，连续几年里，为国家换回了大量外汇。在 20 世纪 90 年代，他们的企业一直是省、市、县三级 AAA 信用企业，并多次受到有关部门的表扬和嘉奖。

老天仿佛注定要考验强者的毅力，危机瞬间来临，因为客观原因，人民币升值，国内劳动力成本加大，加之主要出口市场的欧美等国家出现金融危机，这都是人无法克服的。看着工厂一直在亏损，王友年只有宣布破产，当时，他的心像碎了一样。

风物长宜放眼量，能从这个低谷走出来，又是文学帮了王友年。在家的时候，王友年想起了自己的少年梦，要强的他不能让自己的梦破灭，他要用他的努力去实现它。他虽然在事业上遇到了挫折，二十几年的心血付之流水，但收获了丰富的阅历，锻炼了顽强的性格。他要用文字，把他的这些朋友们写出来，把他的梦想写出来，用他的思想去影响他的读者，告诉他们，人不能没有追求，不能没有梦想。人们追求的，不只是个人的幸福，更多的是为社会做点什么。于是，王友年开始了他第一篇长篇小说《与爱有约》的创作。

王友年在创作《与爱有约》时正逢人生低谷，生活是现实的，在面包和理想之间，他依然不放弃对理想的追求。后来他找到一份工作，虽然收入微薄，但因为自己热爱文学，所以觉得生活很有意义。功夫不负有心人，他迎来了创作高峰期，写出了近百万字的作品。后来他被保定市作协吸收为会员，又被中国散文家协会吸收为会员。

王友年的中篇小说《齐大伯轶事》是他比较满意的一部作品，作品原型取材于一位真实的伤残退伍军人，对战争的残酷和人性的善良进行了深刻的剖析。《齐大伯轶事》曾被《荷花淀文学月刊》评为优秀作品，并给予发表。

在以后的创作中，他陆续发表了一些诗歌散文，其创作水平也在不断提高。散文《温月光下酒的人》曾被环球热点网文学大赛评为二等奖，同时也发表在省级报刊上。

2009 年，王友年在繁忙的工作中，又创作了长篇小说《苦恋，在大漠的边缘寻找归宿》，这是一个关于爱情与家庭的悲剧。在小说中，他试图告诉人们，什么样的爱能让人幸福。小说故事有些老，但总有一些新问题，人们至今没有给出一个说得过去的答案。这也许就是他写这部小说的目的。

因为王友年的努力，他的作品也逐渐被人接受和喜欢。他的处女作《与爱有约》被新浪读书频道看中并成功签约。另一部长篇小说《谁动了我的男人》也被大型文学网站"榕树下"采用。他的诗歌《妈妈，今日我不会写诗》在苏林艺高杯文学大赛中评为特等奖；散文《家乡春节习俗漫谈》也获得首届柏青杯文学赛特等奖。

人不能没有梦想，有了梦想，才有了奋斗的动力。怎样实现自己的梦想，这就需要踏实肯干，一步一个脚印地去拼搏。从王友年这几十年的经历中，可以给人这样的感悟：有些人虽然就像一棵小草，卑微弱小，但只要没有失去向上生长的渴望，把根深深植于大地，这大地就是自己的家乡，自己的祖国，他们就是力量的源泉。无论遇到怎样的疾风暴雨，只要将自己牢牢地依附在大地母亲身上，永远保持一颗向上的心，最后定会迎来自己的辉煌。他的事迹，对所有人都是一种鼓舞和激励。在现实中，有很多年轻朋友们在生活和事业上会遇到这样或那样的困难和坎坷，但是，命运是公平的，正像王友年，老天剥夺了他奔跑的权利，却赋予了他能够飞翔的心灵。四十多年来，他尽管经历坎坷，却时时收获真爱。这一切让他感受到人生的温暖和伟大，他心怀感恩一路走来，用自己真诚的心去感恩社会，回报社会。

希望现实中的年轻人，面对自己暂时的挫折，都像王友年那样，不自暴不自弃，不怨天尤人，坚强迎接每一次挑战。

农民摄影家何志贤：

用执着留下最美光影

◐欧　梁　向　往

他是一位面对挫折与厄运面不改色的爱心摄影师，质朴不张扬的外表里透出一股顽强、执着的气息；他是一个普普通通的湖南平江汉子，却坚持在摄影界打拼摸爬了近40多年；终于有了自己的影事记忆艺术馆，他的座右铭“只有顽强拼搏的人，终会收获满满”，并以此为信念一步一步走向成功，深受世人敬重。

他叫何志贤，湖南平江长寿镇一位地道的农民。他没有高学历，也没有稳定的收入，甚至是在迫于生计的时候，拿着亲戚资助的一台海鸥135相机和几本摄影入门书籍，奔走于连云山下的田间地头，硬是凭着平江人特有的那份执着，捕捉最美的瞬间，把自己的名字写进了《人民日报》《湖南日报》《岳阳日报》(原《岳阳晚报》)等主流媒体，把一幅幅记录乡间的作品送出国门，登上了国际性专业摄影赛事的颁奖台。

挚爱生活的选择

1970年，何志贤高中肄业，因家境贫寒失学回家务农，随后当民办教师，担任村党支部副书记、民兵营长。正当他满怀壮志带领乡亲们战天斗地改变家乡面貌时，一场大病把他“撩”倒在病榻上，一病竟是3年。他妻子的哥哥见他病后身体虚弱，生活艰难，便送他一部“海鸥”牌照相机和三本摄影书籍，让他改行做个体照相户谋生。然而，大概是接触过死神的缘故吧，他对人世间五彩斑斓的社会生活有着一种特别的情感。他不甘心囿于个人狭小天地混饭吃，决心借助照相机那灵巧的镜头，展示千姿百态的人生，讴歌真善美，为社会做更多的贡献。

摄影是一门捕光捉影的艺术。很多人谈及摄影，都有过这样的感叹：“要出好作品，没有艺术细胞不行，没有资金投入万万不行。”而农民老爹何志贤只凭着自己的执着，不畏艰难险阻，也要挤进这艺术的门槛。

经济拮据的他，只能在卧室的床头旁边搭起狭窄的暗室，买不起放大机，就从废品店讨来一块汽车后视镜，朋友赞助一块放大镜，根据书上写的方法买来显影、定影药液。他边拍边试，就这样在一方小天地里精心冲洗制作自己采拍的照片，配上说明文，把它从当地邮局投寄给全国各地的报刊。

为了更好地掌握摄影技术，何志贤克服重重困难，报名参加了中国摄影函授学院第一期大专班学习，该院的湖南辅导站设在长沙大学实验中心，每月都要去那里听课学习，距离他家有160多公里路程。结业时，他的文化考核成绩和交拍的五幅毕业作品均获优秀。通过一年的刻苦学习，使他的思想修养和艺术素质都升华到了一个崭新的境界。

有一次，何志贤去朋友家做客，在离朋友家约200米的地方，随着一阵犬吠，一条土狗龇牙咧嘴向老何扑来。

当时，何志贤确实有点胆战心惊，自然地后退了几步，但下意识地就举起相机瞄准目标。那狗大概认为他手中的相机是对付它的武器，直立着不敢再往前来。真是无巧不成书，正在此时，两只白鹅飞快地跑过来，朝着那只狗低头振翅。说时迟那时快，何志贤当机立断，及时把这幅构图绝妙、充满戏剧性的场景抓拍下来，客也不做了，快速回家，迅速剪片冲洗。这幅取名风趣诙谐的《报告队长》，一经发表获奖无数，还被中国摄影家协会国际部多次选送出国参赛。

独具匠心的记录

从事摄影后，身边亲戚和街坊邻居对他的印象是，何志贤经常像个“战士”一样，挎着摄影包，举着镜头，行走在长寿镇的街头巷尾。而在何志贤眼中，乡村生活的点点滴滴都成了他不可错过的对象。随着他那一幅幅关注公平、关注环保的照片见诸报端，也给他带来许多头衔，先后被《人民日报》《湖南日报》《岳阳日报》聘为通讯员。

一个有作为的摄影者不仅要能拍出优秀的新闻照片，而且还要善于拍摄出色的艺术照片。这正是创作者所追求的“瞬间美”内涵的最高境界，何志贤正是这样追求的。

他善于从平凡中发现美。有一次，他到当地敬老院为孤寡老人照相时，发现有位年近百岁的银发老母童心未泯，摘一朵玫瑰花举着，翘起兰花指，从指缝中观察花儿，脸上还时不时流露出幸福的微笑。何志贤及时抓拍了这张特写。当时，为迎接1995年联合国第四次世界妇女大会在北京召开，由全国妇联、中国新闻摄影学会、新华社《中国图片报》举办的中国当代女性风采摄影大赛正在举行。抱着试一试的心态，他将这张照片寄给组委会。没想到，这幅以《童心》为题的作品，在大赛中脱颖而出，荣获艺术类优秀奖，并被编入获奖作品专辑画册中。

1990年10月的一天，在热闹的古镇平江长寿镇街头，一群人正在围观一位山民叫卖穿山甲。何志贤意识到，穿山甲可是受国家保护的一级珍稀野生动物，随意捕捉贩卖是违法的。于是，他迅速找到当地林业野生动物保护站，报告了这一情况，执法人员及时查获了这只特大穿山甲贩卖组织。当天下午，他随保护站专车将查获的穿山甲送到60多公里的深山老林去放生。那浑身披甲的“精灵”被人囚在笼子里显得那么呆头笨脑，可当它一投入到大自然的怀抱，竟像鱼儿得水，眨眼工夫就打了一个洞，钻进去了大半个身子……何志贤见此情景，连忙揿动了快门……不久，一组《特大穿山甲放归山林》的照片赫然刊登在《人民日报》的版面之上。

1992年的端午节，何志贤受邀参加岳阳国际龙舟节摄影报道。中午，艳阳高照，他正在南湖麦子港的草坪上休息，突然发现2米远的地方，一位金发碧眼的女运动员，从口袋里掏出一方手帕和绣花针线，一边与翻译愉快地交流着，一边飞针走线，绣起了“中国龙”的图案。当即，何志贤睡意全无，端起相机，连按快门，抓拍到这个动人的瞬间。当年6月30日，何志贤的这幅“喜绣中国龙”的作品发表在《人民日报》海外版头版“中国之窗”专栏。紧接着，中央、省、市各大报刊争相刊发，并获得《人民日报》《中国摄影报》优秀作品奖。

何志贤就是这样几十年如一日，不辞辛苦，一往情深地将踏实的足迹与满怀的爱叠印在连云山下，汨罗江畔。从农民到不吃“皇粮”的摄影记者，他先后有2000多篇幅新闻艺术图片、文章见诸《人民日报》《湖南日报》《中国记者》《中国摄影报》等多种报刊，获奖60多次，其中全国性一等奖3个，二等奖4个，还有5幅摄影艺术作品被中国摄影家协会国际选送出国参赛，《村童的故事》荣获1994年马尼拉国际摄影展览优秀作品奖。1997年，他荣获湖南省第十二届青年自学成才奖。由于成绩出色，他被推选为岳阳市新闻摄影学会理事、平江县第七届政协委员，还被中共岳阳市委授予“模范共产党员”光荣称号。

孜孜不倦地追求

从事摄影40多年，何志贤如今已近古稀。然而，在摄影的道路上，何志贤没有停歇。搞了那么多年摄影，他想办个人展馆。

办展，说起来容易，做起来挺难。20多年前的照片，或散失无存，或只存样报印刷品，就算有，也大多浸染着岁月的斑驳痕迹。还有好些胶片保管不善，无法复原。工夫不负苦心人，上海一家国际摄影艺术馆回复“可以试试”，图片处理后，基本可以达到要求。为了丰富、补充图片资料，孝顺的女儿买来专业数码相机，作为礼物送给他。

不久，一个别具一格、意义非凡、充满传奇的家庭艺术馆在农民老爹何志贤家问世了，展馆四周墙上挂满了各个年代的摄影艺术作品，镜框框好的图片井井有条地堆放满地，各种奇石、根雕盆景灵光四射，一大堆摄影获奖证书和湖南省平江县国家综合档案馆颁发的收藏证书，一千多幅发表的新闻图片剪报资料，三位开国将军亲笔题词勉励他的老照片，几十个老照片故事手稿，其内容有“93 质量万里行”中央电视台特别节目，与《人民日报》摄影部原主任王东十年通信情缘故事等，这些照片里的传奇故事在我国新闻摄影界极为罕见，震撼人心，因而国内外许多人都慕名而来，深受来自台湾地区同胞以及四面八方参观者的赞赏。

最近，何志贤还做了一件非常有意义的事情。他将早年拍摄的平江籍开国将军张震、方强、裴周玉、方正回家探亲的生活纪实老照片和三位开国将军亲笔题词勉励他的手迹及英烈故事文稿等一批红色档案，二十多幅珍贵摄影艺术作品老照片，共计三大类四十件文物级影像资料，于 2018 年 9 月全部无偿捐赠给平江县国家综合档案馆收集珍藏。要知道，这些资料，曾有不少人出高价收购，都被他婉言拒绝。他本人每月只有不到 1000 元养老金，家庭生活并不富裕。一个古稀老党员的这一义举受到社会各界好评，多家媒体争相报道，让这位摄影老爹成为“网红”。

意外当了“网红”，何志贤丝毫没有骄傲。如今，他还是像当年一样，挎着新买的数码相机，穿行在故乡的山山水水中。听说，他又拍摄了一批精品力作，正投往报纸杂志。

励志作家张松：

天生我才必有用

◐ 涉江红帆

他是一位诚实可靠有闯劲有爱心的汉子，睿智而执着；他心中一直怀揣文学梦想，用他的笔去讴歌真善美，赞颂祖国与家乡的山山水水……他就是许多杂志的签约作家、湖南省溆浦县史志研究室方志股股长张松同志。他身残志坚，忘我工作，刻苦写作，为全县的史志工作、文学和音乐事业，做出了突出贡献，深受大家的赞赏。

山村里出了个“新闻专业户”

张松出生在溆浦县龙庄湾乡进马江村，3岁患小儿麻痹症，尽管成绩优异，却没有高考资格。高中毕业回家后，他苦闷彷徨过，甚至悲观绝望过，但他并没有消极沉沦，而是心里默念李白的诗句：天生我才必有用。

为实现梦想，他一边从事一些力所能及的劳动，一边刻苦自学写作。1990年，张松结婚了。面对婚姻，他有喜有忧。喜的是他也像别人一样有妻室了，忧的是怎么才能撑起这个家。他想，唯一的办法只有勤奋写稿。他把妻子领回家，没举行结婚仪式，到乡政府领了结婚证就外出写稿了。第二年儿子快出生时，妻子不让他外出写稿，可他见妻子一时还不会分娩，便说服妻子又外出采访了。当他采写完一篇长篇通讯稿急忙赶回家时，儿子已在吃奶。望着妻子苍白的脸庞，他紧紧抱着儿子，后悔不迭，热泪盈眶地说：“爸爸对不住你们娘俩啊！”

经不懈努力，他写的新闻报道及文学作品陆续在省、市报刊电台发表，有时一年要发表一两百篇，成了名符其实的“新闻专业户”。1995年，在市、县主要领导刘永寿、薛忠勇、杨帆的关怀重视下，把他作为人才安排在县史志办工作至今。

他创造了十多个“全县第一”

张松自1982年发表第一篇作品以来，坚持30多年如一日，以惊人的毅力和自强不息地拼搏精神，战胜残疾和疾病的种种困难，付出比常人多得多的艰辛，奇迹般地写出一篇又一篇脍炙人口的文学作品。现已在《人民文学》《小说选刊》《人民日报》海外版、新华社、《湖南日报》等全国30多家报刊电台发表新闻及文学作品1500多篇上百万字，出版《今朝风流》《大山的呼唤》等三本报告文学集，60多次获奖或评为市、县先进个人、优秀共产党员和自强模范。他还是全县有史以来走进人民大会堂领取文学奖的第一人，在国刊上发表中篇报告文学的第一人。他一连创造了十多个“全县第一”，这简直就是一个奇迹！他现在是中国报告文学学会会员、中国音乐文学学会会员、中国音乐著作权协会会员、中华精短文学学会会员、中国世界华人作家协会会员、湖南省作家协会会员、湖南省音乐家协会会员，地方志专家，多家刊物签约作家。

帐篷里写出《人民文学》征文奖

张松参加工作后，由于妻子多年在外开店做生意，他便带着一个上小学的儿子，既当爹又当妈，但烦琐的家务和繁忙的工作并没有影响他的写作。

为写好报告文学《大山的召唤》，他先后修改了 20 多次，不知熬了多少个不眠之夜。当他收到这篇报告文学荣获《人民文学》杂志“三个代表”忠实实践者征文获奖的大红喜报时，他内心感到无比的激动，尤其当他应邀走进庄严神圣的北京人民大会堂领奖，受到党和国家领导人及文学界领导的亲切接见与合影留念时，他更感到从未有过的骄傲和自豪。一些文友看到中央电视台新闻联播和湖南电视台播放他荣获人民文学奖的实况录像时，风趣地说：“他是帐篷里写出来的人民文学奖啊！”

为写好反映县城防洪大堤建设和新火车站迁建的报告文学《大禹遗风》和《一切为了大动脉》，他多次深入工地采访有关人员上百人次。对于采访，他总是耐心地问仔细地记，回来后再认真地写反复地改，直到自己满意为止。

为歌颂改革开放取得的伟大成就，他深入地处溆浦县大江口镇的湖南省湘维有限公司，经过 10 多天的调查采访和 10 多次的反复修改，一篇关于国企怎么改革的中篇报告文学《岩石上崛起的化工明珠》诞生了。当这篇文章在当年的《人民文学》杂志发表后，市县文联领导都向他表示祝贺。在领导的鼓励下，他干劲更足了。县里修建高速公路溆浦连接线，湘维公司 PVA 项目征地，溆浦推广超级杂交稻并取得亩产突破 900 公斤的成功，他分别写了报告文学《溆浦从此上高速》《神速征迁》《希望的田野》。

为把全县投资达 3 千万元的重点工程——防洪大堤的报告文学写好，他找资料查数据，多次深入工地采访工程人员，反复修改，经过一个多月的艰苦写作，一篇近 3 万字的长篇报告文学终于大功告成。当时的县委书记、县长看了此文后，称赞此文是对防洪大堤工程建设的礼赞，勉励他再接再厉，继续多写反映溆浦“两个文明建设”的精品力作，为溆浦人民提供更多的精神食粮，并在全县乡镇书记大会上号召大家向他学习。此文还参加《中国作家》杂志等报刊举办的“共和国颂歌”征文，经过专家、学者的严格评审，在全国 3 万多篇作品中脱颖而出，荣获一等奖。《人民日报》《中国文化报》《中国新闻出版报》及中央电视台等 10 多家报刊电台对此次征文的颁奖盛会做了报道。

近几年来，他一连写了《责任如山》《巾帼铁法官》《他为山乡谋富路》《国策之光》等30多篇报告文学作品。这些报告文学作品，2009年由作家出版社结集出版发行。

千磨万砺不言悔

史志工作清苦又清廉。有的单位见他是难得的“笔杆子”，曾想挖去并许诺待遇好，他毫不动心。2016年4月的一天，他意外把本有残疾的左腿腿骨摔断，残上加残，做完手术住院期间，他多次在病床边辅导《独石村志》的编修。出院后他在家休息，还完成领导交办的《溆浦县煤炭志》的修改任务。一次单位要他完成省里一项任务，他让侄儿背去办公室，完成省里的任务后又让侄儿背回家。医生嘱咐他至少休息半年以上才能上班，可他仅休息4个月就拄着双拐上班了。上班后，他一边自己涂药治腿伤，一边积极完成《鹤城区志》的评审稿撰写、《溆浦乡简志》的编写方案等任务。《鹤城区志》招开评审会时，他拄着单拐参会并上台发言。他撰写的评审稿，得到省、市史志专家领导的表扬。

为歌颂地情地貌和改革开放带来的巨大变化，他还创作了歌词歌曲200多首，在《词刊》《歌曲》《广播歌选》《人民音乐》等国家级和省级刊物发表。其中《神奇的花瑶梯田》入选全国建党九十周年征歌一百首(名列前30首)，由著名老歌唱家于淑珍演唱并制碟在全国发行；《好人最美》荣获全国优秀词曲大赛金奖；《大学生来当兵》荣获全省大学生征歌“最佳作品奖”。另有《金银花》《汤显祖》《中国神话》《最后一战》《英雄雪峰山》《美丽的花瑶姑娘》《龙潭美女赛天仙》等20多首歌词已谱曲并广泛传唱。这些歌曲全是他自费谱曲制作，共花费8万多元。

张松的左腿至今还有一块一尺多长的钢板和6颗一寸长的螺钉，有时天晴下雨隐隐作痛，但他从不因此影响工作。他身残志坚刻苦写作、执着追求的感人事迹，先后在红旗出版社编辑出版的《鲜红的党旗》《中国文艺界名人荟萃》《湖南共产党人》《湖南当代音乐家辞典》《湖南残疾人》《中国老区报》《怀化日报》《边城晚报》《党建天地》《溆浦县志》等报刊电台及网络推介宣传。

张松身残志坚，爱岗敬业，刻苦写作，不愧为我们学习的新时代励志典型。

第二辑

产业的力量

爱心企业家袁金娥：

“傲雪红梅”的传奇人生

◐ 涉江红帆

芬芳凝心血，清香暗浮动，冰绡凌枝人间色。
严寒显傲骨，花容初盛装，碧玉新妆神州春。

她用纤弱的身躯，顽强的毅力撑起一片事业的蓝天；她用骨子里的善良大爱与红色情怀，雕刻一程又一程风霜雪雨中的春暖，留下四季红妆，让倾城清香飘洒在广袤的神州大地上。

她，不媚，不俗，不孤；她，即坚贞，亦典雅；她，即高洁、亦冷峭；她，如梅如禅，端庄高雅，气质不凡；她，谦和、睿智、坚毅、执着……

她，就是湖南平江籍革命烈士袁太安孙女、北京东方恒运升投资有限公司董事长、北京通城企业商会会长、湖南省京湘电力建设工程有限公司、湖北省咸宁市政协委员、爱心企业家袁金娥。

昔日乡下年轻湘妹子，今朝豪情唱“大风”。执着孕育机遇，奋斗成就业绩。袁金娥以其朴实、执着的创业风采和蓬勃青春编织的金色年华阐释着“巾帼不让须眉”的美丽人生。

梅花香自苦寒来

说起袁金娥，CCTV 慈善会、湖北各县市、湖南读书会等单位的领导以及很多了解她的人总爱把她比喻为一朵“傲雪红梅”。

随着一次又一次走近她，笔者对这一形象比喻的内涵渐渐明晰，也深深感受到这样一位看似平凡女性身上闪烁着的不平凡光辉。

今年 57 岁的袁金娥不施粉黛、衣着得体大方，极具亲和力。高挑的身材丰满而匀称，脸上始终洋溢着的微笑让人如沐春风。更沁人心脾的是袁金娥骨子里绽放的禅花，朵朵醉人而芬芳。

60 年代初，袁金娥从湖北通城农家来到人世。金娥自幼天真烂漫，聪明睿智，吃苦耐劳，人见人爱。她在校一直表现好，读初中就加入了共青团。她学习刻苦，成绩优秀，深受同学与老师的赞赏。因为家里困难，她高中毕业就辍学，为了帮父母养家，她不得不做起生意。

十几岁的她，一个人走南闯北尝试做了许多生意，不知道吃了多少苦，流过多少泪，跌倒过多少次。用袁金娥的话说，她尝尽了人间所有的苦头，但是她从没有掉过一滴眼泪。一次次跌倒，一次次爬起来，继续前行。

1980 年，她做生姜生意，一个人从湖北把生姜拿到湖南省岳阳市去销售，不幸中途出车祸了。半路上，她乘坐的运输生姜的手扶拖拉机翻倒了，她脸上两处地方受重伤（至今还留有伤疤），她艰难地爬起来，没有掉一滴眼泪，匆匆去医院包扎好伤口，便继续前行，把生姜卖完。听完她带着淡淡的微笑说完这个故事，笔者除了心酸更多的是佩服。跌倒就爬起来！不流泪，往前走。这是袁金娥一贯优良作风。

袁金娥说，她在生意场上，做过各种各样的生意，起起落落，什么风浪都经历过。几经风风雨雨，她从来不放弃自己的梦想。

从袁金娥艰难的创业历程中，我们还可以明显感受到她无处不在的社会责任心。90 年代末期，她在广东深圳开民营医院，为看病的老百姓开营养餐。别人开医院攒钱，她为了病人看病少花钱，减轻病友的负担，她自己赔了几千万，这正是她爱心与责任心的见证。

她心态非常好，钱亏了，没事，再努力去攒。她非常坚强，做过乳腺癌手术的她，总是以最佳的状态出现在工作生活中，给人春天般的温暖。

她就像一朵傲视风霜雪雨的红梅，冰天雪地里的一支春，等待春暖花开。

后来她开电力公司、医药公司，她做房地产、做投资……她凭着诚信与执着，得到了许多商场上朋友的认可与帮助。她的生意如日中天，越来越好。她的事业一步一步走向辉煌。在商场拼搏近四十年的她，用诚信与执着谱写了一首成功的动人旋律。

最近，袁金娥还把她的事业拓展到越南等国家。这不仅让人备感欣慰，更让人生出一种自豪感。

袁金娥，这朵傲雪红梅，用顽强的毅力，把事业拓展到全国各地，做得红红火火。她在前行道路上留下的一串串闪光足迹，是闪光的路标与前行的动力。

袁金娥，这朵诗意禅花，用汗水、善良与天使情怀，凝聚的芬芳，朝着弱势群体与老红军的境地绽放。一程又一程，辛勤的汗水跌落，盛开一段又一段春天的繁华，荒芜的沙漠变成绿洲，长满鲜花，长满参天大树，给人芬芳与绿荫……

这位如梅如禅女子，用生命书写传奇，见证了“巾帼不让须眉”的佳话。

播撒阳光传递爱

袁金娥是一位革命后代，她骨子里不但继承了老一辈革命家的顽强拼搏精神，而且拥有一颗善良淳朴的心。

袁金娥品正人美，大爱盈怀。她在对事业孜孜不倦追求的同时，对社会公益事业也倾注了更多热情，她总是播撒爱心、传递正能量。她的阳光足迹遍布神州大地的每一个角落，她如和风细雨，温润着弱势群体、贫困学子、地震灾区人们的心田；她如一缕缕沁人的阳光，照亮他们头顶上的蓝天。因此，袁金娥受到了社会各界人士的尊重和好评。

在贫困山区，在留守儿童基金会，在央视慈善晚会，都能看到袁金娥的身影，她踏实有力的脚步走成一段段诗意芬芳，一朵朵绽放禅花，朵朵极致：江南学子们的兴高采烈、奋发图强；一群百岁老红军一场又一场的欢声笑语……

袁金娥从90年代开始至今一直在播撒阳光，传递爱。五保户老人与留守儿童，老红军与抗日英雄、贫困学子等，都沐浴到了她的阳光与雨露。CCTV慈善会、湖北各市县、电视台报纸都报道过她的阳光言行。下面就让我采摘几朵小花，以芬芳大家的情怀：

2016年11月3日，“纪念红军长征胜利八十周年捐赠仪式”在平江起义纪念馆举行，作为平江老红军后代的袁金娥女士，她吃水不忘挖井人，风尘仆仆地从北京来到湖南平江，回乡献爱心。

当天，她向失散老红军、山区学子捐赠30多万善款。她的湖南省京湘电力建设工程有限公司，给平江起义纪念馆红色文化交流中心烈士事迹陈列馆捐赠经费20万元：同时，袁金娥向失散老红军捐赠5.5万元；向平江一中贫困学子捐助助学资金。平江县人民政府、平江县民政局一一为她授牌，嘉奖她的这一善举。

袁金娥心中一直有一个最美的心愿：她希望湖南平江这片红色热土上的人民，能够继承长征红军不畏艰难、锐意进取的精神，不忘初心、持续接力，走好新长征路，为平江发展贡献力量。

2017年11月23日感恩节之际，袁金娥匆匆赶到湖南看望慰问老红军与贫困孩子，并亲自把慰问金交到他们手中。

当日下午，她随同湖南读书会副会长、诗人红帆女士、湖南读书会外联部副部长、开国中将方强孙女方展开和方海燕等一行，在老干部局同志的陪同下，来到湖南平江烈士陵园缅怀平江的革命先烈和开国将军，祭扫平江籍开国将军和革命烈士墓，并一一敬献了鲜花。

袁金娥满怀深情地为先烈深深鞠躬、跪拜，并用纸巾小心翼翼地擦去烈士墓碑上的泥土与污垢，是那样的认真与专注。她在感恩节用这种特别的方式表达对革命先烈的感恩与崇敬之情。

11月23日上午，阳光灿烂，袁金娥董事长在湖南省平江县统战部部长张满兰部长及办公室领导的陪同下，看望了7名老红军，并一一捐资献花，表对老革命的感恩之情。

随后，袁金娥又资助湖南平江县品学兼优、家境贫困的20名学生。她把平江县虹桥中学十位学生的资助资金交到“平江县关心下一代教育基金会”

的负责人手中，让他们转交。她亲自把资助费送给平江县一中的九位学生和平江四中一位学生手中，并在平江和一大酒店宴请学生共进中餐。

进餐的时候她一边不停地给学生们夹菜，一边语重心长地嘱咐他们要养好身体，刻苦学习，努力练好过硬本领，成为未来对社会有用的人。学生们都非常感激袁金娥的无限关爱与关怀。这一顿阳光午餐，将会成为他们难忘的回忆与动力。大家纷纷表示，一定会更加努力的学习，让自己成为优秀的人，将来也要像袁金娥阿姨一样，去帮助更多需要帮助的人。

11 月 23 日下午，袁金娥董事长又匆匆驱车赶往湖北通城县资助已资助两年的 20 位学生，给他们送去生活费与心灵鸡汤。她去了北港中学，看望了 4 位非常贫困但成绩非常优秀的学生。她把其余学生的资助费交给当地干部让其转交。

袁金娥把高二学生的生活费在春节期间当面给了学生，湖北通城县学生深受鼓舞。几位学生家长感动得热泪盈眶，对袁金娥董事长说："感谢袁董事长，好人总会有福报的，我希望我的小孩在自己有能力之后，也像袁董事长一样，帮助需要帮助的人。"

最后，袁金娥董事长满脸灿烂地说："今天是感恩节，希望孩子们一是不辜负老师与家长的期望认真学习，二是心怀感恩，并不断地把这份爱心传递下去。"

饮水思源是我们在袁金娥董事长身上看到的个人魅力。袁总是革命烈士后代，所以她一直资助慰问老红军与抗日老兵，资助 50 多个贫困山区优秀学子的生活费并一直延续到现在。据了解，她已经连续 6 年看望慰问老红军与抗日英雄，在湖南平江捐助学生共花了近 20 万元慰问金。

十几年前，她还为一位她赞助过的学生在北京找工作，为他在北京买房子赞助 30 万元。

2017 年 11 月 26 日晚，袁金娥董事长应中央电视台之邀，参加 CCTV 举办的"关爱留守儿童，你我共伸援手"的 2017 中华慈善之夜大型慈善拍卖活动。她以近五万元拍下了周恩来总理第一任秘书写的"不忘初心"和 5 幅字画，资助了留守儿童基金会，倍受各界人士的钦佩。

袁金娥意味深长地说："我爷爷袁太安是革命烈士，我是红军后代，我有这个责任去继承老一辈的光荣传统，为国家为人民做点事情是应该的。而且，每当我看到还健在的老红军，就仿佛看见了爷爷与无数的革命先烈，感觉老红军在延续先烈们的生命。"

她还微笑着说："我小时候吃过很多苦，创业时期更是苦不堪言，所以对苦难有着深刻的感受和理解。看到贫困的优秀学生，我的心里就特别难受，我不希望他们因为贫困而辍学。总之，我是发自内心的关心老红军与孩子们。"

唯宽可以容人，唯厚可以载物。袁金娥不仅对身边、对当地需要帮助的人伸出援助之手，还将扶贫济困、助残扶弱的善行布满到全国各地。她每一年都要拿出近100万元资助需要帮助的人。

袁金娥董事长用青春编织出了道道光环，如同海平面上升起的朝霞，璀璨夺目。她激情似火，事业方兴，禅意绵绵……我们期待她在以后的人生道路上再创辉煌。

坦桑尼亚爱心华侨朱金峰：

大国风范，华人之光

◐ 朱梦斯

在中央电视台国际频道25周年的宣传片中，他们邀请了一位坦桑尼亚华侨作为嘉宾代表海外华侨表达对频道的感谢与祝福。视频中的华侨面目慈善，满脸笑容，眼神坚定，这也代表了华侨在坦桑尼亚的精神面貌，这位华侨名叫朱金峰。海外的华人华侨无数，中央电视台却选择了他作为代表之一录制宣传片，这位华侨在坦桑尼亚到底有什么样的精彩故事呢？

笔者就带大家了解一下坦桑尼亚华人华侨互助中心（简称华助中心）主任、中华总商会荣誉会长、中国和平统一促进会荣誉会长——朱金峰。

从当兵到下海，他经历了人生的转变，从下南洋到闯非洲，他渡过了一个又一个难关。他总说自己这大半辈子“像场梦一样”。有时他也自问：“我怎么就在这里了？”

从河北老家到菲律宾他度过了6年的岁月。而从菲律宾到坦桑尼亚，他扎根非洲已经20余载。26年的海外生活，让他和坦桑尼亚紧紧地连在一起。

为华商发声！为华商维权！为华商代言！是他生命的一种安排。

2000年的坦桑尼亚，是一个潜力巨大、有待开发的市场。一大批商业嗅觉灵敏，具备探险和吃苦精神的中国商人前赴后继的前往，朱金峰就是他们其中的一员。由于在菲律宾的生意受到菲政局不稳因素的影响，46岁的朱金峰开始将视野转移到这个拥有蔚蓝海洋、温润气候、自然资源丰富的国家，开始了他的第二次创业。

在这里，朱金峰卖过小商品、钢材、摩托车，在无数次的失败和教训里，学会了如何适应坦桑尼亚独特的政治商业生态和社会世情，也逐步摸索出了在这个处于工业起步阶段的国家，如何通过诚实经商、用心做人，建立自己的商业领地。他也成了侨界公认的最善于与当地人打交道的人，更是无数华商遇到难事、碰到问题时第一个想到的“救火队长”。

挫折中反思——朱金峰眼中的“坦桑尼亚”市场

初到坦桑尼亚的朱金峰，被这里的高价市场深深地吸引了。从商业角度看，越是贫困的国家，物价越高，商机也越多。小商品的高价格、相对较少的可选品种以及广阔的城乡需求市场，让这个市场蛋糕看起来非常诱人。但实际上，他踏入市场的过程却充满了挑战，给了他当头一棒。

随着从国内发来的400多个品种货物的到达，朱金峰抱着极大的希望开始打市场。可是他跑断了腿，说尽了好话，也没法将这些质量不错且物美价廉的商品卖出去。他推销的浴巾质地柔软、吸水性好，在国内很畅销，但当地人不买账；他手里的螺丝口灯泡已在国内广泛使用，但当地人不需要这种口径的灯泡。

比货品质量不符需求更糟心的是客户根本没有钱买更优质的生活品，在当时的坦桑尼亚，便宜货是当地大量居民的首选。看着囤积在库房里的一大堆商品，朱金峰心急如焚。外表随和、平易近人的他，骨子里有着一股子“想做，就要做成”的坚持，不甘心就这样放弃。

随后，他转变了商业思维。商业模式从“全面撒网式”的找市场收拢为“小而精”的专注度上。

集中资金和精力到摩托车生产与销售上，实现了摩托车生产销售领域的市场领导者地位，并逐步将企业推进多元化发展的轨道。

虽然已经获得了阶段性的成功，但当年那些余下的小商品还在他的库房里，它们的存在似乎是一种提醒，面对挫折需要不断地自我反思。从那时开始，他有了对外部环境、资源、市场，以及当地的世俗人情有了更细致、用心的观察和琢磨，而不仅仅出于一个商人的短期利益考虑。

朱金峰认为，到坦投资首先要做的是充分的考察市场，不要轻易下手，也不要轻易放弃，机会和风险在这里是并存且均等的。民营企业不仅要敢闯敢试，还要有胆略和智慧，胆略是基于对市场战略性把握与风险的防范，打有准备的仗。

许多华商遇到税务、电力、安全等难以解决的问题时，都会向他请教。他愿意牵头做事，不求回报。在许多华商眼里，朱金峰的确很有能量，他知道如何与当地政府打交道，也知道如何以“四两拨千金”的方式化解看似没法沟通的矛盾。

做人、做事、做生意，他始终信奉“为商先为人”。即使民族不同、肤色不同，但人心相通，人性相同。他不喜欢一些华人身上的优越感，遇事耍横。有些刚到坦桑尼亚的华人对当地文化不了解，在路上被警察拦下，采取吵闹的方式，非要争个输赢，最后被关 24 小时。有些华人怕移民局检查，不积极配合，将小事变成大事，最后不可收拾。

朱金峰崇尚和和气气处理事情。在当地人面前，他低调、坦诚，外圆内方，使人愿意靠近。一位媒体记者评价他身上有一种大度、随和、理性的特质，展现出中国商人应有的风范。

扎根坦桑尼亚——根植当地，帮助他人

随着中坦双边经贸关系的加强，在坦的 500 家中国企业正融入坦桑尼亚的社会经济发展中，为当地社会提供更多的就业机会。目前中方员工与外籍员工的比例已达到 1∶6，伴随而来的劳资问题、文化融合问题也日益明显。许多华商大多对当地人工作拖沓、纪律散漫而头痛不已。

在坦的中资企业大多采用劳动密集型的经营模式，强调现代企业管理

体系的标准化和制度的执行力。与其他中资企业的管理者注重以制度管人、按规章制度办事的经营理念不同，朱金峰强化制度管理的同时，更积极挖掘人在管理中的作用。他选用具有一定技术能力和沟通能力的当地人任经理，并兼任翻译。

“有些工厂对当地人的管理简单粗暴，效果并不好，当地人不接受。用当地人管理当地人，能让外籍工人充分了解我们的管理意图和要求。比如上下班迟到早退、工作偷懒等问题，由经理去打招呼、作沟通，问题能及时得到有效解决。”

朱金峰认为，企业效益不仅来自管理制度的完善，还要选对人，畅通的沟通渠道，同时也要多关心员工的生活，将中国人优秀的传统理念和生活方式灌输给当地人。许多当地员工从不储蓄，经常在发放工资当天就把薪水花完，不顾及家中妻儿，导致家庭生活缺乏稳定性。他就要求工厂每月开会，介绍中国人的储蓄目的和经验，并通过经理劝说当地工人将钱存起，为养老、医疗做准备。现在，部分工人逐步养成了每月储蓄的习惯，感受到了储蓄的好处。

朱金峰常说，你先对别人好，也才能得到别人正向的反馈。这正体现传统中国商人崇尚的“真善为本”“以德治商”的商道思想。

朱金峰说，自己刚到坦桑尼亚时，是个急性子，脾气挺大，但是现在被这里的慢节奏改变了性格。“慢一点，心宽一点，心态也就不同。”

他喜欢帮人。工厂里的司机无意中说起妻子在做回收塑料瓶的生意，生意挺好，就是没钱周转。他二话没话就借给司机 200 万先令，借款每月从司机工资里扣除剩余部分归还。司机很高兴，妻子的生意扩大后，及时归还了余款，还常说：“我的生意是老板关照的。”有一个工人是电焊工，希望能开一个电焊门市，但碍于无钱购买电焊机一直无法实现，朱金峰知道后把厂里的电焊机和相关设备送给他，并给予他一定的资金支持。现在这个工人做起了防盗门、防盗栏的业务，规模越做越大。

随着坦桑尼亚的快速发展，许多华人对当地人的印象还停留于“懒惰”“不努力”。朱金峰与当地人打了多年交道，算得上半个坦桑人，他持不同的观点，“世界在变，中国在变，坦桑尼亚也在变。随着经济的发展，当地人不愿再懒惰，大部人已经萌生了做生意挣钱养家的愿望。看看城市和农村马路边的小店，你能感到这种变化。”

他希望在坦桑尼亚挣了钱的中国人拿出部分资金建立一个基金会，对有做生意愿望的员工扶持一下，教他们如何做生意，教他们怎样富起来。他自己更是身先士卒，鼓励厂里有才干、想做生意的工人骨干学习销售知识，培养有能力的工人成为销售人员，给予提成，还计划将其中的优秀者培养成为摩托车零售商。

当听到有华人说当地人不懂得感恩时，朱金峰很激动，他不认同这种说法。一次，他的夫人资助了处于病困中的当地工人，工人康复后跪地拜谢。在工厂，工人们自发地与偷盗者搏斗。他们说，老板人好，我们愿意这样做。

聚合力量——发出华人华侨集体的声音

作为坦桑尼亚规模最大的商会——中华总商会的发起人、第一任会长，朱金峰始终坚持“团结”的理念，为华人华侨解决困难、办实事。在他的大力倡导下，300 多家华商加入到了商会，并先后成立了浙江商会、福建同乡会、卡里亚库商会等分会。

对于自己走过的这条路，朱金峰总是喜欢说一句话：“人走到哪儿，要立足当地，多交朋友，多做好事，与政府多沟通，不要单打独斗。”

朱金峰认为，这就是商会的作用——团结大家的力量，以积极、正向的力量与当地政府进行真诚、务实的沟通，而不是各执一词的争吵与抱怨。

如今，他本人已经加入了坦桑尼亚的国籍，而且他的孩子也出生在坦桑尼亚，也是地地道道的非籍华人了。但他不仅热爱帮助当地的非洲兄弟，更是时刻不忘自己的黄皮肤，努力为华人发声，坦桑尼亚华人华侨互助中心应运而生。

华助中心是中国国务院侨办授权的海外华人华侨组织。坦桑华助中心于 2017 年 8 月在北京经中国国侨办正式授牌，同年 10 月由中国驻坦桑尼亚大使王克揭牌成立。

自成立以来，秉承为侨胞服务的宗旨，在国务院侨办、中国驻坦桑尼亚大使馆的坚强领导下，坦桑华助中心积极协作坦桑政府部门，团结坦桑各大华人商会，为维护在坦侨胞的合法权益侨胞之间的互助合作做出了巨大的贡献，真正地履行了与在坦的所有华人华侨好事共享，难事同担的使命职责。

仅 2018 年前 5 个月，坦桑华助中心共受理案件 81 件，经济纠纷 58 件（含民事纠纷），盗窃抢劫 9 件，非法携带野生动物 7 件，其他 7 件，其中影响最大的莫过于2018年3月底，坦桑华助中心协助中国驻坦桑尼亚大使馆全力交涉并督促警方破获发生在达累斯萨拉姆卡利亚库中国籍女子林某在住所内遭遇抢劫并被杀害一案。

成立一年来，受理援助案件超过100起，总计为华商挽回经济损失近1500多万美金。

“华助中心”这些成绩的取得离不开国务院侨办、中国驻坦桑尼亚大使馆的领导，更离不开在坦侨团商会及广大侨胞的大力支持。“华助中心”反过来念即是“心中助华”，坦桑尼亚华助中心，作为一个海外侨团，应强调分工合作，分享共荣，只有族群的凝聚力、向心力增强了，大家都团结一致，不搞分裂，华助才能不断发展壮大。

商会和华助会是华商的家，也是带领中国民营企业走进坦桑尼亚的使者，更是企业与当地政府的纽带。朱金峰常常建议那些初到坦桑尼亚的华商到商会多了解情况，“前人走的弯路，吃的亏，是花大价钱买来的经验和教训，更是财富”。

中国有句古话叫“相由心生”，经过时间的沉淀，朱金峰脸上露出来的真诚和善让人如沐春风，这也是他心系他人，心怀大爱的表现，他身上由内而外散发出的沉稳大气也代表了一种大国风范，他被誉为“华人之光”。

祝福“华人之光”朱金峰先生的明天更加美好。

“养猪大户”舒生银：

含泪奔跑，拥抱成功

◐ 向芳瑾

由于性格、观念、追求不同，因而每个人的人生有光辉、平凡和平庸之分。只有不断地向前奔跑，才能让内心的阳光不泯灭。真正的强者，不是没有眼泪的人，而是含着眼泪依然奔跑的人。舒生银就是这么一个从大山里走出来的汉子。

初见舒生银，原以为他是一位因事业有成而倨傲张扬的人。可我看到的却是淳朴温和，沉静内敛的山里汉子，没有我们常见创业者的沧桑疲惫和焦虑。也许是农民世家风范的“遗传”，他给我们的印象属于地地道道的“土八路”。如果他站在你面前，谁也不会相信，他竟然是一位在养殖业拼搏 12 年，产值上千万的溆浦县舍予养殖专业合作社的总经理。正是这位从大山里走出来的汉子,靠着溆浦人霸蛮的劲头从小打小闹,到一年可出栏商品猪 1 万多头的大户。近年来,他投入 3000 多万元,在县城郊区水东镇银湖村坨坪坳的山丘上,租赁了 89 亩荒山,注册兴办了"溆浦县舍予养殖专业合作社"。

走进舍予养殖专业合作社,映入眼帘的是一栋栋排列整齐的猪舍,右边是两层楼房的办公楼,左边是舍予养殖合作社的宣传栏,宣传栏里展示着从创业到发展的历程,从这些细节来看,他还是一位非常注重打造企业文化的企业家。再往里走是一排排整齐干净的猪舍,里面养着一头头油光水滑的本地黑猪。猪舍外是几千棵树木和点缀的小花园,仿佛走进公园一样,根本看不出养猪场里面的脏、乱、臭。他们还利用舍外养猪的干粪池,把猪粪作为有机肥料,运到自己建立的蔬菜基地,把养殖和种植形成产、供、销的一条龙服务。

舒生根通过这十多年摸爬滚打的经历,形成一套科学合理的管理方式,让人们做到各司其职,各尽其责。对合作社工作人员实行岗位职责加业绩考核相结合的目标管理。从而人尽其才,使养殖更为科学化。

当我们问起他为什么合作社取"舍予"二字时,他告诉我们,他是把"舒"字拆开来,"舍得给予"是我们合作社的办社宗旨,只有真正舍得力气加油干才能获得给予的财富。他那云淡风轻地谈话,只有走近他,才能感受到那沉静之下的波浪汹涌。人不可貌相,就是这样一位沉静内敛的汉子,率先在改革开放的春风里卧薪尝胆,淌汗流血,奋战不息终于连奏凯歌,重塑了一位企业家的形象。

1977 年出生在溆浦大山深处陶金坪乡火马塘村的舒生银,虽然只读完高中,但也算得上是一个有文化知识的人。改革开放时,他看到别人开公司、做房地产赚钱,心里也蠢蠢欲动。2004 年他终于按捺不住,打算因地制宜自主创业。他东拼西凑,筹得 10 多万元钱,便在乡政府附近建了个养猪场,迈出了他扭转人生轨迹的第一步。

虽然这是小打小闹,一年出栏几十头猪,只能赚个 3~4 万元,投入也不高,但也是上班族收入的两倍。初尝甜头的他暗下决心,就以搞牲猪饲养作为他事业的起点。从此,他吃住在猪场,自繁自养,摸出了一条门道,把猪场办得井井有条。

然而,天有不测风云。2005 年市场突变,猪价暴跌,这一年他喂了 400 头猪,头头亏损,不仅把他以前赚的钱亏得精光,还欠了 40 多万元债。那年除夕，别人家热热闹闹过年，而他一个人，在冰冷的养猪场里，啃着别人送来的两个糍粑和一杯热开水。这是他此生难以忘怀的一个春节。妻子劝他，别喂猪，回家算了。亲戚们也说他："你只有种田的命，没有养猪的福。"平日里称兄道弟的朋友见他，也绕道而过，怕被遇见借钱。面对残酷的现实，他感受到人情冷暖，体会到铺满荆棘道路的坎坷。

通过几天的沉思，溆浦人的霸蛮劲儿又出来了，他想到市场经济变幻莫测，失败只是暂时的，是必须得迈过的一道坎，是游进商海一定要呛的一口水。只要一步一个脚印往前走，不放弃就会胜利。

2006 年春节，他回家看父亲。知子莫若父，一脸凝重的老人看透了儿子的心思，他从房间里拿出仅有的积蓄 6000 元现金，语重心长地说："儿啊，你若还想养猪，就把这些钱拿去吧。"父亲的一席话像是注入旱地的一泓清泉，让他充满了继续办猪场的信心。他又四处筹钱，让沉寂已久的猪场热闹起来。那一年，市场峰回路转，猪价一路上涨，他除还清债务外，还赚了 50 多万的纯利，这让他创业的激情一路高涨。

2010 年 4 月 28 日，他在巩固陶金坪三旺养殖基地的同时，投资 600 万在坨坪坳，创办了"溆浦舍予养殖专业合作社"，迸发出锐不可挡的力量，运用市场机会发展生产占领市场，把投入作为保障工程。而且，他们的创造才能开辟了新的市场。近年，舒生根在合作社附近又征地 62 亩，紧锣密鼓地收购了"杨立屠宰场"，并改名为"金中屠宰场"，进行农副产品加工业。舒生根在陶金坪投资 2000 多万元左右，兴办养殖黑猪基地，还创办了桥江令溪塘养殖基地。自此，舒生根的事业风生水起，红红火火。

这位含着泪奔跑的成功企业家，不但在前行的道路上留下了一串串闪光的足迹，为千千万万的求索者树立了路标；他的大爱精神还温暖了身边的许多人。舒生根成功后，时刻不忘感恩社会，回报家乡父老。他精准扶贫，解决周边地区就业农民 47 人。每年募捐 2 万多元给陶金坪养老院，让老人们安享晚年。他还资助 6 个贫困在校学生。

舒生银，这位有思想，有追求的成功企业家，在市场经济的波谲云诡中，运用市场机会发展生产，占领市场，依靠一次又一次地华丽转身，实现了蜕变。他心志坚定，目光高远，在这片土地上辛勤耕耘。我们坚信，他终会硕果累累。

骏威“掌门人”伍晓刚：

精彩的人生蜕变之路

◐ 涉江红帆

20 年间，从打工青年到深圳市骏威实创电子有限公司总经理，面对公众、面对社会，审视自己走过的道路和内心世界，他是一个充满幸福的人。

光阴流转，历史绵延。他，用信念、用追求、用情怀，续写了属于自己的自豪和骄傲。明净而坦荡的脚步诉说着他的风雨历程和精彩，诉说着从普通的打工仔如何蜕变成骏威“掌门人”的故事。

他，有着与众不同的思维方式，做事坚持不懈；他，让我们重新审视自己，挑战自我，调整心态，用一种全新的眼光去看待成长与成功；他，坚持、坚韧、坚强，他有着凌寒梅花一样百折不挠的品性。无论遇到多大的压力，无论环境如何恶劣，他的梦想不曾改变，他的初心就在前方。

如今，他创办的深圳市骏威实创电子有限公司，每年产值达5000多万。

他就是伍晓刚，湖南省溆浦县人。1995年7月毕业于怀化工业学校，1997年11月辞去溆浦工作下海深圳，现任深圳市骏威实创电子有限公司总经理。

企业家精神是经济持续增长的源泉，一个企业成长发展的历史实际上就是企业家创业创新的故事。

砥砺人生，第一站

1972年，伍晓刚出生在溆浦县均坪镇明家塘村一个普通的农村家庭。童年和少年时期，大山深处的农耕生活给了他坚韧、淳朴、善良、宽厚的美好品性；也磨砺出他吃苦耐劳、百折不挠的人生基调。

伍晓刚中专技校毕业，中共党员。学历不算高的他在溆浦工作了2年多，他先后做过征收员、派出所工作人员。工作期间，他始终坚持学习法律，练习书法及阅读文章，从不间断。偶然一次机会他来到深圳，看到深圳美丽的海滨，他充满了向往和激情，他辞职后来到深圳做起电工的工作。

在大都市，伍晓刚怀揣着人生理想坚定地前行。无论工作如何艰辛环境怎样浮躁，他始终不懈地努力，不盲从，不屈服，不张扬，不轻言放弃。

他就像宽阔河流里深深的水，静静地流。虽然默默无语，但静默之中却蕴含着巨大的决心、执着和勇敢。

那时正值年底，所有公司停止招工，伍晓刚不停地奔波，皮鞋磨破了好几双，4个多月过去了，也没有找到合适的工作。

没有稳定的住宿，没有生活来源，在钢筋水泥的大都市里，伍晓刚承受了前所未有的孤独和失望。

那一年，大年三十的夜晚，他一个人站在人来人往的繁华街道上，泪如雨下。哭过之后，擦干眼泪，继续前行。

伍晓刚在工作上任劳任怨。对于刚从内地来到这个陌生城市的他，虽感到劳动强度大，可仔细想想，男人在外找一份这样的工作，有多么不易，心里就暗下决心：一定坚持下去，完成搬迁任务。

1998年7月的一天晚上，伍晓刚当时全面负责设备管理，每天加班到深夜。他刚回宿舍躺下不久，生产部操作员就来宿舍敲门，说清洗机坏了，让他帮着维修。当时生产DVD解码板，需要清洗，因为订单特别多，第二天要交货。

为了不耽误生产，他二话没说就跟着走了。赶到公司抢修好后，已是凌晨4点多钟了。第二次回到宿舍，他还没有睡上三四个小时就又匆忙起床上班了。当时他想着工作比什么都重要，他从宿舍一路小跑到公司电梯口，正巧遇到公司领导赵总和行政部经理及主管坐同一趟电梯上楼。

电梯上升时，他突然眼前一黑，晕倒在电梯里，把电梯里的所有人吓坏了。当他醒来时，看见自己躺在公司办公室的沙发上，身边还围了很多同事和领导，听到周围领导的关心，问要不要送到医院，他想应该是睡眠不足，饮食不规律而引起的。后来他晕倒的事被老板知道了原因，并进行了表彰，还发了慰问金。因祸得福，他所做的工作得到了老板的认可，领导开始重用。

9月份，公司在东莞虎门成立分公司，老总第一个把他委派调到东莞虎门琪丰公司，负责分公司所有筹备工作，并参与分公司的一切管理决议。这使他学到了公司运作管理，并且积累了丰富的建厂经验。

1998年，伍晓刚凭借优秀的工作业绩和沉稳的办事能力成为公司的决策者和管理者。

挑战自我，再成长

1999年3月，伍晓刚由于个人原因，决定重新去找一份更能锻炼和挑战自我的管理工作。他应聘了三家公司，后来被中国台湾一家公司录用，并担任其生产主管一职，当时全面负责公司经营和制造管理。刚到公司，总经理为了让伍晓刚快速了解公司产品，不断培养他。

他每次加班到深夜，从不抱怨，自然也就得到了公司领导和同事们的认可。

有一次，流水线上的一位同事同外面的人打架，后来别人带了一帮人来公司闹事。这位同事工作能力比较强，是贵州人，从大山里出来的孩子，很小便失去了父亲，母亲多病，家里还有两个妹妹。他为了两个妹妹读书，自己放弃参加高考来深圳打工。当伍晓刚知道这件事后，觉得他生活不容易，不想他因为此事丢掉这份工作，因此伍晓刚主动找到闹事方谈判。

经过两个小时的谈判，最后对方妥协，索赔一千元，伍总从口袋里拿出一千元，把事情了结。

后来公司老总知道此事，决意要补钱给伍晓刚，被他当面拒绝。此后，这位同事尽心尽力工作。伍晓刚的办事能力深得老总的信赖和认可。

坦荡做人，赢尊重

2000 年 10 月，伍晓刚离开了这家公司，他还想闯一闯。

他应聘到长海集团深圳分公司担任制造中心主任一职。长海集团当时的主要产品是语言教学设备，有一定的科技知识，是长沙当年的著名民营企业。

董事长想把长沙部分电子制造部门搬到深圳，但是作为这么大的一家老牌企业，要从长沙搬迁到深圳，路途之远，又谈何容易，又是何等的困难？当时公司为了减少搬迁的损失，公司两位资深的老总指派伍晓刚主办这次大搬迁筹备工作。

伍晓刚虽然之前有搬厂经验，但是面临搬厂重任，还是要计划周密，要做到事半功倍的效果。他拟定“公司搬迁索引书”，为了这份索引书，来回从深圳跑长沙，两地对接 20 余次。为了工作万无一失，这本“公司搬迁索引书”伍晓刚当时足足花了七天七夜的时间。正因为伍总有这样周密的计划流程，才让搬迁工作忙而不乱，有顺序地进行，也让公司顺利在科技园落户。

2001 年 3 月，长海公司有电子产品需要外发加工插件，伍晓刚通过一个朋友介绍的一家来料加工厂的老板。当时长海外发业务都是由伍晓刚负责，之前也有一家公司同他们合作加工，但质量不是很稳定，且价格高。当时这家介绍的老板报价低，考虑到质量要好，服务跟上，伍晓刚私下同加工厂老板说多增加一块钱加工费，保证双方的品质和服务，等加工完成后一次性付完全部货款。

这得到了加工厂老板的同意，加工老板为了表示感谢，用袋子装了 14 万元现金给伍晓刚，说给他的佣金（回扣）。当时伍晓刚并不知道还有这回事，甚至连佣金是什么都不知道，直接拒绝了他的好意，并告诉他，当时私下增加的一元钱加工费，是想让他们保证品质，跟上服务，不要让加工的产品出现质量问题。

伍晓刚对此事仍然是一笑而过，并说道：“可见当时我年轻无知，思想纯洁，但我不后悔，只要做到问心无愧，光明磊落，是一件开心的事。”

伍晓刚踏实勤勉的工作态度和宽厚善良的美好品德使他在众多的打工者中脱颖而出，许多年之后，应聘过他的老板依然对他念念不忘，十分青睐他。

世态炎凉，助成长

伍晓刚于2001年6月份又回到了深圳。当时，之前合作过的陈总得知伍晓刚回到了深圳，当天晚上便为他接风洗尘，开门见山地说想让伍晓刚再次加入他的团队，一起合作。在陈总的再三邀请下，也想让自己稳定下来的伍晓刚答应了陈总的邀请。当时公司正处于发展期，主要生产DVD解码板，需要管理人才，就这样他又加入了这个团队。

2001年11月20日，为了帮助朋友创业，湖北黄石张总在青岛经济开发区合资办厂，再次邀请伍晓刚去青岛助他一臂之力，因为他积累了不少开厂的实践经验。伍晓刚当时在青岛办厂也是从无到有，从装修到整体布局，电路，设备，流水线，物流的顺序设计，来了一次艰难的奋斗之路。

可到青岛发展近两年，伍晓刚发现还是不太适合，于是他打算离开青岛。那时在深圳正好有一位陈总打电话给伍晓刚，叫伍晓刚回去帮他管理。当时伍晓刚犹豫不决，又过了两个月，陈总又来电诚邀伍晓刚回去，并给他开出丰厚的待遇，让他入股。后来伍晓刚自己找家人借了5万，加上自己积累的5万元共10万元投资入股。

2003年春节，伍晓刚从青岛回深圳考察现场。当时陈总开办的新公司在南山月亮湾工业园，公司有6个股东，规模不大。考察时还在公司遇到好几个原来的同事，了解公司状况，因为都是老朋友，伍晓刚也没有考虑那么多。为了让自己先安定下来，担起经营管理之重担，他春节后回到青岛便辞职，把所有工作交接完毕，返回深圳开始了人生最后一站打工。

在这里，伍晓刚工作非常认真吃苦。伍晓刚每天第一个到公司，晚上最后一个人离开公司。或许是他的职业病，或许是他的个人工作作风，他管理负责，不辞辛劳，大胆改革公司内部管理架构。在一年零三个月里，伍晓刚把一家快要倒闭的公司挽救回来，扭亏为盈，财务报表盈利380多万元。

伍晓刚虽然相信有付出就一定有回报，但是公司陈总却慢慢地开始有想法。古人云："可以共患，不可以共富贵。"公司七个股东先后退股三个，因为老板私心太大，容不下这么多人，利益大于一切，经营逐渐复杂，最后他也再一次被迫出局。

近几年，伍晓刚南征北战，从一个普通电工技术员到主管、到副总经理、到主任厂长再到总经理，一路成长，有失也有得，但让他积累了创业的管理经验，同时增长了他创业的知识。他深深地认识到，一个人的品德不能死在金钱上，人品道德是一个人未来成功的标志。

自主创业，显身手

美国著名思想家爱默生在《英雄主义》一书中说过："生命只有在智者看来才是一次欢宴，而从隐秘谨慎的角落和烟囱的边缘看去，生命则长着一张危险而粗糙的脸。"

这是英雄本色，它坚韧不屈，它是一种无畏的勇敢和永不枯竭的坚定。

伍晓刚说他是带着梦想、带着理想来到深圳的，他跟别人不一样，不像别人只想追求安逸的生活。他家族的教育，父母的背景；勤劳的奶奶，辛勤务实的父母；从旧社会开始他家里就比较穷，有时候还吃不饱……他是带着一个穷孩子的向往，来到深圳，充满了信心，充满了激情。

2004 年 3 月，伍晓刚开始自己创业，当时找了 3 个股东入伙，于当年 3 月 30 日正式成立深圳市骏威实创电子有限公司。创业之初，陆续投入 70 万元启动资金。

刚开办的一家新公司根本经不住太大的风险。当时接到的加工产品是低端的风扇遥控器，小家控板，加工费用特别低，而每月的加工利润成本 6 到 7 万元，但开支都要 16 万元左右，资金出现严重短缺，加工成本高，资不抵债，无资金购买设备。半年过去了，公司基本上全靠借高利贷来维持经营，每个月需要承担高额的利息，一年不到，已亏损了 98 万元。巨大的经济压力扑面而来，而当时伍晓刚担任公司总经理之职，负责全盘经营管理，责任重大。

普通的生命，因为有着英雄的秉性，才能够忍受困苦并冒险前行。

巨大的经济压力，像一座大山压在伍晓刚的肩膀上。对此，他不逃离，不畏惧，带着永不枯竭的坚定，像一朵凌霜傲雪的红梅迎着风霜雨雪坚守在寒冬之中，等待春天的到来。

面对低谷之中出现的重大机遇，伍晓刚犀利敏锐的眼睛露出希望的光芒，他张开臂膀明确而坚定地紧紧拥抱着前进的目标，无论结果如何，他要放手一搏。

起死回生的一次机遇，为深圳骏威实创电子有限公司迎来了发展的春天。

2005 年 4 月，伍晓刚真心体会到什么是坚持，什么是坚持后的胜利。那年他遇到了人生中的第一个贵人，也是让骏威实创公司起死回生的人，那个朋友叫周建军，江苏人，他为人热情、厚道，给伍晓刚的公司带来了光明与希望。

伍晓刚回忆当初公司起死回生的情况，语重心长地对笔者说："当年有了这个客户后，公司产值从 30 多万元增长到 120 多万元，营业额增长了上百倍，资金链也有了好转。那一年还了 100 多万元的债务，感觉自己一下轻松了很多，可以大喘一口气了。"

历尽天华，美此景

骏威实创公司的春天来了！

公司一年比一年好，也开始走向正轨。2006 年公司的快速发展，经营面积从 700 多平方米到 1400 多平方米，业务年产量从 500 多万元到 1500 多万元，现在公司每年保持 2800 多万元产值，在稳定增长发展。

随着公司业务的增加，公司发展逐渐壮大，公司有了盈利，股东之间利益分配存在分歧，而公司又因为不断地扩大，必须增添新设备，增加新设备就需要投入大量的资金。公司在发展中必须不断淘汰高能耗设备，优化制造工序，减少人工成本浪费，这样公司才有生机和竞争优势。如果墨守成规便是死路，就意味着股东没有分红，这样会导致股东之间有严重分歧。

在这样的情况下，2009 年 9 月，他全面接管公司，对公司股东进行重组，给两位当时离开的股东一次性补偿，分别补了 203 万元和 76 万元。之后，他一个人担任起了所有的重担，也把眼光放得更长远。

要想公司可持续发展，他决定重新把办公室装修，把公司从一层扩大到两层，全方面重新布置，并在公司内部进行深化改革，进行管理创新，提高管理层的待遇，制定留人、育人的政策。这不仅让公司有了新的变化，还让骏威的全体家人在公司看到崭新的希望。

2009 年 11 月的一天，通过朋友介绍，公司接到一个大客户银星智能股份，主要生产智能吸尘器，这家客户第一年产值达一千多万元，紧接着公司引进第二家上市公司英威腾股份，双方快速将业务达成共识，主要生产电子工控产品。通过这两家知名企业的合作，公司有了足够的业务能力接单，让公司更好更快速的发展。

公司订单稳定有序增长，生产管理不断规范，产品质量有保证，准时交货，服务快捷，全面满足客户需求。随着市场不断地竞争和生产工艺的优化，公司决定 2012 年 5 月份从日本引进价值 700 多万元的先进 SMT 贴片设备，该设备全自动化，降低生产能耗，提高了生产品质、效率。公司整体形成规模化生产基地，公司开始全面向良性轨道发展。

2014 年是公司成立十周年。这艰苦漫长的十年，让人心酸伤心流泪。十年树木，百年树人。十年了，公司不断壮大发展，生产场地已满足不了客户的需求。2014 年 6 月，公司决定扩大搬厂，公司从宝安搬迁至光明新区田寮村。

在原来的基础上扩大一倍，经过这么多年的努力和打拼，事业有了良好的发展，管理人员的素质也大有提高。为了感恩回报社会，公司投入大量资金让员工和管理人员外出学习。2012 年开始，公司同聚成股份一次性签约培训费 30 多万元，人员从心态到素质的提升，形成团队的力量，树立起骏威人的骄傲和独特的企业文化。公司逐渐开始同上市企业合作，全面进行专业智能化的运作。

踌躇满志，骏威梦

谈起未来规划，伍晓刚兴致勃勃。他微笑着对笔者说：

“下一步公司的运营方案如下：

第一，我们在传统行业中继续稳健发展……我们的优势在哪呢？能够做到高效、高品、快捷服务、快速出货，这是我们的优势。

第二，我们要解决客户制造难的方案，整个的运营方案，我们能够帮助客户解决。

第三，我个人认为我们这个传统行业是一个非常阳光的行业。为什么这么说，因为人类的存在离不开电子产品，只要有电子产品就一定需要我们这样专业的生产商提供全方面的服务，所以我把这个行业看成阳光行业。

第四，我们把自己的传统行业做好后能让创业板的公司或者我的客户，更好地来进行合作，进行资源整合。”

中国制造企业在面对巨大挑战的时候，最重要的是静下心来从内在的能力提升入手，而内在能力的关键就是具有合理成本的竞争力。

目前，深圳骏威实创电子有限公司通过不断进取、创新，年产值平稳保持在2800万元左右，但是公司的利润非常低。为了增加公司利润空间，伍晓刚积极思索并尝试一个全新的发展模式。

无论经历什么样的市场环境变化，所有成为市场领先企业所表现出来的共性就是聚焦产品质量，聚焦客户利益，让客户花最少的钱得到最好品质的产品。

在很多人眼里，界定一个企业家成功的标志常常是他拥有的财富，他上市的公司。如果是这一种普通意义上的成功，那么伍晓刚做到了。

随着人类精神世界的不断丰盈，判定企业家成功的深层次标准是认认真真、踏踏实实把每件事情做到极致，做到完美。这一种成功，伍晓刚也做到了。

伍晓刚站在我们面前，沧桑成熟的脸上带着淡淡的微笑，带着对企业未来发展的从容与坚定。

“长风破浪会有时，直挂云帆济沧海。”敢想，敢闯，敢为天下先，是锐意进取、开拓创新精神的大写意，是激励伍晓刚创业的内在动力。

厚道做企业，厚道做产品，传承人文文化，传承家文化，用高科技引领创新企业发展，相信伍晓刚总经理一定会带领全体员工把骏威这个企业品牌擦得锃亮。

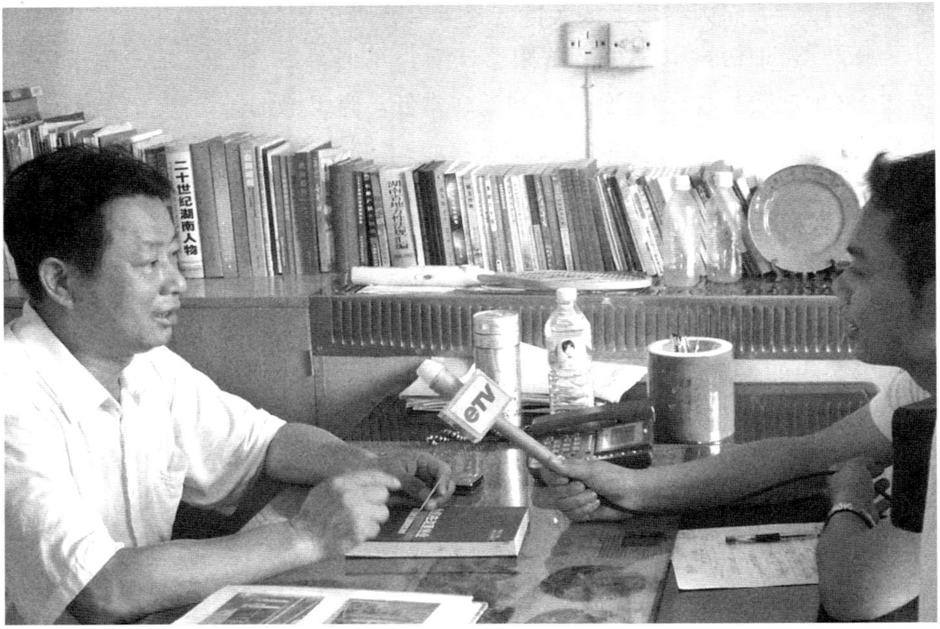

丰日电气集团董事长黎福根：

厚德创大业，福根惠桑梓

涉江红帆　余振魁

“浏阳河弯过了几道弯，几十里水路到湘江……”一首耳熟能详的《浏阳河》歌曲，带我们走进浏阳市，走进了一位骨子里有军人情怀的优秀企业家黎福根的心田。

黎福根，1954 年出生于浏阳市达浒镇丰田村，1972 年入伍，1974 年加入中国共产党，1975 年复员，先后在镇肉食站、官渡煤矿、区工商所工作。1979 年，黎福根辞去公职回到村里出任丰田综合厂厂长；1982 年创办浏阳丰田烟花材料厂；1988 年开始主持研制阀控密封铅酸蓄电池；1995 年主持开发微机控制高频开关电源等高新产品；1998 年成立注册资金 6018 万元的长沙丰日电气集团有限公司，并出任董事长至今（期间企业改制为丰日电气集团股份有限公司）。

艰苦创业几十年，黎福根已累计为国家创税3亿多元，长期安排解决农村剩余劳动力、退伍军人、下岗人员600多人就业，捐助社会各项公益事业数千万元。

他先后获得“全国优秀退伍军人”“全国建设新农村十大杰出复转军人”“全国扶优扶贫先进工作者”“全国两个文明建设先进个人”“全国创业之星”“北京2008年残奥会火炬接力火炬手”“中国管理创新杰出人物”“湖南省光彩事业先进个人”“湖南省优秀民营企业家”“湖南省劳动模范”“湖南省农村十大致富带头人”“社会责任之星”等省级以上的殊荣，多次出席全国代表大会，受到党和国家领导人的接见。

铮铮铁肩勇担家国道义

梦想，照亮前行的方向和彼岸，也引领未来的航程。梦在前方，路在脚下。

1976年，黎福根从部队退伍回乡。当时的丰田村一无电，二无公路，年人均收入仅70元。1980年，他辞掉“铁饭碗”，回村当了村官。但几年下来，仍没有多大变化。1982年，他邀集三位退伍军人，贷款三千元，租用三间旧猪舍办起了烟花材料化工厂。靠一根扁担和两只纤维袋作运输工具，开创了浏阳花炮原材料产业先河。几年后，工厂发展到千万元资产。

为寻求更大的发展，1986年，黎福根创立丰田化工电源实业有限公司，主持研制开发当时尚属国内空白的高科技项目——阀控密封铅酸蓄电池。经过四年的反复研制，在1991年获得成功，其产品获国家科技进步奖、国家新产品等荣誉，被通信、电力、铁路、国防等行业广泛应用，不但替代了进口产品而且还出口也门、澳大利亚、刚果等许多国家。

黎福根并没有因成功而止步，他不断超越自我。他主持研发的与电池配套的微机控制高频开关电源，1999年被列入国家重点火炬计划项目和国家城乡电网改造推荐项目、国家级重点新产品。

2004年起，公司与中南大学合作研制出能量比铅酸蓄电池高五倍的可充式锌空气电池，利用这种电池为主要能源，压缩空气、太阳能、风能作补充能源开创了空气电动汽车的研发和制造。这种新型的汽车充一次电可连续行驶300公里以上，运行成本每百公里仅10元左右，实现了零排放、无污染、噪声低。

当下,丰日公司已取得68项国家专利,并已申报6项国际专利。“丰日牌”商标被评为中国驰名商标。电动车获得了19项国家专利、2项发明专利、2项国际专利。系列产品已通过国家质量监督检验检疫总局的检测,取得了国家特种设备生产制造许可证;其电动防爆车通过权威机构的防爆认证,倒置三轮车通过了欧盟认证。除了欧洲的瑞典和挪威以及亚洲的日本外,目前,澳大利亚、波兰、迪拜等国家的经销商也前来提取了样车,正在商谈合作事宜。

丰日电车的其他车型在国内市场也很走俏。毛泽东故居、胡耀邦故居和橘子洲头等著名旅游景点用的部分观光车就是丰日的观光旅游车。

2016年1月18日,“丰日电车”成功登陆湖南股交所标准板。

沉甸甸的荣誉含金量颇高,它浸透着丰日公司的文化精髓:“以人为本,科技兴业”的价值理念,“诚信服务顾客,产品件件质优,管理持续改进,铸造丰日品牌”的质量方针。

黎福根表示,公司已制定新一轮“五年计划”的发展,对接资本市场,做大做强电动车产业。下阶段,还将进一步规范公司治理,积极参与中低速电动汽车国家标准、行业标准的建设,将公司打造为国内技术先进、产品型号齐全、市场占有率和综合实力排名前列的电动汽车企业。

反哺桑梓承载社会责任

黎福根始终认为:企业的发展离不开家乡人的支持,企业发展了,就必然要让家乡人过得更好,更舒心。黎福根是这样想的,同时也是这样做的。他经常说:“个人能有基本生活标准就行了,要那么多钱干嘛,只有乡亲们日子都过好了,我心里才踏实。”

心怀感恩,能为人间炎凉镀上一抹暖色;心怀感恩,能为社会和谐赋予能量;心怀感恩,能为别人预约心灵的春天。

这些年,黎福根在发展自家企业的同时,时刻关注丰田村的发展。他以“设施先行、旅游带动、农工并举、共奔小康”的思路身体力行,投资并指导村里架高压线、筑通进村入户水泥公路、架桥梁、修渠坝、山塘、疏通河道,绿化、亮化村干道,建造饮水工程、休闲湖、度假山庄、榴花洞漂流等项目,实行农田整改。他以自身的创业经验指导村民创立了13家各类企业,组织村民集资成立了“上丰生态农林合作社”和“浏阳福悦生物科技公司”。采取“公司+基地+农户”的经营模式，在村里广种红薯，让红薯发挥最大功能，以红薯为原料生产红薯玉米粥、红薯宝饮料等。他指导研发出国内尚是空白的“红薯宝”饮料投向市场，仅此一项就可每年为村里的农户增加收入一千多万元。

除农业项目外，黎福根还投资1000多万元在家乡浏阳市达浒镇丰田村兴建了榴花洞景区，景区占地面积7000余亩，是集休闲、健身、娱乐、美食为一体的新生态特色休闲基地，目的是筑巢引凤，带动丰田发展。目前已形成以餐饮住宿、会议接待、企业培训、棋牌茶艺、养生健身、狩猎垂钓、农家特色和漂流等为主要经营特色的基地，纯生态5A级旅游景区，也是浏阳唯一一家集漂流娱乐和餐饮住宿接待为一体的五星级农庄和乡村旅游胜地。

如今的丰田村已成为长沙市新农村建设示范村。黎福根细数家珍，自豪地说:“你到我们村里去看看，乡亲们都住上了漂亮的楼房。那唯一的一栋旧泥巴屋就是我的家呀，我们回到村里，虽住的仍是破房子，但我心里热乎和踏实！”

信仰旗帜写就军人本色

黎福根退伍回乡的第一天起，就把带领乡亲们脱贫致富的愿望和自己的命运紧紧地联系在一起。一种强烈的军人责任感鞭策着他，鼓舞着他。他开始办烟花材料化工厂时，首先只限于邀请几名退伍军人，试图以此作为核心力量，成功了再扩大，失败了也不让更多的人担风险。化工厂巩固发展后，他首先想到的就是让更多的优抚对象和社救对象进厂做事，以解决他们的生活困难。

黎福根富了，但他依然是军人本色。在黎福根的亲自倡议下，丰日公司从1998年起成立了民兵排，每年拨给训练经费，保证进行正常的训练活动。2004年10月下旬工业园发生一起开车盗窃电缆案，民兵排接报后，迅速出动，配合工业园公安分局干警一起围捕窃贼于山上，最后在清晨时分将3名窃贼一网打尽，民兵排因此受到了工业园管委会和丰日公司的奖励。在数次抗洪、扑救山火的抢险中，民兵排同样发挥了重要作用。

丰日公司在增加员工时，尽量优先接纳复退和退伍军人，现在公司员工中有复退和退伍军人58人，二十多年来，先后接纳了130多名复退和退伍军人。

每逢"八一"建军节，丰日公司和黎福根本人每年都要慰问看望复退和退伍军人，对其中的困难户，进行接济救助。如退伍军人凌志生，退伍后就一直在公司上班开车，后患糖尿病和中风。公司积极为其治疗，前后花费人民币 8 万多元，同时安排其妻子进厂上班，将公司的货运给其跑运输的儿子凌立峰。在接纳复退和退伍军人的同时，黎福根还积极帮助他们寻找致富新门路，鼓励他们创业致富，并尽力予以帮助。如退伍军人黎茂辉，先在丰日公司上班，跑销售积累一定资金后，自己创业办厂，黎福根以技术支持的方式，帮其办起了丰田第二蓄电池厂。

黎福根军人的本色，以实际行动奉献爱心和关怀，形成了持续的社会影响力。

明德惟馨以期生生不息

作为湖南省第九届、第十届人大代表，黎福根经常深入群众调研，反映社情民意，积极参政议政。由他联名其他代表提出的《关于支持浏阳工业园建设，推动湖南医药产业快速发展》的议案得到了省委、省政府的高度重视与支持；他提出的《关于乡镇企业办人员报酬工资纳入财政预算的建议》引起省政府、省财政厅的高度重视并得以采纳；他提出的《关于加大加快支持农副产品深加工的建议》推动了湖南省相关政策的尽早出台；他提出的《改变烤烟生产利益分配不公，还部分利益于烟农》的建议也得到了省政府的重视。

发展电动汽车产业，是缓解环境污染的希望之路，是应对石化能源危机的必然之选，是升级换代汽车工业的千载之机。但是，电动车产业的快速发展遇到的瓶颈也逐渐凸显。黎福根多年来一直为电动汽车产业的发展呼吁。他认为，电动汽车产业发展中最大的问题是缺少相应的政策扶持，如特种电动车的推广使用以及上路、上牌政策支持等。

"浏阳是烟花大市，烟花爆竹的运输使用既安全又经济的电动防爆车，这需要政府相关部门的政策扶持。另外，若不能上牌、上路，这就会导致很多的生产企业处于观望状态，购车者也有不少担心，市场难以扩大。"

黎福根举例说，作为深受消费者欢迎的中低速乘用电动车市场，在山东、河南等地，由于当地政府出台了上路、上牌和购车补贴政策，中低速电动汽车产业获得了迅速发展，涌现了多家年产值数 10 亿元的电动汽车生产企业，它们以本地市场为依托，逐步向全国各地推广，创造了巨大的社会和经济效益。

“湖南是国内较早研发电动汽车的地区，已逐步形成了比较完整的产业链和电池产业集群，省委、省政府近年来出台了一系列政策措施，积极推动电动汽车产业发展，电动汽车产业发展具有良好的基础和机遇。”黎福根建议，针对电动汽车特点，适当放宽行业准入，调动各方面的积极性；研究制定对电动汽车实行购置或运营补贴的刺激政策，推动电动汽车产业化快速发展和市场推广应用；政府部门进一步加快出台电动汽车发展的扶持与管理系列政策，对电动汽车的上牌、上路、保险办理等方面予以明文规定，使之有章可循，有策可依。加上配套产业，完全能够形成一个新的千亿规模产业集群。

责任，推动着社会的发展和文明，也彰显着黎福根的光辉与伟岸。

丰日公司将责任化为创业报国的红心。滴水入海，方能不涸。赠人玫瑰，手有余香。

中国梦是烛照一个古老民族前行的明灯。年已半百，华发将生。30 余年的创业历程，使黎福根从英姿勃发到如今两鬓斑白，不变的是明德惟馨的厚德涵养和永不褪色的军人情怀。

一个响亮的名字，一个令人赞誉的企业家，黎福根以自己独特的姿态开疆拓土，逐浪商海。黎福根赋予丰日公司不断的活力，把家国情怀作为立身修德之本，身体力行传承并且生生不息。

只有事业才是永恒的，只有发展才是硬道理。

新故相推，日生不滞。一次次的成功是黎福根带领丰日公司员工一次次的新起点和创业风韵。他秉承“好人品做出好产品”。“信立人间，品赢天下”的创业情怀，抢抓机遇，创新人性化管理，开拓经营，高唱“浏阳河”时代劲歌，撸起袖子加油干，将为浏阳市、湖南省经济发展做出新的更大的贡献。

湖南读书会“中非文化大使”利斯：

在桑给巴尔岛传播中华文明

刘丛佳　红　帆

印度洋西岸的桑给巴尔岛，树木苍翠，鸟语花香，当人们踏上这个岛，就会陶醉于随风而来的一阵阵清香。这个令人充满好奇的神秘小岛，被誉为世上最美丽的岛屿，岛上盛产丁香，占世界丁香销售量的五分之四，素有“世界最香之地”和“香岛”之称，是非洲著名的旅游胜地。

碧水藏龙，高梧栖凤。如此迷人的风水宝地，自然有人慧眼识珠，要凭着它干一番事业了。李白诗说：“长风破浪会有时，直挂云帆济沧海”，坦桑尼亚华侨利斯女士用她的成功之路，为这千古名句给出了最好的诠释。

利斯，原名涂丽丝，又名涂利斯，英文名 laisi，1963 年 1 月 13 日出生于广州。父亲广东人，母亲马来西亚人。1984 年毕业于广东成人科技大学管理系；1987 年移居东非坦桑尼亚；1993—1994 年赴澳大利亚进修；1996 年在坦桑尼亚从事旅游业工作；2013—2014 年，在坦桑尼亚桑给巴尔"国家旅游研究院"进修毕业。现为坦桑尼亚华裔作者，旅游节目主持人，坦桑尼亚华侨华人联合会副主席、文化主任，坦桑尼亚华助中心桑岛主任，坦桑尼亚桑给巴尔旅游协会董事，湖南读书会"中非文化大使"。

如今，利斯已在桑给巴尔岛从事旅游工作 20 年，她热爱自己的工作，看着游客们在这里享受美景、阳光沙滩，觉得自己的工作充满了乐趣。

利斯对岛上的休闲和餐饮文化如数家珍：意大利人发明餐用刀叉，推进了西方餐桌文化，而桑给巴尔岛作为意大利人在东非的后花园，岛上由意大利人经营的酒店与餐厅比比皆是，遍地开花。

比如说 Bravo 酒店，是一家在桑给巴尔开了 20 年的意大利酒店，整个酒店分为三个餐厅，一个为自助餐厅，两个为单点餐厅。入住这里可以全天享受无限量饮料、水果及酒品，早中晚都有意大利自助美食，罗马炸鸡、安格斯嫩牛扒、意大利腊肠等热菜；芝士饼、西西里三色雪糕、提拉米苏等点心。出于顾客至上的宗旨，还有供亚洲人享用的日式寿司和炒面等等。

这里，白天可以在酒店旁的海滩上观海景，吹海风，看东非海岸日出。躺在椰树下，可以让工作人员爬上椰树为您摘下最新鲜的椰子，喝着爽口的椰汁。如果不住酒店，人均只花 22 欧元，便可以享受一顿意大利风味的自助午餐、享受阳光沙滩和无限量饮料供应。

好的，我们已足够领略桑给巴尔岛的惬意风光和独特餐饮风格，也足够了解利斯女士以工作为乐的敬业精神了。

下面介绍一下她的主要成就：她任职坦桑尼亚华侨华人联合会副主席、文化主任，创立中华非洲文化传播中心。曾经协助台湾三立电影台，八大电视台筹划部分电视节目拍摄内容，并参加拍摄工作。还接受一些采访录，计划和主持一些节目，深受大家的喜爱。

利斯的丈夫何国强是第三代坦桑尼亚华侨，曾经担任桑给巴尔旅游协会会长、坦桑尼亚华侨华人联合会共同主席，被北京中华爱国丰碑人物评为 2008 年度世界杰出华人 100 强。2008 年，利斯夫妇应邀出席世界华侨华人代表大会，受到了胡锦涛、温家宝等国家领导人的接见。

利斯爱好运动、音乐、美容、交友，一位热爱工作的人，她的精神风貌必然是热情奔放、积极向上的。利斯说："一个人无论做什么工作，都要踏踏实实，努力做完美，这样持之以恒，总有一天你会优秀！"

利斯在香岛在印度洋西岸的桑给巴尔岛上，一直放飞自己的梦想。她心中怀揣着许许多多的梦想：蓬勃事业梦、美好爱情梦、文学梦、把中华文明传播于全球、把自己的爱心播撒……

大多的梦想已经实现，有的梦想还在进行之中……

她与老公事业有成，家庭幸福满满；她的新书即将问世；她用网络把中华文明播撒全球，特别是在非洲，她给非洲儿童讲中华的故事，教非洲学生唱中国歌曲，教他们汉语，让许许多多非洲儿童爱中华，懂得中华；她帮助小作家出书，无论是在物质上还是在精神上，她深受孩子们敬爱；她还资助贫困学子向安妮完成学业……

爱人者人必爱之，敬之……

利斯被评为中华榜样联合会主席，湖南读书会中非文化大使、优秀志愿者……

这一串串光环，与她，实至名归。

愿爱心天使利斯，所有的梦想都实现！愿她以后的路更宽广，更灿烂！

民营乡镇医院开创者何维贵：

科技兴院，惠民利民

◐ 湖南读书会

1995年浏阳市撤区并乡镇之前，文家市医院是一所区级医院。之后，才成为乡镇医院。所以文家市医院较之其他乡镇医院，其服务范围更广，社会责任更重，尤其是地处向国内外开放的秋收起义革命圣地而备受世人关注。在计划经济体制下，原文家市医院和所有其他公有医院一样，靠政府的投入求生存；靠以药养医求发展；政事与管办集于一体，都得依照行政管理部门的指令运作。这种体制束缚了医院的管理与发展活力，使得原文家市医院与其他乡镇医院同样处在发展滞后，管理无力的状态。

农民儿子何维贵时任中和乡卫生院院长。2000年7月16日,何维贵不惜以198.2万元在激烈的竞拍中买下文家市镇医院的全部产权。

问起文家市医院的创业史，何维贵风趣地说:“那可是从夹缝中走出来的呵!”

医院改制实行岗位竞聘淘汰下来的原职工抵触情绪非常的大,“他们扬言要联合起来,不出半年就搞垮新的文家市医院。”而最令何维贵感到委屈的是,在医院尚无盈利的情况下,地税部门反而把他的医院看作了营利性质的企业。还有,曾经有公立医院的人才愿意来文家市医院工作,但主管部门不放人,把他这家民营医院看成了异类,使得何维贵在引进人才上也遇到了阻力。这对何维贵及其新生的文家市医院不得不说是打击不断,不得不让他大伤元气。“最大的委屈还不是资金,而是对民营医院待遇的不公平。”何维贵如是说。

在政府的扶持、鼓励下,何维贵如鱼得水,他的才智和潜能获得了展示的空间。

问起何维贵引领医院制胜的法宝,他认为有三点:一是实事求是;二是敢为人先;三是不断探索创新,完善自我。跨进文家市医院大门,迎面就是“改革兴院,科技领先”四个大字。何维贵围绕“三个代表”和科学发展观以强烈的社会责任感在三个文明建设、人才管理和建设、科技兴院、惠民利民等方面进行了大胆探索与改革。

何维贵本人是党外人士,他却率先在民营医院建立中共党支部和工会,让党支部成为政治、精神文明建设中的战斗堡垒,起到为医院保驾护航的作用;让工会成为职工的娘家,成为职工成长的摇篮,维护职工正当权益。院党支部、工会经常组织职工学习邓小平理论、“三个代表”重要思想和科学发展观;定期举行科、室和个人之间的竞赛评优活动,为优胜单位流动红旗,为先进个人戴红花。通过不断加强的政治、业务学习和对卫生主管部门新出台的医疗事故处理条例学习及竞赛评优活动的开展,职工们的职业道德、服务意识、爱岗敬业的精神大大加强。经患者反映、职工评议、医院考评的用人机制上,原先在公立医院的优越感和某些特权消除了。“不爱岗就下岗,不敬业就失业”;“能者上,庸者下”成为全院职工的口头禅。几年里,医院先后辞退服务态度差、医疗技术无长进的医师和护士多人,医务人员的正常流动维持在10%左右。

人如其名的何维贵(和唯贵)以良好的人际关系,“诚”字为本,用真挚的感情和自己的模范作用打动人；实行绩效工资制，以实在的待遇留住人；以家的温馨和活跃的环境培养人。他的医院几年内就吸引省城的40多位中高级医务人才，文家市医院也因此成了文家市镇“引进人才先进单位”，而他的亲属只用了7人，都具有合格资质，都和其他职工一样竞聘上岗，无任何特殊待遇，甚至还受到老何更为严格的家规管教。老何还力争使他的医院成为浏阳市人民医院的临床指导医院，而且常派出医务人员外出取经或进修。

为解决山区农民上医院难、看病难的问题，何维贵要求医务人员百分之百地精心诊治，热情照顾患者，把他们当作亲人。由于全院职工积极主动地全身心投入，十多年来这个要求达到了，从而赢得了当地群众对医院的信赖。患者感受到去文家市医院就诊非常的便利，十分的放心，十分的温暖。此外，何维贵还采取了三点便民措施。一是开通急救热线，建立急救中心，医护人员24小时值班；二是救护车随时待命，随喊随到；三是主动上门服务，对凡是重病在家难以上医院的患者，医院就主动找上门去或接来院里为其治病。总之，文家市的老百姓上医院不再是难事；在文家市医院，老百姓看病也不再是难事；特困户还能得到医院的救助。

改制后的文家市医院依然遵循从主渠道进药，并严格遵循物价部门规定的收费标准，率先在浏阳全市乡镇医院实行药品明码标价，实行项目公开，实行微机管理，电脑收费，实行住院病人一日一清的结算办法。对手术病人实行手术费、住院费用总包干；医、药分开结算。从而杜绝了医生开大处方药，增加病人负担的现象。此外，何维贵还严格要求医生执行合作医疗用药目录，严格控制大型检查。不准搞开单提成；不准搞药品回扣；不准有医疗欺诈行为；不准收取患者礼品红包等。此外，何维贵还让利于群众。如：医院对产妇就一直实行优惠住院分娩，一是救护车免费接；二是对自然分娩与剖宫产分别按全市医院最低价收费，仅此一项每年就可为本镇孕产妇让利数万元。何维贵就是善用科学发展观和诚信立院应对竞争市场。这样一来，有效地解决了农民看病贵、看不起病的问题，也吸引了越来越多的患者前来该医院就诊。几年后，他将业务辐射到了湘赣交界的几个县市的边境，使这些地方的老百姓用乡镇医院的收费标准就能享受到县市级医院的医疗服务。市合管中心的统计图表上也证实，在文家市医院住院病人的总医疗费用是低于全市绝大多数公立医院的。这就是何维贵要树立的“平民医院”“诚信医院”的品牌。

建院之初，面临股东撤资和医院的科技兴院，何维贵以超人的胆识和市场运行法则，多方融资。他通过招商引资、职工集资、银信贷款等多种形式先后投入资金1867万多元，购置了大型体外碎石机、进口B超机、生化分析仪、心电图监护仪、胎儿监护仪、进口血球分析仪、麻醉机、救护车等。对原院的医疗门诊部、住院部等进行装修改造。新建了放射楼、医技楼、食堂等。2007年，何维贵又融资2000多万元，新建了一栋按二甲医院规模设计，总建筑面积1万多平方米的新门诊住院6层电梯综合大楼，并新购进口螺旋CT、进口彩超等20余件高档医疗设备。迄今已开设病床120张，病床使用率达80%，设有内科、外科、急诊科、儿科、妇产科、骨伤科、口腔科、五官科、皮肤科、烧伤科、痔漏科、特色专科、中医科、理疗科、医技科等临床科室，使医院基本上能满足当地各类患者就医的要求。

市场是趋利的，何维贵是赚了一些钱。但有些人或许不了解，在相对用于发展医院的巨额融资来说，老何赚的钱是微不足道的，况且，他的医院至今还背着债务，一方面要按期还债，另一方面更要在靠医院获取的部分利润来发展医院。何院长在庆幸的同时，强烈的反哺意识也促使他乐于奉献，甘于奉献。改制以后的医院虽不再承担预防保健的主要责任，但在重大疫情和突发事件的关键时刻，何院长还是把社会责任放在第一位。

作为连任几届浏阳市政协委员和改革明星的他还一直在关注着当地公办公共卫生事业的滞后状况；不断思考着公共卫生事业的改革出路。曾以市政协委员的身份多次建议文家市镇政府走“医防合并”之路。

2010年何维贵又有一惊世改革杰作——他投资近30万元在医院内专门设立了公共卫生服务中心大楼。当年9月1日，“文家市镇公共卫生服务中心”正式对外开放，承担着为文家市镇5万多群众建立健康档案、开展健康教育、儿童保健、孕产妇保健、老年人保健、预防接种、慢性病管理、传染病报告和处理、重性精神疾病管理9类20项基本卫生服务项目。几年下来，当地干群都夸：“比原来公办好多了！”

扎根雪峰山二次创业的企业家陈黎明：

当一辈子冲锋陷阵的战士

◐ 夏喜衡　向芳瑾

他曾经是一个军人，1979 年当兵，1982 年退伍。

三年的军旅生涯，部队这座革命大熔炉，让一个懵懂青年成长为一名具有坚定信仰、攻坚克难、勇往直前的革命战士。1982 年，他复员回乡参加地方建设。无论是在溆浦县外贸系统工作，还是调到怀化市外贸局；无论是当一般的办事员，还是升职为正科级领导干部；即使在下岗艰苦创业以及后来成为上市公司董事长的日子里，他仍然保持一名革命战士的本色，勤奋工作，不畏险阻，勇往直前。凭着这股子闯劲，他完成了自己人生的升华，并朝着自己既定的为百姓谋福祉的奋斗目标，一路前行！

常常几天几夜和猪、牛睡在同一火车皮上

1982 年，他复员回乡被分配到县外贸局工作。那个年代，外贸很是吃香，在机关上班更是人人羡慕。但他并不满足，主动要求到最苦最累的岗位上去磨炼，干过培植，跑过业务，甚至长时间当过大家都不愿干的押运员。那时押运火车皮运送猪和牛，常常几天几夜和猪、牛睡在同一节车厢里。夏日车厢臭气熏天，冬天寒风刺骨，但他以自己曾经是一名军人，严格要求自己，不怕苦也不觉累，按质按量地完成了一次又一次的押运任务。他的努力，领导和同事们都看在眼里。短短几年时间，组织把他从一般工作人员晋升到办公室主任、总经理助理，最后当上了县对外经济贸易公司总经理，然后又被市外贸局看中，调到市里当了一名业务骨干。

军人连死都不怕，还怕下岗吗

正当他在外贸战线上干得风生水起的时候，市场经济的大潮把国营外贸企业冲刷得七零八碎，怀化外贸面临着崩溃的局面。端得好好的“铁饭碗”，说砸就砸了，摆在干部职工面前的除了下岗还是下岗。当时，他作为市外贸系统一家公司的总经理，想到苦心经营了这么久的企业，抵不住市场经济的寒潮，内心如针扎一般的痛啊！怎么办？

经过反复地思考，认为自己曾是一名军人，打仗冲锋在前，下岗也决不落后。家里人听说他带头下岗，都说他疯了，纷纷劝他：“要下也是职工下，你一个堂堂正正国家正科级干部，国有公司的总经理，下岗也轮不到你啊。”“说实在的，放弃总经理职位，我心里也很纠结，但我一想到自己是一名退伍军人，军人连死都不怕，还怕下岗吗？”

3 万元起家办养猪场，顽强拼搏打造成了“上市公司”

陈黎明决定豁出去，凭着军人特有的气概自己去闯，闯出一条大道来。然而做什么，怎么做，成了摆在他面前的第一道难题。经过几天几夜的苦思冥想，想起了曾经与猪为伍的岁月，最后把养猪作为创业的门路。

于是他与夏正其、舒跃，3 个战友，东借西凑了 3 万元钱，在芷江侗族自

治县公坪乡承包了几亩土地，办起了一家小型养猪场。刚开始创业，一切都要从零开始，缺资金、缺技术、缺经验，样样都难。

但场子办起来了，困难再大也必须坚持，他以一个军人的气魄去攻坚，去克难。在当地政府的重视支持下，经过几年的摸爬滚打，养猪场规模越来越大，分场越办越多。为了适应规范化、集约化经营，他又组织 20 名退伍军人入股成立了湖南大康牧业股份有限公司。

公司高管清一色的退伍兵，2000 多名企业员工，复退军人就占六成多。在这个半军事化团队的共同拼搏下，大康牧业很快成为湖南最大的养猪基地，年出栏商品猪 30 万头，销售额收入超过 1 亿元，成了集生产、销售、加工为一体，动物蛋白质供应产业链全覆盖的全省有名的农业产业化龙头企业，并于 2010 年成功在深交所上市。目前，公司市值已达 300 亿元，总资产超过 60 亿元。

为百姓谋福祉，跟着“大康”奔小康

从一名光荣的退伍兵到一名正科级干部，从一名下岗者到一家上市公司的董事长，不管人生是起是落，逆境还是顺境，一路走来，陈黎明真正要感谢的还是在部队那三年的宝贵经历。是部队培养了他，锻炼了他，是军魂给了他战胜困难、百折不挠的勇气和力量。

创业的成功，是实现他人生价值的第一步，为百姓谋福祉，带领父老乡亲脱贫致富是他一生的奋斗目标。随着个人财富的不断积累，这个在退伍时立下的宏愿越来越清晰，越来越强烈。在创业小有成就之时，他就把大康牧业作为农民脱贫的平台，通过“公司+基地+农户”的模式，组织和帮扶农民发展养猪事业，跟着“大康”奔小康。先后为溆浦、辰溪、中方等县 12 个乡镇的 5000 多农户（其中退伍军人和军烈属户达 1650 多户）赠送种猪、猪苗、饲料和培训技术，发放技术资料，价值 500 多万元。加盟公司的农户每年增加收入 6000 多元。

不当守财奴，财富回馈社会

2013 年，大康牧业与上海鹏欣集团实现完美重组。卸去公司董事长职务时，他的个人资产在胡润排行榜位列湖南前三。20 多年的艰苦创业，他的青春年华，他的心血汗水，凝聚成这几辈子用不完的财富，完全可以享受生活，安度晚年。

但他认为，坐守财富是一个守财奴的做派，留给子孙是败家子的行为，俗话说"富不过三代"就是这个道理。为此，他专门召开了一个家庭会，告诉儿女和妻子，除了子女学习教育和家庭生活开销外，他决定把自己所有的财富回馈社会，帮助父老乡亲发展经济，过上幸福生活。全体家庭成员的赞同和支持，给了他为实现一个退伍军人、一位革命战士美好愿望的动力。

从"上市公司董事长"岗位退下来，回到雪峰山二次创业

陈黎明是从溆浦走出来的企业家，他说他的成功离不开党的关怀和父老乡亲的支持。儿时的他曾在父亲下放的统溪河穿岩山生活过近十年，对这里有着深厚的情感。这里的贫穷落后在他的心里烙下了难忘的痕迹，这里奇特秀美的自然风光让他难以忘怀。因此，从董事长位置退下来后，他又回到了这片难以割舍的土地。通过长时间的调研，他决定用自己辛劳创造的财富开发旅游产业，实施旅游精准扶贫，让当地乡亲们早日脱贫致富。

2014 年 5 月，他出资 1 亿元注册成立了湖南雪峰山生态文化旅游有限责任公司，开始了一名退伍军人的第二次冲锋，把雪峰山地区丰富优质的旅游资源作为进攻的主战场。为了惠及山区农民，哪怕是拼尽自己的全部"家当"，他也在所不辞，无怨无悔。

带动鼓励农民办旅游，涌现 36 家农家客栈

旅游开发，首先要让农民成为受益主体。因此，他把提高农民对旅游开发的认识作为第一步的工作。2014 年 9 月至今，公司出资组织 1125 名景区农民、退伍军人和基层干部，分四批赴桂林、龙胜、通道、镇远、千户苗寨和梵净山、大围子山等地学习考察，参观取经。随即，又请来湖南师大、中南林业科技大学的专家教授，对 2000 多名干部群众进行旅游知识和技能的培训。

通过考察、培训等"洗脑"活动，支持旅游、参与旅游的人越来越多。山背梯田景区有个退伍军人的老婆叫李秀兰，原来在镇上经营卤菜，生意惨淡。去年在公司支助下，回村办起了农家客栈，营业至今已经收回全部投资，并从雪峰山公司领取到 4.6 万元奖助金。像这样的农家客栈在景区已发展到

36 家，形成了 500 余张床位的接待能力，公司为此共兑现了 250 多万元奖助资金。

投入 8200 万元搞建设，花瑶古寨走出深闺

与此同时，公司坚持边规划边建设，对不影响景区整体规划的一些生产生活类基础设施提前建设，让景区居民提前享受开发带来的实惠。

去年，陈黎明考察旅游资源时，来到位于大山深处的花瑶古寨，看到这里交通闭塞，花瑶同胞生产生活困难，心情十分难受，当即答应投入 1000 万元修通直通古寨 5 公里的高标准公路。目前该公路已经通车。去年 10 月份以来，公司共完成生产生活类基础设施投资 8200 万元，修建了 11 条进组进寨公路，完成了 6 条景区游步道、休闲小镇景观大坝以及景区水利设施等工程建设，得到了包括花瑶同胞在内的景区农民的一致好评。

目前，雪峰山地区旅游开发，在当地党委、政府的大力支持和景区老百姓的积极参与下，正如火如荼地进行着。具有国际视野的景区规划设计已通过省级专家的评审，现已开始施工建设；以花瑶文化、抗战文化、稻作文化、古村古宅文化为主要内容的雪峰山文化挖掘整理和开发利用已取得初步成果。我们相信在不久的将来，雪峰山地区凭着优越的交通、奇特的原生态景观和悠久神秘的多元文化一定会成为世界级的旅游目的地，到那时景区农民一定会走在共同富裕的康庄大道上。

爱心企业家向阳：

牵手“执着”，走向成功

湖南读书会

向阳，爱心企业家，湖南读书会理事，善良朴实，不畏艰难困苦，有顽强意志和毅力，有大爱情怀，关爱弱势群体和贫困学子，牵手“执着”，走向成功。

创业故事

在大众创新、万众创业的时代引领下，一大批有梦想、有胆识的年轻人，纷纷回乡创业。溆浦县卢峰镇红星村村民向阳就是这些有远大抱负和理想的佼佼者。2009 年他回到家乡，利用得天独厚的山地资源发展高山养鸡，高山种植，漫山油茶，一步步实现致富的梦想。

一望无际的太阳坨高山，地势陡峭、林深叶茂，视野开阔、空气清新。随处可见鸡群在树下嬉戏，或在林间觅食，一只只毛色发亮，精神抖擞。漫山遍地的油茶树上，白色扑鼻的茶花馨香缠绕，遍地芬芳。这就是向阳的绿野基地。

年青勤劳的农民向阳与妻子，对种植业和养殖业十分感兴趣，为了把他们喜爱的种养殖业做大做强，他们2009年打工回乡，在红星村承包了两百余亩荒山，进行油茶种植和溆浦本地鸡的喂养。

向阳今年38岁，与35岁的妻子水华一起牵手进行山地开发，渴望通过自己辛勤的耕耘把这一片荒山变成一片片绿野。通过夫妻几年的努力，成功在望。

当我们记者见到向阳时，他正在油茶地里不停地忙碌着。眼下，正是油茶树收获的季节，这些油茶树是5年前栽种的，油茶树果实累累，丰收喜人。据向阳说，前3年油茶树的花必须全部摘除，只是最近几年油茶产量一年比一年多。望着一片片翠绿充满生机的油茶树，向阳脸上露出了幸福的微笑。他告诉记者，他公司的油茶树成活率很高，按照目前油茶的长势，两年后，他们夫妻俩种植的170余亩油茶，按如今的市场价估算最少也有40余万元的收成。

2011年初，向阳夫妻俩在红星村承包了200余亩荒山，栽种了170多亩油茶，发展了30多亩杉树，还在山上放养了8000余只溆浦本地土鸡。

当时，夫妻俩刚来到这块承包的土地上时，四处杂草丛生，十分荒凉。夫妻俩在山上搭建了一栋简易木板房，起早贪黑，开始了他们的创业生活。在创业中，夫妻俩遇到了很多困难，特别是大规模的养殖溆浦本地鸡，预防瘟疫是关键。但夫妻俩以前都没学过，为了尽快掌握防疫技术，夫妻俩总是凑在一块学习，钻研养殖防疫技术。

向阳与妻子以愚公移山的精神和韧劲，在大山里挖出了一条2公里多长的山路，拉通了水电，并搭建了小木屋，买了车方便销售运营。

向阳告诉记者："第一批鸡喂养时没有人指导，全靠从书上摸索；第二批鸡发瘟疫时，摸索不到原因，我们夫妻连饭都不想吃，就是守着那些鸡；晚上也守着那些鸡。因为鸡儿发瘟疫时要升温，要有温度，如果温度不到就会死亡。刚开始升温的设备做不好，当时我们急得要死，后面自己钻研，向书本上学，翻书查资料把鸡疾病的原因找到了，就控制了鸡的死亡率。”

夫妻俩吃苦耐劳，肯钻研，肯学习，刚起步时他们就在鸡窝里一睡就是半年。如今他们已全面掌握了喂养溆浦本地土鸡的方法，在他们家承包的山地上，成千上万只山鸡在山林间飞跃奔跑，在草丛里快活地觅食。山鸡憩息于绿荫如盖的油茶树下。它们以农家生产的玉米稻谷为主食，辅以草根、野虫，远离添加剂，远离饲料、远离污染，健康茁壮地成长在绿野上。妻子荆水华微笑着告诉记者，每年他们夫妻养鸡的纯收入可达近 10 万元。

向阳与妻子荆水华的山地种养殖业之所以能够蓬勃发展，最重要的原因就是他们对事业坚定而执着的信念。夫妻俩遇到困难不气馁，不放弃；他们坚信农业规模化生产会有很好的发展前景。虽然他们在搞种植业和养殖业碰到很多困难，但是他们执着顽强，从未放弃过。他们克服多方困难，从选址到种植到养殖到销售的整个运转链条及运营成本都进行了认真专研。终于，绿野公司在湖南省溆浦县卢峰镇红星村太阳坨山坡上生根、发芽、开花、结果。

一份辛劳，一份收获。如今，向阳夫妻有了自己的绿野公司，现在规模较大，油茶 300 多亩，山鸡 10000 余羽，效益初显，已经成为当地的龙头产业，深受领导和同行们的赞赏。

爱心回报

向阳家庭出身贫寒，他深知贫困人家的疾苦。他创业致富后，心系弱势群体。每逢过年过节，夫妻俩不忘给五保户，贫困老人赠送山鸡、茶油与衣物，深得大家赞赏。

向阳读书的时候成绩一直优异，可是因为家里条件差，高中毕业就辍学了，因而对家庭贫困的学子们呵护备至。他拿出部分钱赞助家里条件贫寒的学子，而且还加入了湖南读书会全民阅读的行列。他说他会传承“关爱学子、造福社会”的优良传统，给予需要帮助的老人与学子力所能及的关怀和帮助，让我们的世界都充满慈爱与阳光。

"天之骄子"唐斌：

时代弄潮儿，业界佼佼者

◐ 湖南读书会

他是一位阳刚热血男儿，一个有梦想的爱心儒雅企业家。

2007 年，他在溆浦县城北花果山路口正对面创办了天之骄子广告装饰有限责任公司。该公司大小型设备齐全，由设计部，客服部，制作部，安装部四大部门组成，位于溆浦县金苑小区 11 号门面的办公制作场所，城区内众多户外大牌广告为其所有。十载来始终不渝，承接室内外装饰工程，婚庆礼仪、大型钢架结构、亮化工程、门面店招、喷绘写真、雕刻、设计打印、画册等。以专业、专注、沟通、急客户所急为经营理念，专注于广告事业的发展，成功覆盖政府、机关、地产、医药、汽车、家电、通讯、建材家居、超市会展，(部队)行政、企事业单位和商家等，并提供标准化服务。县城众多开发项目合作伙伴(如大汉地产、机电灯饰城、兆隆花园、溆水明珠、格林新城)在本公司的配合推广后完美收盘。先后承办溆浦屈原文化节、溆浦县首届万人相亲大会、各届大型车展房交会等活动，并取得圆满成功！深受社会各界人士的关注和赞赏。

天之骄子，他每每总是发扬自有优势，以前瞻的眼光谦视未来，以他独特的眼光，打造自己的品牌，他就是唐斌。十年如一日，他以顽强的毅力和强烈的事业心，朝着自己的目标勇敢前行，在业界获得了良好的口碑。

一个阳光灿烂的春日上午，我们在天之骄子广告装饰有限责任公司总经理办公室见到唐斌，他正在和员工们一起进行每天的早会活动。简短的思想交流之后，他就忙于处理公司的各项事务。看到他井井有条地处理公司每一件事情，没有片刻的休息，我们都感动了，被他一丝不苟的工作态度和敬业精神深深折服。

一位成功的创业者不但要有顽强的拼搏精神，更要有良好的职业道德，还要有很高的文化素质。唐斌就是这样一位集各种内质于一身的优秀企业家。他忙碌之余还不忘学习，他的书架上整整齐齐放满了各种书籍，书桌上放着厚厚的《道德经》等书籍，笔记本上记着许多笔记，还有学习心得以及对生活各种的感悟。

他德才兼备，爱心满满，经常参加爱心奉献活动，倡导全民读书活动。他先后是志愿者协会、溆浦创业者协会的发起人和支持者。他给许多弱势群体捐钱捐物，为溆浦县创业会慷慨解囊。

2016 年 8 月，唐总又花数万元赞助湖南读书会举行《用最美的声音演绎书画与诗歌的完美结合》的全国朗诵比赛。该比赛办得有声有色，深受领导与读者的好评。如今他又是湖南读书会怀化分会副会长，热心理事。他骨子里充满爱心、阳光和正能量。

最后，唐斌老总还告诉记者，他不光要把他现有的天之骄子公司发展壮大，而且还要到全国各地拓宽各种项目，赚更多的钱去做公益活动。他的梦想是在贫困山区建 50 个图书馆，让贫困学子时刻被书香熏陶，而成为未来的国家栋梁之材；他还要赞助读书活动，让全民阅读，让读书活动遍及到每一个角落。笔者在心里也默默祝福这位天之骄子的梦想能够早日实现。

“天之骄子”唐斌，与他的公司名字一样，名副其实。天之骄子不愧为时代的弄潮儿，同行业的佼佼者，更是值得我们学习的典范。

最后祝愿这位时代的骄子——唐斌，事业红红火火，蓬蓬勃勃，梦想早日实现。

溆浦汉子徐传和：

执着撑起旅游事业一片天

●◐ 涉江红帆

他是一位面对挫折面不改色的爱心企业家，质朴不张扬的外表里透出一股顽强、执着的气息；他是一个普普通通的溆浦汉子，却坚持在商业界打拼摸爬了近20年，终于有了自己的旅游公司，他的座右铭“只有顽强拼搏的人，终会收获满满”，并以此为信念一步一步走向成功……

他叫徐传和，湖南省溆浦县雷峰山旅游公司董事长兼总经理。在徐传和的不凡创业史中，他做过打工仔、装修工，不过他对旅游景区老总的身份更加看重。因为他热爱祖国的大好河山，热爱家乡的山山水水，他要把它们装扮得更加美丽、风景宜人，展示在华夏儿女与全世界人们的面前。

超人胆识，开拓事业

当我们走进他的办公室采访的时候，他正在与员工研讨公司如何更好地拓展业务、更好地打造旅游业。质朴、谦和、睿智、坚毅、执着，爱心满满、脚踏实地、年轻有为，这是他留给我们的第一印象。

70后的徐传和是湖南溆浦县卢峰镇太平村人，因为家贫，他15岁就辍学，走入社会去打工，为久病不愈的父亲攒微薄的医药费。那个时候他跟着大人去修公路，不知道吃过多少苦，流过多少汗，一天辛辛苦苦干活就为了挣取那五元九角的蝇头小利……

后来他去深圳广东打工，无论在哪里，他都凭着踏实执着的劲儿一路前行着。他学过装修，也认真做过装修。因为做得非常好，口碑就好了，所以客户不断，于是他慢慢积累了一定数量的资金，家里情况也慢慢好转了。他开始回报家乡，感恩社会。

锐意进取，发展事业

徐传和回到家想重新创业，有几个好朋友找他来雷峰山投资，他看到了旅游的前景，所以来到了雷峰山进行创业。徐传和说："我第一次做旅游，自己是个门外汉，一点也不懂，我秉着一步步不断学习的心态摸索。本来我与朋友们打算做牡丹产业来吸引游客，因为土质与气候不适应，种的一大片牡丹全部死了，牡丹失败，总投资80多万元全部打水漂。牡丹业失败后，原来的两个股东退股，造成我的压力特别大，但是我不放弃！我开始不断地建宾馆，建长廊，建文化广场。建成后另外一个股东承受不住压力又退了股，最后留下我一个人在坚持，旅游行业是一个投资大见效慢的行业，其中的艰苦和压力众所周知，但我决不放弃。"

质朴的徐传和微笑地对记者叙说，记者从他坚定的目光中看到了创业中最美好的希望。

徐传和的事业越做越大，他投资600多万元发展雷峰山旅游业，规模也越来越大，管理压力，生意方面的压力，经济压力都非常大。他晚上都睡不着，有时候半夜惊醒，他时刻想着这些事情，想尽一切办法做好！虽然他的面前有这样或那样的困难，但是在困难面前，他没有畏惧、没有退缩。

徐传和凭着自己的智慧和毅力以及吃苦耐劳的劲儿，把这规模较大的旅游事业做得风生水起。

现在雷峰山的景区在徐传和的精心打造下，风景优美，环境宜人。景区已经陆陆续续吸引了北京、上海、长沙等地的许多旅客，得到了大家的青睐与赞赏。

感恩社会，爱心无限

在企业中找到自己的位置，实现自己的价值，从完善自我到感恩回报社会，真的让人佩服。

徐传和一边经营自己事业的同时，一边时刻不忘回报社会。他经常抽时间去山区或敬老院献爱心，他每年都要去敬老院给老人赠送衣服，鞋袜，水果与饼干等食品；给山区孩子买书包文具，书籍健身用品等，深得大家喜爱。

他还资助几位贫困学子，供他们完成学业。

2012 年，在一次朋友的交流中知道了在舒溶溪学校读四年级的贫困生肖娇娇，家中母亲是精神病患者，爸爸是残疾人，上学跟生活都很困难。徐传和知道这个情况后，经过走访慰问，从她三年级开始便一直都在资助她。

2016 年徐传和通过志愿者协会认识了淘金坪学校的戴雪花，得知她家里特别困难，从那时开始便一直在资助她的生活费跟学费。两年过去了，这位学生的学习成绩一直名列前茅。

这位质朴、执着的爱心企业家徐传和，在湖南溆浦这片创业热土上打拼。近十几年，他历尽千辛万苦，走过了风风雨雨，用智慧和汗水创造了可喜的业绩，为溆浦的旅游业做出了不容忽视的贡献。

作为质朴、爱心满满的优秀企业家，徐传和得到了社会的尊重与认可。

我们期待最质朴、执着的企业家徐传和事业有成，前景更广，走得更远。

"最美海棠花"曹艳秋：

只有顽强拼搏的人，才会收获满满

◐ 梦　斯

"栽值恩深雨露同，一丛浅淡一丛浓。平生不借春光力，几度开来斗晚风。"这首正能量文字是革命烈士秋瑾女士写的一首诗，诗歌借海棠花比喻自己，表明自己作为新时代的女性应该独立坚强，不轻易借他人之力，依靠他人的想法。本文的主人公曹艳秋女士也正是这样一位如秋海棠花般独立、坚强的新时代女性。

这位看似柔弱内心却坚强的奇特女子，如今是一位美女企业家，柔美不张扬的外表透出一股顽强的气息；她是一个普普通通的女人，却坚持在商业打拼了近20年，终于有了自己的公司。她经常说“只有顽强拼搏的人，才会收获满满”，并以此为信念创造了人生价值……

“正苗红”的逆境与苦涩

曹艳秋出生于北京通州区曹庄村一个军人家庭，她的两个叔叔一个是在抗日前线抗击过日本侵略者的一线八路军，一个是随军军医，父亲也是黑龙江的兵团干部，新中国成立后调到了通县当粮库书记，从这方面来说曹艳秋算是根正苗红了。天有不测风云，在那个动荡的年代里，她的父亲被当作了批斗对象。那年她5岁，还是个不谙世事的小女孩，内心深感恐惧，她想要逃离得远远的。

安稳的日子没过多久，不幸再一次降临了，四人帮的出现使得父亲再一次成为了批斗的对象。上初中的曹艳秋已经懂得了很多人情世故，她已经能感受到周围同学的歧视和老师的冷眼，十多岁的她已经暗下决心要离开这个冷漠的地方。

高一的时候，曹艳秋有了第一次离开的机会，她凭借出色的表现入选了女兵，当时只有两个名额，她是其中一个。她想上帝总算给她打开了一扇门，然而现实总是残酷的，就在入伍前的半个月她被告知因为家庭成分不好，最终的审核没有通过。她又一次受到了现实的无情打击，第一次离开失败了。

走出逆境，以顽强的意志开拓事业

接二连三的生活打击没有击垮坚强的曹艳秋，她也没有像同龄人一样继续留在农村耕地种田。18岁那年，她收拾行囊只身一人去了天津，投靠了她的三姨，她迈出了第一步，第二次成功离开了那个带给她无数恐惧创伤的地方。

18岁的曹艳秋已经清楚地知道自己要做什么了，再苦再难也要闯出自己的一片天地。她深知在社会上闯荡没有一门过硬的手艺是不行的，她开始拜师学艺，学习理发，还学了美容。她学东西学得很快再加上肯吃苦努力，两年之后就学成出师了。有了手艺之后她开始琢磨自己开店，前期资金不够，她就先将店子开在了成本相对较低的村子里面。在完成了原始的资金积累之后，她将店面搬到了县城里面，她经常是通宵达旦地工作，期间她还经营了一家中美合资的地毯厂，再后来进入房地产，股票市场。

不管做什么生意，她都投入了百分之百的精力，遇到再大的困难都不曾放弃，坚持到底。她历尽千辛万苦，走过了风风雨雨，用智慧和汗水创造了可喜的业绩。就这样一个被认定为“出身不好”的丑小鸭在尝过生活的酸甜苦辣之后，经过自身不懈地努力、拼搏之后，成了涅槃重生的凤凰。

她还致力于宣传和分享中国安化的黑茶文化，推广健康的生活理念。她和她的团队热衷这个事业有利于当地经济的发展，增加地方就业岗位，提高居民收入，是一项实打实的利国利民的事业，这一项事业她也做得红红火火。

事业有成，时刻不忘感恩社会

曹艳秋在一边经营自己事业的同时，时刻不忘回报社会，她经常抽时间去山区或敬老院献爱心。她每年都要去敬老院给老人赠送衣服，鞋袜，水果与饼干等食品；给山区孩子买书包文具，书籍健身用品等物品；她还赞助几位山区孩子读书。这一举动，深得大家喜爱与赞颂。

2015年，曹艳秋因为一个偶然的机会参加了《身影》榜样人物的节目，正是这样一次机缘巧合开启她的公益之路。《身影》本身是一个公益性质的节目，节目举办的公益活动，她都积极参加，为节目组提供办公用地，为前来参加活动的榜样人物提供食宿，不遗余力地支持节目组举办的公益活动。作为中国一级美术大师王诚书画收藏联谊会的秘书长，她还跟随王诚老师一起参加了“香港中国行”的公益演出，自己带头捐款，为公益贡献自己的力量。

强者之所以成为强者是因为他们敢于直面惨淡的生活，敢于尝试，敢于挑战，一旦认定一项事业就全心全意，坚持到底。看现在曹艳秋女士一脸的平和，不知道她背后故事的人会以为她是没经历过风雨，是在蜜罐子里长大的人。殊不知正是这种经历了生活的风风雨雨还能保持对生活、对工作的满腔激情，保持一颗积极向上的心态，由内而外散发出来的温婉大气才显得格外迷人。

海棠花不似牡丹富贵，不似兰花高洁，不似梅花不畏严寒，但是它媚而不俗，自有清香，开时热烈而灿烂。曹艳秋女士亦如那摇曳在枝头的秋海棠，有着一股炙热的向上的力量，催人奋发。

我们期待“最美海棠花”曹艳秋走得更远。

助残天使周建华：

腿没了，我也要撑起一片事业的蓝天

◐ 湖南读书会

当走近这个平常而又异乎寻常的汉子周建华时，我由衷地赞叹这伟大灵魂带来的震撼。一如在群山万壑间缓步攀行，会为那些奇崛的山峰和迂回的江河发出的赞叹。灾难所生出的恐怖，吓坏了多数人的心灵，却吓不到坚强的周建华，他用顽强的毅力与对事业孜孜不倦地追求，撑起了自己与朋友们头顶上的一片蓝天。他，是一位名副其实的天使。

折翼自强

2000 年一场意外的车祸夺去了周建华的腿，躺在病床上的他万念俱灰，没有了腿连最基本的站立行走都做不到，还如何做其他事情？那一瞬间他感觉到整个世界都充满了黑暗，他迷茫，绝望，用这个残缺的身体该怎样在这个世界上存活呢？他想放弃，这个时候他的家人始终陪伴在他身边，一直开导他，鼓励他，慢慢地消极悲观的他走出了截肢的阴影，他仍然还是家里的顶梁柱，他仍然有义务为一家老小遮风挡雨。

开始的时候他拄着拐杖，这样行动很不便。在亲友们的劝说下他来到江西省假肢厂安装了假肢，放下了拐杖，适应一段时间之后，行动也与常人无异，这让他可以正常的站立行走，也走进了另一条人生道路。

在截肢之前周建华是一名大货车司机，出事之后他也就再也不能胜任这个工作了，找其他工作又完全没有经验，一切要从头学起。坚强的他没有退却，不能做体力活就开始学做技术活。在亲戚的介绍下他去了电信，开始做电话和手机维修，踏入全新的行业，没有经验就到处拜师学艺，不耻下问。学得慢一些他就上班比别人早，下班比别人晚，就算是大家都在休息的节假日，他也一头扎进工作中，刻苦钻研。功夫不负有心人，真是用这种勤奋好学，水滴石穿的精神，在本是一片空白的领域，他也闯出了自己的一片天。车祸带走了他的腿却也磨砺了他的意志与他的心性。身残志坚是他身上最鲜明的烙印。当他在新行业已经稳定下来并且能为家人提供较好的物质条件的时候，不安于现状的周建军开始构思一项与他自身息息相关也是造福上饶市残疾人的事业。

创业助残

安装了假肢的周建华在行动上便利了许多，在进行假肢维护的时候他发现他所居住的江西上饶市并没有维修、安装假肢矫形器的厂家。他和他的残疾人朋友们都要去进行维修更换，这给他们造成了很多不便。在与朋友们多次咨询探讨之后，他决定在上饶市开设一家专门服务于残障人士的康复中心。经过多方努力，他的上饶市建华假肢矫形器具有限公司成立了。公司主要为残障人提供辅具研发、假肢和矫形器的生产及装配、临床康复等服务。公司的员工也都为残疾人士，这样他们就更能对前来咨询治疗的残疾人士产生同情心，为他们提供更加贴心的服务。贴心的服务，优惠的价格，过硬的质量，便利的售后让他的公司迅速在上饶市残疾人群体中收获了广泛的知名度与极好的口碑，并且成为国家康复器具协会会员单位，获得国家级的认可。

目前公司已初具规模，拥有420平方米的康复训练中心、办公区域，技术研发部、生产部、康复部均按中国康复器具协会的要求规范操作和严格配置，并逐渐全面完善；拥有病房10间，配备了康复室、会议室、食堂餐厅、车间及训练大厅；聘请了来自湖南省的高级假肢矫形技术人员两名，康复师一名，安排了7名残障朋友就业。

公司成立4年来每年为贫困残障人士减免费用达12万元。公司每年"全国助残日"为残障朋友募集大量的轮椅、拐杖；经常组织员工参加志愿公益活动。优惠的价格、可靠的质量、完美的服务，得到了残障人士的认同，每年助残中心会为贫困残障人士免费安装义肢。

周建华和他的团队，他的公司实现的不仅仅是他们的个人价值，他们所做出的贡献所实现的社会价值更是不可估量，影响深远。

授人以渔

创立公司为参加人安装义肢，帮助他们进行康复是帮助他们摆脱了拐杖轮椅的束缚，让他们能站得稳走得快。不安于现状的周建华开始思考，怎么做才能从本质上改变残疾人的处境，提高他们的自我认同感与幸福感呢？

2016年底，周建华与几位残疾人朋友一起组建了完全公益性质的助残服务中心。他们组织团队残友们外出学习残疾人创业技能，回来后立即组织人员开展残疾人技能培训，真真实实地从根本上改善残障朋友的生活状况，鼓励残障朋友积极向上，通过自己的努力获得更有尊严的生活。他们义务为残友们联系产品销路，为残友们提供就业平台，从而解决一部分残障朋友的就业难题，帮助残疾朋友们自立自强。

2018年4月，周建华个人出资2万元购买电脑，办公桌，拉了一条光纤，并聘请河南省炳良电子商务有限公司、国家级培训基地孙炳良董事长率两位老师亲临上饶市，助残创业，以电商授课帮助脱贫。

助残中心还经常组织残友们进行义卖，募捐，为残疾儿童、贫困留守儿童送去满满的爱心与温暖，让他们感受到来自社会的关爱。

周建华还是上饶市脊髓损伤者“希望之家”的负责人，他经常组织残友们走出户外，参加各种户外活动，举办残疾人才艺与辅导展示活动，为残障人士提供交流、展示自我的平台，帮助他们开阔视野，开放心态，让他们有一个更好的心态去面对生活的艰难困苦，让他们相信生活中有人在关爱他们，有人在为他们努力付出。这也引起社会对这个特殊的群体进行更多的关注与帮助。

周建华在他的助残公益爱心世界里面就像一颗永不停歇的陀螺，他好像有使不完的力帮助残障人士，不可忽略的是他自己也是他们中的一员，可能正是这种高度的同情心让他对残疾人士有了更多的感同身受，也让他无怨无悔的尽自己最大的努力去帮助他们，让社会上更多的人帮他们发声，给予他们关爱与帮助。

即使身兼上饶市建华假肢矫形器具有限公司总经理、上饶市福佑助残服务中心主任、上饶市脊髓损伤者希望之家负责人数个职位的他都能将他的各项事业做得井井有条，洋溢在他脸上的永远是温暖的笑容，握在他掌心的永远是不尽的希望。再多的文字也说不完他的事迹，再多的叙述也道不尽他对助残事业的热爱与付出。

命运就像手掌上的掌纹，就算再曲折都是掌握在自己的手上，周建华没有将命运交给老天爷，而是将命运牢牢地攥在了自己的手里。事故带走了他的腿，他却用一己之力为自己为他人撑起了一片蓝湛湛的天。期待周建华走得更远。

80后爱心企业家胡志英：

英通梦！中国梦！

◐ 涉江红帆

在广东东莞，坐落着一家正在崛起的企业。公司四周绿荫如盖，高高的椰子树就像一截琴弦，在海风的吹拂下，奏出一曲曲雄浑激越的乐章。

这家企业与一个普通下海者的名字，正在被越来越多的人渲染得绚丽悦耳：

——拥有固定资产几千万元，年创产值近5000多万元……

——年轻、质朴、谦和、睿智、坚毅、执着，爱心企业家……

这家企业叫东莞市英通五金制品有限公司，该公司董事长胡志英，昔日南下的打工仔，今朝踌躇满志的优秀爱心企业家。执着孕育机遇，奋斗成就业绩。胡志英，以其朴实、执着、吃苦耐劳的创业风采和共产党员的金色年华阐释着“有志者事竟成”的绚烂人生。

不畏艰难筑梦想

胡志英，80 年代出生于湖南省溆浦县三江镇大花村，由于家里条件非常差，高中没有毕业，他就辍学了。17 岁的他拿着借来的 100 元钱跟着乡亲们来到广东东莞打工。他什么工作都干过，不怕吃苦，不怕流汗。他先从最累最苦的工作开始，对每一个岗位一直抱着成长、学习的心态去面对，努力做好份内的事。短短 3 年时间，他就成为生产车间最年轻的基层管理人员。

后来，他在亲戚朋友的鼓励与帮助下，开始建立自己的公司——东莞市英通五金制品有限公司。

从开始迷茫无助、慢慢摸索，打拼成长到最年轻的董事长。他一步一个脚印，公司非常有起色。

胡志英 2006 年 5 月 11 日开办加工厂，当时是他舅舅帮他在银行里贷款 3 万元，他的合作伙伴拿出 4 万元，共计 7 万元开始的，租厂房，分期付款买了设备就只有 6300 元流动资金了，接了一张订单就没钱买原材料了！他们付完 6000 元材料费，还欠人家 3000 元，跟人家说好话宽限 10 天就给人家，人家就只提供 6000 元的材料，怎么说都不赊欠给他们。

幸亏他妹妹发了工资，她又在她的同事那里借齐这 3000 元钱，才有他们第一张订单的开始。那时候胡志英一个人都没请，就他和搭档两个人，没日没夜地赶工，5 天时间只休息了 8 个多小时，没有上过床睡觉，累了就在凳子上眯一会。吃饭都是在车间里，一边吃一边画图……

后来他们接了一张 60 多万的订单，非常不幸的是遇到了金融危机，那个客户跑路了。这一次非常惨：他们欠好多供应商的钱，工人的工资发不出。他匆匆回家，1 万元钱也没有借到。他们打算卖设备来发工资和还供应商的货款。胡志英把小孩该报名读幼儿园的钱全部拿出来发工资了。

把费料卖掉，单车卖掉，自己的戒指卖掉，该卖的东西他全部卖掉了，自己老乡的工资欠着，在老家受了好多白眼，受了好多闲话，骂他的，什么难受、受气的事情他都遇到过。但他心里只有一个信念：就是不能卖设备，公司绝不能倒闭，无论如何都必须得撑下去，不能把工厂卖掉，工厂卖了想重新再开就不可能了，这两年的苦就白吃了，他时刻告诫自己。

脚踏实地创佳绩

巨大的经济压力，像一座大山压在胡志英的肩膀上。对此，他不逃离，不畏惧，带着永不枯竭的坚定，像一棵挺拔的劲松，迎着风霜雨雪坚守在寒冬之中，等待春天的到来。

胡志英真心体会到什么是坚持，什么是坚持后的胜利。他的贵人出现了。

就是他在广州的几个非常好的朋友，他们看到他那么困难，还执着前行，就主动借钱给他，他的公司开始起死回生，他看到了光明与希望。为了减少开支，他把80多名工人全部解散，只留下自己兄弟姐妹几个人重新开始慢慢做，把厂房租了一半给人家。

当时他想只有节约开支才能把工厂支撑下去。对当时处于困境的胡志英而言，长期通宵干活是最正常的事情了。办公室沙发就是他的床，几天不洗澡对他来讲也是正常的事情，有时候他穷到身上只有10元钱，连摩托车都不敢坐。自己扛70多斤钢板走几公里路回工厂，他就是想留下10元钱给老婆买点菜。

那个时候他老婆做完早餐就没有中餐的米和菜，她经常去本地人店里面借一百两百来维持生活；胡志英因为睡眠不足，晚上开车运输材料，还翻了车，差点就死在半山腰……幸好他大难不死，才有了后面的奇迹……

胡志英说，他一路艰辛地走过来只有一个信念："有志者，事竟成。"

他终于成功了。

他公司每年的业绩都是稳中有涨；他虚心学习，真诚合作。他一路洒下血汗，他一直脚踏实地，才一步步走到今日的辉煌。

永远的"英通"！执着的胡志英！

英通五金制品有限公司凭借雄厚的技术力量和先进的生产设备，不断开发、生产各类符合中、高档市场需求的产品，目前他们已经和香港、国内外等40余家企业建立了长期合作关系。

英通五金制品有限公司在几年的创业中完成了原始积累。稳步发展的同时，胡志英思索着打造现代化企业的"良药妙方"。

他不断投资，扩大再生产。这样，东莞英通五金制品有限公司进驻香港发展，胡志英兼任香港英东五金制品有限公司总经理。“英通”与“英东”正阔步迈上企业集团发展轨道，深得同行们的赞赏与肯定。

感恩故土爱无限

一名 80 后的成功企业家，不忘感恩社会，承担社会责任，是非常难能可贵的。胡志英一直抱着感恩的心来面对身边的人，在生意场上也是一直用感恩和共赢的心态去合作，他的价值观就是取自于社会，付之于社会。如今，胡志英与他的东莞市英通五金制品有限公司受到社会各界的关注和赞誉。

胡志英是山区农民的孩子，曾经读书成绩非常好，只是因为家里非常贫穷，而辍学南下广州打工。他不希望品学兼优的贫困学子走他的老路。所以他决定拿出一部分资金赞助贫困学子，直至他们大学毕业。希望这善举，能够改变他们的人生轨迹。希望他们成才，以后感恩回报社会。胡志英关爱贫困学子的善举，为他们插上了梦想的翅膀。

迄今，胡志英已资助 20 个贫困学生顺利完成或正在完成大学学业。此外，他还资助了好几个贫困家庭的中小学生。他说：“我资助一位学生算不上大事，但孩子们失去学业，不管是对孩子个人、家庭还是社会都是极大的遗憾。”

笔者为胡志英做了个粗略的统计，自他创业至今，用于敬老、助残、助学、支灾以及支持其他公益事业的捐赠总额已达 100 多万元。

大海逐浪，百舸争流。“历尽天华成此景，人间万事出艰辛。”胡志英这位脚踏实地、艰苦创业的年轻人是追逐梦想的楷模，他留下的一串闪耀着奋斗火花的足迹，是找不到休止符的。这位干事创业、有所作为的年轻爱心企业家一直在追逐着扩大再生产的梦想。35 岁的他与他的全体员工们必将把英通梦、中国梦的瑰丽蓝图，描绘得异彩纷呈……

爱心企业家汤正华：

干事创业立潮头，风华正茂志晔梦

◐向　往

在深圳龙岗大运主场馆的中心地段，坐落着一家正在崛起的企业——深圳市志晔纺织有限公司。这是一家集研发、设计、生产、销售于一体的国内最早涉足纺织行业的企业，拥有固定资产一千多万元，年创产值近两千二百万元……

这家欣欣向荣、蓬勃发展的企业，与一个人的雄才大略息息相关。

他，就是深圳市志晔纺织有限公司总经理汤正华。

脚踏实地筑梦想

当记者走进汤正华办公室采访的时候，他正在与员工研讨公司创新技术问题。脚踏实地、年轻有为的汤正华，这是他留给我们的第一印象。

汤正华，1983 年出生于湖南省溆浦县双井镇新塘村，2000 年毕业于溆浦职业中等技术学校，毕业后从事纺织印染工作。他先从最基础的操作工开始，在每一个岗位一直抱着成长，学习的心态去面对，做好分内的事后主动积极去到更高一点的岗位去实践提升自己，短短 3 年时间就成为生产车间最年轻的基层管理人员。

2007 年，汤正华抱着换一种工作方式的态度，从生产岗位踏入销售岗位，从开始迷茫无助到成长为销售部门的负责人。

汤正华说，他一路艰辛地走过来只有一个信念：就是人，可以白手起家，但不可手无寸铁。他经常说：我的铁就是脚踏实地，任劳任怨，勤劳务实。

从 2011 年成立到现在的深圳市志晔纺织有限公司，每年的业绩都是稳中有涨；2014 年参加溆浦广东创业群，他虚心学习，真诚合作。他一路洒下血汗，一直脚踏实地，一步一步走到今日的辉煌。

长风万里送鲲鹏

庄子曾经说过，浅水是载不起大船的，一杯水洒在地上，只能漂起草叶。风的积累不厚也载不动大鹏的翅膀，只有九万里的长风，才能托起鹏飞九天。

志晔公司是一家纺织品综合经营企业，拥有固定的胚布生产基地及印染、印花加工基地，主要生产各种规格的全棉织物、纯麻织物、混纺织物、弹力织物等染色、色织、印花梭织类产品。

公司凭借雄厚的技术力量和先进的生产设备，不断开发、生产各类符合中、高档市场需求的产品，目前他们已经和国内 40 余家中高端男、女装品牌建立长期合作关系。

志晔在几年的创业中完成了原始积累。稳步发展的同时，汤正华思索着打造现代化企业的“良药妙方”。

“永远的志晔”铸刻在合作伙伴们和消费者的心中，铸刻在每个员工心中。他不断投资，扩大再生产，这样，志晔正阔步迈上企业集团发展轨道，深得同行们的赞赏与肯定。

感恩故土爱无限

一名80后的年轻、成功的企业家，不忘感恩社会，承担社会责任，是非常难能可贵的。汤正华一直抱着感恩的心来面对身边的人，在生意场上也是一直用感恩和共赢的心态去合作，他的价值观就是取自于社会，付之于社会。如今，汤正华与深圳市志晔纺织有限公司受到社会各界的关注和赞誉。

2014年末，汤正华同母校溆浦职业中等技术学校对接，开始资助贫困学生；2014年12月，资助溆浦聋哑儿童学校；2015年1月参加广东怀化商会并赞助参会人员每人一条丝巾（300条），价值50400元；2015年2月参加在溆浦举办溆浦广东创业群年会并赞助600条围巾，价值80000元；2016年年底，大力赞助湖南读书会爱心活动……

2016年6月，他时刻关注母校应届毕业生的就业情况，当汤正华知道有几名因年龄和身高不能正常就职的学弟，连夜联系用人单位及安排在自己公司，妥善安排母校应届毕业生就业。

2016年9月，汤正华利用身边资源在深圳布吉翠枫学样举办的大型公益活动，激发青少年感恩和搭建同家长，老师沟通的桥梁……爱人者必被人爱。汤正华深得母校，乡亲与社会各界人士的充分肯定和尊重。

“历尽天华成此景，人间万事出艰辛。”汤正华——这位脚踏实地、艰苦创业的年轻人追逐梦想的楷模，在他留下的一串闪耀着奋斗火花的足迹上，是找不到休止符的。这位干事创业、有所作为的年轻爱心企业家一直在追逐着扩大再生产的梦想。33岁的他与他的全体员工们必将把志晔梦、中国梦的瑰丽蓝图，描绘得异彩纷呈……

农民企业家荆刚：

180 斤黄豆背后的致富梦

◐林洪亿　红　帆

在美丽的江南，在烟雨思蒙，有一位用心血与汗水书写着自己多彩人生的执着的农家汉子。

他是一位地地道道的山里娃，父母是憨厚朴实的庄稼人。他从小被艰苦朴素、勤俭持家的精神熏陶着、感染着……他用自己的大爱情怀温暖着弱势群体，用自己勤劳的双手奏出了一曲曲雄浑激越的励志乐章。

他，就是爱心企业家荆刚，本名荆继仕，湖南读书会小作家微刊顾问，怀化读书会常务理事。1990 年，他走出大山，在溆浦县城做生意发家致富。

他，质朴、谦和、睿智、坚毅，执着……

如今，荆刚这个名字被越来越多的潇湘儿女喊得响亮，渲染得悦耳。

吃苦爱拼才会赢

荆刚的座右铭是“吃苦爱拼才会赢”，他一直以这个座右铭鼓舞自己，这座右铭成了他的阳光和所有能量的源泉，一直陪伴着他跨过一个又一个人生的坎，并最终抵达成功。

山如黛色，水似碧波，山水温润如玉的思蒙是湖南省溆浦县一个普通的乡镇。一个春末夏初的日子，新庄垅这个古老而诗意的村庄在思蒙的土地上葱茏绽放，荆刚就出生在这里。那是 1963 年，这里的山野还十分贫瘠，山民们过着传统的农耕生活，人情淳朴而真挚，人与人之间诚实、守信、重情、重义。荆刚在山野中成长，山村的人情之美在他心里根深蒂固，他从小耳濡目染养成的良好品德成为他一生用之不尽的宝贵财富。

1983 年的春天，荆刚遇见了一位美丽的姑娘向友桂，他对她一见钟情。甜蜜的热恋，花前月下，海誓山盟；80 年代的山村，虽然物质缺乏，爱情却是无比的纯洁、浓烈与深情。步入谈婚论嫁的日子，由于荆刚家里十分贫困，妻子向友桂的父母只提出拿 100 元彩礼下聘；在这个最低的门槛面前，在未来岳父母面前，荆刚低着头，羞红了脸。当年，在落后山村的贫困农民家庭，连 100 元也是一个天文数字。妻子向友桂默默擦干眼泪，说服父母双亲，从娘家拿来简单的生活用品，嫁给了荆刚。极度的贫困让这对新婚小夫妻一心想着要冲出山野，去外面的世界看一看、闯一闯。

1990 年，荆刚夫妻遇到了一个机遇，他们在县城经营豆腐小作坊的远房亲戚因故打算转让店铺。荆刚夫妻二人离开山村的黄土地，接下豆腐作坊，迈开了经商的第一步，开始探索并实践人生的创业梦想。“不积跬步，无以至千里。”小小的豆腐作坊，由于荆刚、向友桂二人厚道、善良的为人，向友桂精致、干净的手艺，让豆腐作坊的生意很红火，半年时间，他们夫妻已经赚到 180 斤黄豆。虽然，180 斤黄豆对于现在的很多人来说只是不起眼的一笔小收入，但在当时的荆刚夫妻眼里，这却是他们人生的一个转折点。当时，180 斤黄豆是他们夫妻经商路上赚到的第一桶金。

180 斤黄豆让荆刚夫妻在贫寒的生活中看到了致富的希望，他们更加勤劳、乐观。那时，小家庭已有两个儿子，一家四口一边和和美美、幸福满足地生活着，一边划算着未来的发展之路。1991 年，荆刚与向友桂商量，他们是山里人，靠的是勤劳，讲的是仁义、守信；城里人缺绿色、生态的农产品，他们夫妻二人打算把山里绿色无污染的农产品运到城里来。20 世纪 90 年代初期，很多山村不通公路，荆刚常常是担着将近 200 斤的高山蔬菜往返于崎岖蜿蜒的山路上，肩膀磨破了皮；傍晚回家时，妻子向友桂心疼不已，流下了眼泪，哽咽着说：我们不做这个苦差事了，人这样辛苦，每天赚到的也只有剩下来的蔬菜。每到这个时候，荆刚就安慰妻子，苦和累只是暂时的，再说，做生意也不仅仅是为了赚钱，还要积累好名声，这样以后的路才会越走越宽。

诚实、仁义、宽厚、重情是我们这个时代最难能可贵的品质。荆刚在商海里摸爬滚打，一直保留着这些美好的品质。任凭岁月变迁，流年匆匆，任凭都市喧嚣与商海沉浮，他不忘初心，思蒙新庄垅流回洞那些山村人情的淳朴禀性一直伴随着他。90 年代中期，荆刚夫妻尝试着经营鱼类生意。有一次，一位客人在他家买了鱼后，多给了 100 元钱，人就匆匆走了，荆刚发现之后骑着摩托车追赶，把 100 元钱当面退还。客人因为 100 元钱认识到荆刚人品的厚重淳朴，他决定利用自己的资源帮助他经营甲鱼的生意。此后，荆刚的生意越做越大。目前，荆刚夫妻经营的农产品有大米、蜂蜜、干红辣椒、干鱼、腊肉等绿色原生态的优质产品。

如今，50 多岁的荆刚夫妻在县城南经营两个门面，两个儿子都已经成家，儿媳孝顺懂事，他们夫妻已是满脸喜悦的爷爷奶奶，4 个孙子、孙女常常承欢膝下，俨然中国传统的幸福大家庭。看着老伴和儿孙，妻子向友桂眼里满是爱意与温柔，她对笔者说，还是好人有好报，我们夫妻经商几十年，赚的都是良心钱，经营农产品，我们严把质量关，因为这都是要吃进肚子去的。为了把腊肉的品质做到最好，荆刚在 90 年代，都是到沅陵老山界去收购喂养猪草的土猪，那时不通车路，土猪肉全部是用马驮着运送下山。熏制腊肉的柴火他们也十分讲究，都是用茶油壳或者杂木柴来熏制。如今，交通方便了，夫妻二人省心不少，猪肉都是两丫坪和均坪的农户送过来，但是夫妻俩坚持的原则不会变，必须是吃猪草和五谷杂粮的土猪。

人无信则不立，业无信则不兴。荆刚凭借山里人的诚实、仁义、守信、重情，一步一个脚印，走出了一条致富之路。他们夫妻成功的故事生动诠释了社会主义核心价值观的永恒魅力。

真爱编织感恩情结

荆刚在自己事业蒸蒸日上的时候，从来不忘感恩父老乡亲，回报社会。他从来不忘记自己是一位庄稼人的儿子，骨子里一直沸腾着大爱的热血。他认为一位企业家应该回报社会，关爱弱势群体。他告诉笔者：一个人的美丽人生不是取决于你拥有什么，而是取决于你曾经帮助过多少人，为社会做过哪些有价值的事情。

2015 年，他为村里修太极山寺庙捐了 8000 元；2016 年，为村里修篮球场捐了 1500 元；2018 年，他为全国中小学贫困学生捐赠免费营养餐奉献过爱心；2019 年 5 月，他为湖南读书会签约小作家捐赠价值 3000 元的励志书籍。

荆刚为了实实在在帮助更多的乡亲，他还自学医学，精通被蛇咬伤的医术。他利用自己多年的医治经验配制了秘方，不计报酬救活了被毒蛇咬伤、生命垂危的乡亲 800 余人，同时也治好了不少风湿患者，深得村民的信赖与赞赏。

荆刚微笑地对笔者说，每次看到被自己帮助过的孩子和乡亲们充满快乐的笑容、感动的书信，他都会觉得好开心，好幸福。他期盼也相信孩子们长大了也一定会用爱回报这个社会，用自己的爱心力所能及地回报社会，帮助更多的人。

他期盼让爱继续蔓延……

第三辑

桃李芬芳香满园

最美教师舒微：

玉壶存冰心，朱笔写师魂

◐ 朱梦斯

梁启超的《少年中国说》中有一段："少年智则国智，少年富则国富，少年强则国强，少年独立则国独立；少年自由则国自由，少年进步则国进步，少年胜于欧洲则国胜于欧洲，少年雄于地球则国雄于地球。"如果说少年是国家的未来，国家的希望，那么老师就是启蒙、教育、引领一代又一代少年成长的脊梁。本文的主人公舒微就是这样一位好老师，同时还是一位爱心使者。让我们从她一串串闪光的足迹里捡拾几朵小花，以芬芳我们的心田。

重回母校，播种希望

老师，是舒微挚爱的职业，大学毕业之后，舒微就选择回到自己的家乡成了一名英语老师，由讲台下的学生变成了讲台上的老师。在职业中专做了4年英语老师之后因为能力突出，她如愿以偿地调到了自己的母校溆浦一中，再次回到熟悉的校园，舒微心里抑制不住的激动，这里的一花一木，一砖一瓦，一桌一椅都散发着熟悉的味道，一时间她沉醉在这沁人心脾的芬芳中。

她想起当年一起努力为高考拼搏的小伙伴们如今已各奔前程，熟悉的校园已物是人非，她不禁感慨万千，时间如白驹过隙，转眼亦是数年已过。

"丁铃铃，丁铃铃"，一阵下课铃声把她的思绪拉回了现实，三三两两的学生手挽着手从她身边经过，脸上洋溢着他们这个年龄独有的朝气与蓬勃，"老师好！"走过去的学生并不认识她，还是礼貌地跟她打招呼。舒微先是一惊，然后笑了，啊，这就是她以后要教的学生，是她要亲手点燃的火花。他们是如此的活泼可爱，他们的未来充满了希望，而她有责任和义务为他们的未来增添更多的希望与光明。此时，一颗种子已经在她心里深深地埋下了。

沉心打磨，初见成效

再回到学校，一切都是熟悉的，一切又都是陌生的；熟悉的是环境，陌生的是老师这个行业。坐在讲台下面听讲和站在讲台上面讲课完全是不同的感受，需要的也是完全不同的心境。初次站上讲台，面对讲台下面一双双充满求知欲望的眼睛，舒微瞬间觉得肩上的责任更加重大。作为一名年轻的英语老师，虽然在读大学的时候打下了比较坚实的基础，对于平时的基本课程感觉压力并不大，但是她并没有停止学习，她利用课余自学完成了英语研究生专业的所有课程。

她一直认为，只有自己拥有扎实的英语底子，才能满足学生的求知欲望。除了提升自身的专业素养，舒老师深知要将这些知识传授给学生还要有一些独到的方法。在课堂上，她幽默轻松，深入浅出，总是能把一些难于理解的英语语法和课文变成一个个生动的小故事。许多学生说舒老师上课氛围轻松幽默，他们的积极性都被带动起来了，听过舒老师的课总会有种豁然开朗的感觉，以前觉得难学难懂的英语竟然如此有趣。经历了刚成为老师时的忐忑与不安，到后来在讲台上游刃有余，舒老师心里的种子已经开始生根发芽。

厚积薄发，独辟蹊径

舒微老师还是高三年级的班主任，作为重点中学重点班级的班主任，面对的压力自然高于其他班级。作为经历过高考的过来人，她明白高三学生面对高考时的压力与焦虑，她没有采用高压政策逼学生埋头苦读。而是另辟蹊径，她坚持用思想品德教育来促进学习成绩的提高。

自 2012 年以来，她经常带领学生参加社会公益活动，为社会献爱心，她所教班级成立了爱心基金。近 4 年来，她组织学生到县聋哑学校看望残疾儿童，与他们开展联欢活动，并看望过三户贫困家庭的贫困学生，给他们送去文具书包，在精神上鼓励他们。

这些课外活动不仅没有耽误学生们的学习时间，反而有助于他们舒缓紧张与压力，有益身心健康，让他们的学习效率大大地提高了。舒老师说，她作为一个老师，作为一个班主任，不仅仅要传道授业解惑，更要发自内心地关心爱护学生，了解他们真正的需求，因材施教，帮助他们树立正确的人生观、价值观、世界观，她的学生不仅要学习成绩好还应该具备完整健全的人格。经过不断地实践与磨合，时间和汗水将舒老师心里那颗幼苗培育成了枝繁叶茂的大树。

呕心沥血，桃李天下

一位好老师，胜过万卷书。对于基础特别差的学生，她还牺牲休息时间为他们补课，她不曾放弃任何一个学生。舒微老师用她赤诚的爱唤醒了多少迷茫，哺育了多少自信，点燃了多少青春，催发了多少征帆，她自己可能都已经记不清了，然而一些具体的数字却也能够帮助我们知悉其中的一部分。

2013 年高考，她所任教的班级共考取重点本科生 44 人。她所辅导的学生王孟环在 2012 年全国英语能力竞赛中荣获全国一等奖，她所辅导的学生周雅萍在 2013 年全国英语能力竞赛中荣获全国二等奖。她本人也分别荣获 2012 年和 2013 年全国优秀英语辅导老师一等奖。这是能够用数字统计的部分，而那些背后看不见的付出却是无法计量的。

送走了一届又一届的莘莘学子，舒微成为老师的初心从未变过，时过境迁，种子还是那颗种子，只是形态已经成了大树，开花，结果，埋在泥土里的根越扎越深，向前的脚步越走越扎实。功夫不负有心人，付出总有回报。2015 年她撰写的论文《如何提高高中学生英语阅读能力》获省一等奖；2012 年她撰写的论文《中学英语课堂教学新概念之初探》获省二等奖。舒微老师得到了领导、老师、学生和家长的认可与赞许。2014 年、2015 年、2017 年她被评为优秀共产党员，2011 年至 2016 年每年评为优秀班主任，2013 年巾帼建功模范。

爱心使者，传播温暖，传递爱

作为一名老师，舒微具备过硬的专业基础，为学生们传播知识，她虚心、坚韧、温和，对工作充满热情，对学生关爱备至，在工作中得到了学生和学校领导的一致认可和高度赞许。

在工作之外，舒微老师还会积极参加社会公益活动。2013 年她为卢峰镇镇中学生献爱心，自己掏腰包为学生购买了书籍和文具。2014 年她带领学生们一起前往县三杰学校给留守儿童送去了书籍和文具。2015 年她前往偏远的岗东学校献爱心，送去了书籍和文具，还与两位山区留守儿童结对子，从物质与精神上给予他们无微不至的关怀。

舒微老师为偏远地区、留守儿童送去的温暖和爱心在这些学生心里播种了希望，让他们感受到了来自社会的善意与温暖，这份善良与爱也如一抹暖阳温暖了那片山，那片地。

"教育者不是造神，不是造石修，不是造爱人。他们所要创造的是真、善、美的活人。真善美的活人是我们的神，是我们的石像，是我们的爱人，教师的成功是创造出值得自己崇拜的人。老师之最大的快乐，是创造出值得自己崇拜的学生。说得正确些，教师创造学生，学生也创造老师，学生老师合作，而创造出值得彼此崇拜之活人"。这是我国近现代著名教育家陶行知先生讲过的一段话。

舒薇老师首先将学生看成一个人，注重培养他们的德，然后再是一个学生，努力开发他们的智，用自己的光照亮一批又一批溆浦一中学生前行的路，平凡厚重的师德便是这般丝丝入扣，润物无声。作为老师之外的爱心使者，舒微用自己的热忱温暖了大山深处的孩子，温暖了身边的莘莘学子，留下了一串串闪光的足迹。她始终坚信只有自己发光发热才能照亮他人。

"最美英语教师""优秀班主任"，市县的"先进教育工作者"，这一缕缕美丽的光环与她的一串串阳光言行，真正诠释了年轻美丽的舒微老师"玉壶存冰心，朱笔写师魂"的深刻内涵。笔者在此祝福舒微老师今后的人生更加灿烂辉煌。

浏阳优秀教师余振魁：

铁心山区教育卅余载，爱洒红土地

叶年洲　陈东红　聂　煜

教育精神弘扬好，师生同唱一首歌

讲台上，余振魁老师神采奕奕，热情地带着学生高唱："师生同唱一首歌，浏阳教育精神歌，实现教育总目标，教育精神是号角……"学生们跟着余老师满怀豪情地唱着。陪同采访的教育局干部告诉我们："这是岩中最先唱响的《浏阳教育精神歌》，由余老师作词、谱曲。"课后，我们问起余老师创作这首歌的意图。他爽快地说："我读了《浏阳教育》上局长、书记向全市教育工作者发出《大力培养弘扬浏阳教育精神》的倡议，这激发我创作的灵感。我想，要是把倡议浓缩成歌曲，让师生歌唱，效果不就更好么？把这歌编进德育校本课程，不就更加充实了其内容么？”我们被余老师的真知灼见及献身教育的激情所折服。

扎根山区苦中乐，铁心教育志不移

余老师已整整60岁。他当过机械兵，又是部队业余文工团团员。他能文能武，表现突出。1965年，他退伍回乡。之后，便成为一些单位抢着要的人才，但他不为所动。1968年2月，浏阳岩前公社教育专干找上门来请他去代课，他欣然应允，由此他成了岩前农中的教师。就从这时起，他立下从事山区教育事业，改变山区教育落后面貌的决心。岩中老校长邓轩栩告诉我们，30多年来，余老师先后在岩中、岩丰、同心、白溪、黄花冲等校执教过除英语以外的所有课程，担任过中小学校长、教导主任、政教主任、党小组长等，他执教科目的成绩一直排在学校和学区同年级前列。

岩前是典型的“老、边、穷”山区。“越是贫穷的地方，越需要振兴教育，越需要为山区教育献身的人。正是因为贫穷，很多外地教师都不愿进山来，即使来了，也是才干了两三年便想方设法走了。”余老师对山区教育的艰苦深有体会，他给我们讲起了自己在小学的情况：当时的同心小学是设在干沙湾一栋泥屋里的，教学之余，柴火自己捡，茶饭自己做，每天入夜一个人孤宿在小房里，就着微弱的煤油灯光备课改作业。在白溪和黄花两校，由于都是坟地上开荒就急筑起来的泥坯屋，熟睡中时有老鼠搔耳，暑热天醒来竟多次发现床脚上盘着蛇，连办公室、厨房里都常有蛇出没……这一切曾使余老师暗自犯过愁，但他扎根山区教育的心却丝毫没动摇过，他要让自己丰富起来，充实起来。课余，他带着孩子们清除卫生死角，把教室布置一新，出黑板报，办每日快讯，建立课外兴趣小组和红领巾互助监督岗等；他为差生补课，找顽劣生谈心，早晚家访，逢大雨接送孩子们。进岩中后，为了让新来的老师安心留下来，他把自己的工作房让出，冬天在办公室炉火旁休息，夏天以书代枕，几张坐凳拼凑成床……虽然那是一段艰苦的时光，但余振魁却努力为自己增添着快乐和荣耀，他成了学生和乡亲们最爱戴的老师。往后几年，县文化部门、不少大型厂矿企业纷纷上门诚聘余老师，他都婉言谢绝了。因为，改变山区教育落后面貌成了他的不懈追求。他不断完善自我，很快转为公办老师，不久就评聘为中级职称，加入了党组织，成了一名深受几代山里人称颂的优秀教师。

校本资源勤发掘，红土地上唱赞歌

作为教师，余振魁比农民更加热爱脚下这片红土地，他要从中挖掘出一种精神，这种精神可以让孩子们的现在与历史接通，用淳朴的心灵去开创未来。他在十多年的教学之余，深入采访，勤奋写作，编著成《红土地赞歌》一书，成了文家市初一的校本课程。这让余老师心里有着暖春一样的温润。他还创作了《毛泽东三次来文家市》《胡耀邦故居小唱》等乡土歌曲。在此基础上开发成《充分挖掘文家市德育资源，不断深化爱国主义教育，发展学生非智力因素》的德育教研课题，获得浏阳市教育科研成果二等奖。

余老师还热心为岩中等十多所学校创作了校歌。他是岩中校园文学的开拓者，校刊《校园采风》就是他 1982 年在学校任教导主任时亲自办起来的。1999 年，《校园采风》评为市优秀文学社团期刊，余老师获得市“中学文学社团优秀指导老师”称号。他执教语文，曾指导学生在县级以上报刊发表作品 40 余篇。最令余老师欣慰的是，2003 年 7 月，岩中文学社获得了“全国十佳优秀文学社团”殊荣。他执教音乐，为学校培养出一批批音乐特长生，他带的器乐队、合唱队、文艺演出队多次在镇、市中小学生艺术节中获得好成绩。

三十六载勇开拓，桃李芬芳慰心窝

余老师早在 20 年前就操劳成重型心血管神经官能症。本可以提早退休或离岗休息，但他执意干到退休年龄，为实现铁心教育、扎根山区的抱负画上一个完美的句号。

在 36 年教育生涯中，余老师立足农村教育，先后有《农村小学识谱教学改革》《五线谱“两标”识谱法》《引导学生投稿，推动作文教学》等四个教研课题获浏阳市、长沙市奖励。他曾获市“中学语文教学能力”和“中学音乐教学能手”称号。他先后被评为浏阳市“优秀教师”“教改教研积极分子”“长沙市优秀音乐教师”“长沙市优秀班主任”，多次被评为文家市镇优秀共产党员。迄今，他已在市级以上发表各科教研论文 60 多篇，他负责的岩中艺体组评为市“优秀教研组”，他任班主任的初 27 班是岩中最先荣获长沙市先进集体的班级……

在余老师简朴的家，我们翻看他珍藏的百多本荣誉证书，钦敬之情溢于言表。但余老师却不以为然，他说："最值得我引以为自豪的是显身华夏的众多学生。"是啊！余老师教出的学生中，科局级党政领导有之；科技人员有之；中学校长、书记有之；人民解放军师团干部有之；富甲一方的企业家有之……历数这些学生，余老师不无自豪地说："看到我遍天下的学生在各行各业为国家做贡献，我就自豪地感到自己几十年铁心山区教育的价值和生命的价值。"在翻看余老师珍藏的学生来信中，任深圳《证券时报》主编的刘少涛写道："余老师，学生的成长有您的一份功劳，老师的栽培，学生没齿不忘……"

采访中，余老师的大哥讲到他们的父母去世时四兄弟中就老三振魁没能为老人送终。我们问："你们兄弟能谅解他么？"余老师大哥感慨："自古忠孝难两全，平时我弟弟是孝子。父母病逝时，他忙于工作，没赶上送终，我们做兄弟的能体谅他。"岩中现任党支书，余老师的入党介绍人邓轩栩自豪地告诉我们："是块金子就得让它发光，尽管'文革'时期余老师曾被某些人蒙上了一层黄沙，俗话说'吹去黄沙始见金'，余老师是块闪闪发光的金子。"接过书记的话，校长又深情地叙说了近年来余老师廉洁从教、见义勇为、爱岗敬业、热心帮助年青教师等许多动人的故事。

采访将结束，我们见到了刚从花炮厂风尘仆仆回来的余老师妻子蔺爱华。她一边收拾家务，一边对我们说："学生就是他的命根子。"简单收拾完家务，她向我们讲述了丈夫丢下家中事务冒雨劝学、带病劝学，三更半夜去深山老林劝学，为贫困学生垫付学费，送衣物等桩桩动人的往事。我们问："他这样顾校不顾家，你支持么？"接过话茬，余老师当着我们夸起了妻子："怎么不支持呢？我这百多本荣誉证书就有一半功劳应归功于她。"

……

"是此生有幸，充数园丁。卅余载，白发生。看当年学子，显身华夏，费唇舌，无名利，亦悦欣。

志犹壮，意正浓，抛却荣毁与寒温。况时逢盛世，普天欢庆，人意泰，齐奋进，莫因循。"

采访归来，我们反复吟诵着余老师的这首花甲抒怀词——《调寄·献忠心》。

余老师的奋斗历程，不就是一首浏阳教育精神的赞歌么？

溆浦优秀教师龙香梅：

花若盛开，蝴蝶自来

◐ 何燕玲

龙香梅，像一粒种子，在29年前随着爱情之风飘落在溆浦这片土地上，在这里生根、发芽、开花、结果。在溆浦教育领域里，开成了一朵灿烂之花。

久住他乡为故乡，三尺讲台写春秋

龙香梅出生在美丽的安江，大学毕业因为爱情她来到了溆浦，1989年她与丈夫一起被分配到江东中学，她带着青春、满怀激情、毫无怨言地投入工作。1990年她被调到庄坪中学，在那里她工作认真，潜心钻研，教学成绩优异。1993 年她被调到桥江镇中学，良好的教学环境，优秀的教学团队，给了她快速成长和展示才能的平台，在这片温暖的芳草园里，她的汗水艳了桃李。2001 年她来到了溆浦一中，一直工作到现在。良好的平台成就优秀的人才，睿智的人才打造更好的平台，她与溆浦一中就是这种相互促进的关系。她来溆浦从事教育工作 29 年之久，每到一所学校，她都能播洒爱心，收获友谊；勤于耕耘，硕果累累。她把青春献给了溆浦的教育事业，把爱心献给溆浦的莘莘学子，在她心里早已把溆浦当成了家乡。

深入浅出，匠心独具

龙香梅是一位高级教师，授起课来得心应手，出口成章。“师者，所以传道授业解惑也”。龙香梅在授业方面下了一定的功夫，她每上一堂课之前都备好课，备教学方法与技巧及课堂艺术，弄清楚这节课老师要讲些什么，学生要掌握什么，用什么方法与技巧让学生听起来通俗易懂，还能掌握牢固。多年来她结合教学内容和学生的特点，改革传统的教学模式，创造了一些新的教学方法。例如：关键词连句法：军民教育（洋务运动的内容），四公民废债奴制（梭伦改革内容），三个变化两个开端（鸦片战争的影响）……这些方法能让学生在课堂内快、准、牢地掌握所学的新知识。对抗讨论法：每次讨论前，她设计一个学生感兴趣的题目，把学生分成正方和反方两大组，要求每个人都按照题意写成小论文或辩论稿，课堂对抗辩论时、各方派出 4 名代表进行辩论，辩论场面十分激烈。美育渗透法：历史学科有着丰富的美育资源：《宋孩儿枕》，李白《望庐山瀑布》，旗袍、中山装等，她能抓住学生的特点，因势利导，将美育深植于历史知识的教学中，用美感化学生的心灵，让他们在美的熏陶中增强学习兴趣，获取历史信息。

看看正在读大学的舒俊杰是怎么评价龙香梅老师上课的：

“‘舒俊杰，请简述西方资本主义世界市场形成的过程……’这时被龙老师抽中的我不知所措，反而非常流畅地背诵出来。这样的场景每节历史课都会上演，抽中的学生会有不同，但是结果却是如同复制般地流畅背诵。历史从龙老师那里出来，她就像是在和你唠家常一样，非常的有趣和真实，她仿佛有种魔力，会把历史书里的知识从她的手里变成一幅幅生动的画卷，让历史重演在课堂上，通俗地讲就和看电影一样。”

班主任工作有口皆碑

龙香梅的班主任工作是有目共睹的，领导记在心里，同事看在眼里，在家长的口碑里，在学生的日常体会里。

2017 年下学期由于她年龄的原因，想让年轻人有机会挑起重担，刚休息了半年，在 2018 年上学期又被向仁山校长请出山担任重点班班主任，向校长是个惜才之人，他要把好钢用到刀刃上，向校长这样评价龙香梅老师："工作细致，讲话得体，学生工作做得到位，从不把班上的事情推给德育处。"

同事对她的班主任工作更是赞不绝口，年轻的班主任都诚恳地向她请教，她耐心、无私地给予帮助并且细致到教会他们怎样处理班级突发问题。就在去年下半年不当班主任期间，同事这么对她说："龙老师，你不当班主任是一中的一大损失。"

学生舒国熙的妈妈说："这段时间舒国熙学习积极主动了，以前从来下晚自习不肯再花时间学习，最近每天晚上晚自习回家都要学习一会儿再睡，让早点休息都不肯，龙老师在调动学生学习主动性和积极性方面真的有一手。"又说："您是我儿子的贵人，国熙能有现在的成绩，您功不可没。"

在中国人民大学读研究生的向昱蓉在给龙老师的来信中写道："……很幸运高中时期遇到如此亲切优秀的班主任。早上跑操很辛苦，龙老师总是很早就来到我们班的队伍前陪着我们跑。自习结束已是深夜，龙老师还时常下寝室，关心学生的生活，为学生排忧解难。无论寒冬炎夏，从早到晚，总有龙老师操劳的身影。在龙老师的带领下，我们班始终团结向上，学习氛围浓厚，班级凝聚力强。"

一位即将走上教师工作岗位的学生向李娜在给龙老师的来信中说："……感谢您当年在别的老师都放弃了我的情况下，接受了我这么一个在教室里从没醒过，终日不干正事，老是惹事还屡教不改的坏孩子……如果当初不是您的不放弃，如果当初没有您的宽容，现在的我连二本都考不起，甚至连高中都不能毕业。老师，面对高考是您拉我出深渊，让我有现在……希望龙姐姐身体健康……"

一声"龙姐姐"足以证明她与学生们心与心之间的距离有多近，她是良师、是益友，是人生的灯塔，让学生们的人生有了前进的方向。她是春风化雨的使者，在她的花圃里，经她精心地栽培与浇灌，枯木也会发芽。

有的学生叫她“龙妈妈”，可见她对学生付出了多少爱，爱生如子，为师如母。一声“龙妈妈”就是对她班主任工作的高度评价。“我要当龙老师那样的班主任”，这是卢峰镇中彭利斌老师说的，这语言朴实无华，却掷地有声，是发自肺腑的声音，从内心深处表达了一个学生对老师的钦佩和敬仰。

真心托日月，桃李吐芳华

都说儿子是父母心中的太阳，女儿是父母心中的月亮。怎样让太阳更红，月亮更亮，让孩子们拥有智慧的人生，就离不开班主任的引导，龙香梅就是那个真心全力以赴将学生高举过头的人。她一生中都在用心地做一件事，做一个好老师，当一个好班主任，她竭尽所能地托举她的每一个学生，她不仅传授学生知识，还教会学生怎样做人。一批批学生在她的抚育下，健康成长，带着她的教诲和温暖，像漫天花雨飘洒在天南地北，润泽他们脚下的那一片土地。28 年的班主任工作，她已是桃李满天下，如今有的已是政府官员，企业工程师，公司管理高层精英，大学教授等，他们在各自的岗位上干得有声有色。

勤于耕耘，硕果累累

龙香梅有 28 年班主任工作经历，她温婉娴静，对待学生宽厚平和，总是以期待的心理、鼓励的眼光看待每一个学生，兢兢业业、默默履行着班主任及任课教师的职责。天道酬勤，一分耕耘一分收获，她付出了辛勤的汗水，收获了丰硕的果实。教学上她总有独特的教学秘诀，会让错综复杂，信息量庞大的历史在学生面前变得简单有趣。她自参加工作以来，曾多次参加县、市级以上教学比武，每一节精彩的课堂教学都让她载誉而归，每次都荣获县、市级一等奖。

“花若盛开，蝴蝶自来。”29 年来，龙香梅工作上尽职尽责，深得师生好评，她是溆浦教育界一朵盛开的花，荣誉如蝶纷至沓来，她曾多次被评为县级优秀班主任和县级优秀教师，还荣获溆浦县“巾帼建功”模范称号。

千言万语也说不完龙香梅老师对溆浦教育所做的贡献。她在溆浦教育界就像是一块宝石放在了合适的位置，散发出一道耀眼的光，希望这道光能照亮更多的人!

优秀青年教师杨国华：

执着的筑梦男儿

◐ 湖南读书会

朝气蓬勃，聪慧机智，思维中似乎永远保留着物理老师的气质和特色；温文尔雅，执着筑梦，眉宇间时时透着班主任的风采与魄力；迅疾，快捷，工作上像一匹开足马力的运作机器——这便是溆浦一中青年教师、优秀班主任杨国华给他身边的人们留下的一张张“工作和生活照”。

扎根溆浦，播撒希望

杨国华 1982 年 1 月出生在怀化黔阳的一户普通的农民

家庭，父母含辛茹苦劳动希望他长大成为有出息的人，来回报家乡父老。他从小学习认真刻苦，成绩一直名列前茅，深受老师同学的喜爱。2004 年 7 月，他以优异的成绩毕业于湖南师范大学物理与信息科学学院物理学专业，父母一直希望他回家乡工作，他却对溆浦有一种特别的情结，喜欢这一片红色的土地。他心中一直有一个梦想，要把自己的一切奉献给溆浦的孩子们与父老乡亲，奉献给教育事业。于是他说服了父母，于 2004 年 8 月入职溆浦县第一中学从事物理教学工作与班主任工作至今。

时间表上，没有空白

杨国华老师投身工作以来，他的时间表上没有空白。

清晨，在悦耳的起床铃声后，无论风霜雪雨还是夏日炎炎，他都按时陪着学生做操跑步，利用吃饭的时间与学生一起沟通交流，做心理辅导；中午或课间时间，他辅导学生功课，一道道难题在他的认真讲解、耐心教诲下迎刃而解……晚饭后，他成了学生们的战友，一起在学校的塑胶跑道上驰骋，在篮球场上穿梭……课上他是学生的严师，课余他是学生们的朋友，深夜他等班上的学生都关灯就寝后，他才拖着疲惫的身子回家，回到家，妻儿父母都已经进入梦乡。

每每望着熟睡的家人，杨国华心中除了满满的感激，还有许多愧疚。他感激家人支持他，理解他……他愧疚他的时间给家人的甚少。

不断充电，梦想成真

杨国华不仅是一位优秀的老师与班主任，而且是一位有梦想有追求的热血男儿。他在做好本职工作的同时，从来不忘记给自己充电。他利用业余时间进行学习，除虚心向有经验的同事学习外，还积极参加各种培训与科技创新比赛。

苦心人，天不负。2008 年暑假，在怀化市英特尔未来教育培训中，他被评为“优秀学员”，课件制作作品被评为“优秀作品”；2008 年 10 月份，在湖南省第二届实验创新大赛怀化区预赛中荣获特等奖，并代表怀化参加 11 月份在长沙举行的决赛；他的《“验证动量守恒定律”实验的改进与创新》表现非常出色，再次荣获特等奖。

2010 年，他在学校师徒结对片段教学中表现出色，《自由落体运动》荣获一等奖。

2011 年，他的《磁现象和磁场》课件在湖南省第五届信息技术与学科课程整合“三优联评”活动中获教学课件一等奖；《磁现象和磁场》教案获教学设计二等奖；在株洲举行的湖南省高中通用技术课堂教学竞赛中荣获二等奖。

2012 年 6 月，他的《自由落体运动》教学设计荣获湖南省教育教学改革发展优秀成果奖三等奖；同年 10 月，他在怀化市实验创新大赛上，凭借《用放电描点法探究平抛运动》一课，荣获一等奖；同年 11 月，他获得全国高中物理知识竞赛优秀指导老师一等奖。

2013 年 5 月，在北京吴松年教授指导的溆浦一中开放周活动中，他所上的《探究碰撞中的不变量》展示课和《浅析物理教学中如何有效导入》教学论坛，表现出色，获得了听课老师的一致好评和吴松年教授的赞许。

2014 年他任教的高三 13 班，总人数 59 人，二本自然上线 50 人，仅 9 人没有二本上线，超过学校的二本任务 8 人，圆满地完成了学校布置的各项任务。

2004 年、2014 年度被评为溆浦县优秀教师。2016 年，他参加了溆浦县“同课异构”教学比武活动，《带电粒子在电场中的运动》示范课被评为优质课。他指导的高三 11 班翟艳林同学获得了全国物理知识竞赛二等奖的好成绩。

2017 年他教的高三 11 班实验班 30 人全部考上重点本科……

面对成绩，杨国华总是不骄不躁，低调做人，不忘感恩。他对笔者说：取得这些成绩与学校领导的大力支持和学校同事舒清铁老师的帮助以及物理组组长刘喜心的指导是分不开的。在此，我们不但可以感受到杨国华梦想成真的朵朵馨香，同时也感受到他的人格魅力。

奉献爱心，回报社会

杨国华不光把满怀的爱奉献给了学生，还把爱延伸到了社会与弱势群体。

从 2005 年至今，他多次参加无偿献血活动，这几年累计献血 2300ML，被湖南省卫生厅评为无偿献血奉献奖铜奖。

他还多次带领学生去敬老院、五保户、优秀退休教师家慰问看望。他把积攒下来的微薄工资捐献给他们，还让学生们表演节目，给老人们带来精神上的愉悦与心灵鸡汤。老人们愉快灿烂的笑声与学生们的笑脸，给了他莫大的欣慰。

我们不知道杨国华老师心中的梦有多少，能够实现的概率是多少，但我们坚信，他与许许多多筑梦的人一样，只要执着，辛勤付出，终会五彩斑斓。

重庆优秀教师谢彦：

一盏永不熄灭的明灯

梦　斯

在大海上，船儿有迷失方向的时刻，是灯塔为它指明了方向；在天空中，飞机迷失了方向，是导航系统使它重新飞上正确的轨道；在我们生活中，我们也有迷失的时刻，老师就像一盏永不熄灭的明灯指引着我们奋发向上。

言传和身教并重

老师在我们的成长过程中是个非常重要的角色。小学老师对小学生身心健康的发展、价值观的树立等都有着不可估量的影响。小学生因为年龄小、心智发展不成熟，所以小学老师在教学方式上也应该因材施教，因人而异。

谢彦是重庆含古小学的一名小学老师，多年丰富的从业经验告诉他对待小学生不仅仅要教给他们知识还要促进他们身心的健康发展和树立良好的道德品质，而要做到这点不仅仅要言传，身教也同样重要。

有很多小学生握不好笔，写不好字，谢老师就自己端端正正地坐在课桌前，认认真真地写好一横一竖，一撇一捺。学生们看着老师的样子和写出来的漂亮字纷纷有模有样地学起来；谢老师看到班上一些同学对于背课文很吃力，他没有责骂课文背不出来的同学，而是自己在将课文背得滚瓜烂熟之后带领同学们一起朗读背诵；班上的同学大多是重庆本地人，说重庆本地方言说习惯了，谢老师自己便在校内校外与学生的沟通上坚持说普通话，并且纠正学生们的发音，让他们体会到说普通话的乐趣，他们从此打心底爱上了说普通话；学生们写日记总是三分钟热度，写了几天就放弃了，谢老师就每天第一个写好日记并且贴在“小小写作家”里面，在谢老师的影响下，学生们写日记的热情高涨，并且学着老师坚持了下来。

小朋友们开始做卫生的时候做得不彻底，谢彦老师就自己拿着工具带着小朋友们把教室里面的角落都打扫一遍，一边打扫一边教学生们应该怎么做。有了老师亲身做示范，学生们自然不敢懈怠，谢老师班的教室总是学校里面最干净整洁的。写字、背书、说话、记日记、打扫这些都是学生们再日常不过的事情，也是老师年复一年要面对的事情，对于这些事情谢老师从来没有看轻过，始终以身作则，如明灯一般指引着学生。

教师是人类灵魂的工程师，老师传授的不仅是知识还有为人处事的道理，好老师的标准是什么，每个人心中都有一杆秤。在谢老师看来，每个老师都有值得学习的地方，能改正自己的错误，认识自己的不足，充实自己的知识，培养正确的人生观、价值观、世界观，这样的人自身也很优秀，毕竟教师的一言一行，政治态度，思想作风，道德品质，治学精神，行为习惯，都对学生有很深的影响。在学生身上往往能看到教师的“影子”，教师的思想行为，都要接受自己学生的检验，教师对学生的影响，不仅取决于他的言教，而且还要取决于身教，只有严于律己，才能以身作则，站立三尺讲台。

学校教育和家庭教育并重

“一个孩子的失败，对一个教师来说，只是几十分之一的失败，但对于一个家庭来说，就是百分之百的失败。”父母是孩子的第一任老师，家庭教育在某种意义上来说先于学校教育，在时间和空间的利用上也优于学校教育。家庭教育和学校教育应该放在同等重要的位置。

为了更好地了解学生和帮助学生家长做好家庭教育，他每天都给学生家长发送信息和分享有利于促进家庭教育的信息，包括每天的家庭作业、科学育儿、科学哲理、美文美句等，涵盖范围非常广。现代科学技术的发展极大地拉近了人与人之间的距离，提高了信息传播的速度，这样有利于家长和老师，家庭和学校之间的沟通交流，及时了解学生的生活思想动态，合力为学生营造一个和谐明朗的成长环境。

每个周五下午，谢老师还会去学生家里进行家访，然后在博客更新家访日记。谢彦老师每周都会亲笔给学生家长写一封书信，然后打印出来，每个孩子发一份，让孩子带回家给家长阅览，书信的主要内容就是如何做好家庭教育；谢老师每周五都会邀请几位家长走进自己的语文课堂，让家长们现场听课，以更好地了解孩子的学习状况和在学校的表现，更有利于做好家庭教育。每月末谢老师还会组织家长和学生开展“家校联谊爱心活动”，亲子活动的开展让学生们有机会亲近大自然，体会劳动的辛勤，最重要的是让这些平日里忙于工作而忽视了与学生进行沟通交流的家长得到了与自己孩子亲密沟通交流的机会，看到孩子不一样的一面，体会家庭的温馨。

一分耕耘，一分收获。谢彦老师撰写的微型课题“教师如何主动有效地加强家校联系”的总结论文《1+1=90》荣获由中国教育报和中国教育学会中小学德育研究分会共同举办的2010年度“全国中小学和中职学校思想道德建设优秀成果展评活动”（第八届小公民思想道德建设实践创新活动）班主任工作类优秀成果一等奖。谢彦老师注重学校教育和家庭教育的做法也得到了评委的认可，被活动组委会授予“青年教师科研创新奖”荣誉称号。重庆市九龙坡区教师进修学院江涛书记还特别邀请谢彦老师为九龙坡区中小学第四届骨干班主任培训班学员做了关于“家校沟通”的主题报告。

师德和爱心并重

谢老师用爱心诠释师德的真正内涵。为了帮助含谷小学身患脑瘤的孩子韦春伟同学，谢老师多次去到韦春伟家中，详细了解孩子和母亲的实际情况，并在博客上写了日志《一米阳光——一个脑瘤孩子和乳腺癌母亲的微感动》，真实记录了韦春伟同学和其母亲艰难的生活处境，并在QQ空间、网易博客、班级博客、腾讯微博、新浪微博以及各大QQ群中，转载和复制这篇文章，公布了孩子的专用捐款账号，号召各位爱心人士为这个可怜的孩子捐款。

2012年1月1日，新年的第一天，在韦春伟同学所住的重庆医科大学附属第一医院，谢老师联合QQ群管理“紫日”和“轻骑兵”，组织QQ群的众多好友开展了一次极有意义的“一米阳光”新年爱心捐赠活动。50元、100元、500元……钱币有价，爱心无价，点滴爱心汇聚成爱的河流，当天就为韦春伟募集到人民币7000余元善款。在谢老师的努力下，截止到2012年2月初，仅仅一个月的时间，为韦春伟的网络捐赠款额已达5万余元。《少年先锋报》《重庆商报》《家庭》等全国著名报纸、杂志纷纷刊登韦春伟的故事，让更多的人了解到这个坚强的男孩，也为他募集到了更多的善款。谢老师尽心竭力地帮助和坚持不懈地努力最终帮助这个男孩挽回了生命。

经“感动重庆”十大人物——山村教师豆红波老师牵线搭桥，谢彦老师还前往豆老师所任教的彭水县桑柘镇鹿箐村小学，看望苦孩子方久律同学，并决定每学期资助其1200元生活费，从而了却了自己多年以来资助贫困生的夙愿。从此以后，每个新学期开学的第一天，邮局汇款窗口前总有谢彦老师的身影，一张张汇款单是一只只飞往彭水桑柘的小白鸽，捎去对山里娃的浓情厚谊。

有人说：老师是大桥，为我们连接被割断的山峦，让我们走向收获的巅峰；老师是青藤，坚韧而修长，指引我们采撷到崖顶的灵芝和人参。而我则认为：老师是火种，点燃了学生的心灵之火；老师是石阶，承受着学生一步步踏实向上攀登的重担。

我觉得教师这个职业实在是一个需要耐心和毅力的一个工作，每年都要把重复的知识交给学生。教师也是一个责任心很强的职业，责任是教师之本职。“百年大计，教育为本”，要承担起教育的责任，完成教育的使命。所以，教师应该具备高度的社会责任感。传道授业解惑是教师的基本任务。站在讲台上看着下面几十双渴望的眼睛时，教师更要有把他们教育成材的责任感。谢彦老师自走上教师这个神圣的岗位就始终抱着对教师这份职业的敬畏感，对学生的责任感似一盏永不熄灭的明灯，照亮着他可爱学生们的前行路。

退休老教师彭靖武：

一生心血育桃李，三尺讲台写春秋

◉ 涉江红帆

彭靖武先生是湖南溆浦一中原副校长，中学语文高级教师。彭先生从教45年，曾先后在新疆、湖南、上海等地的中学供职。如今，年过七旬的彭靖武先生虽已退休，却仍然情系着他曾经付出过心血的事业和学生，满怀深情地写出了十几万言的纪实性文学作品《师说心语》。“一生心血育桃李，三尺讲台写春秋。”这是对彭靖武先生教学生涯最精当的写照。

他把教育作为爱的事业

在彭靖武先生的心中，教育是崇高的事业，事业的成功在于奉献——献出全部的爱，全部的热情。他把教育作为爱的事业，甘把爱的阳光雨露撒播给每位学生。“理解、欣赏并关注每位学生”是他教育生涯恪守的基本原则。他对学生尊重理解、宽容呵护，眼里能够容得下沙子；学生点滴闪光，他都悉心发现，倾情欣赏，由衷赞美。

在深圳发展的学生远亮，多年以后见到彭先生，当即就给了他一个深深地鞠躬，因为彭先生是唯一表扬过他的恩师。学生小陈和老师闹别扭不能上课，为了让学生解困，得以继续上课学习，他代学生写检讨。他冒暑到黄茅园山区劝学，学生家长因为家庭特困，坚决不同意。后经彭先生做工作，并承诺保证解决学生高中三年的衣物日常费用，终于让唐苗顺利完成高中学业，走进大学校门。他严于自律，注重教学相长，以学生为学习对象，学生的生活磨砺、人格品德、诚信担当，常常作为净化自身灵魂的滋养。他坚信：一个以育人为己任的教师，首先必备高尚的品德，以自己的人格魅力引领学生追求真、善、美的人生。

在彭靖武先生的眼里，学生没有高低贵贱、优良顽劣之分。对学生中的“弱势者”，他每每会给予更多的关爱。他心里想的是，当学生翻不过陡峭山崖、淌不过激流险滩时，老师绝对应该扶着他们一路同行，携手走过。在彭靖武先生的鼓励和帮助下，一个个困窘的学生终于完成了高中学业，走进了大学校园。高考临近，有人向他反映，小武已经结婚生子。这在当时是不符合报考条件的。为了圆一个苦孩子的大学梦，他竟然敢冒着个人风险去“渎职”，予以审查通过。对残疾病患学生罗文英、谌立平，他以加倍的热情给予真情的关心、爱护，使他们终于在慈善公益和普济患者的事业上，大展风采，走上了属于自己人生的五彩之路，奉献之路……

一个对学生充满爱心的老师，自然会得到学生的尊敬和爱戴。所谓“桃李不言，下自成蹊”。如今，他的学生无论是普通劳动者、政府官员、社会名流，还是身居海外的学者、专家，都一往情深地爱戴着彭靖武先生。这是对他辛勤耕耘的最大回报，也是他一生最大的幸福。彭先生曾自豪地说：“我很知足，因为我很富有——学生是我最大的精神财富。”金杯银杯，不如口碑。彭先生在社会、在学生中的口碑，足以说明他是一位受人尊敬、让人铭记的好老师。

他把教育作为爱的科学

彭靖武先生深知，教育是科学，科学的探索在于求真——以真情育人，育真情的人。一个好的教师，在教育学生的过程中，不是靠自己的说教、灌输去影响学生的人生，而是靠自己的品德、人格、情怀去引领，用火热的心去点燃学生崇善之心、浩然之气、智慧之光、理想之灯，点燃他们光焰的人生。

一次全省统考，年级主任以东道主应该热情为幌子，端着西瓜进入考场给外校监考老师送瓜。这种公然舞弊的行为让他十分生气，当场予以坚决制止。后来他在学生杨武的随笔里发现了《西瓜战略》一文，文章写到：老师的西瓜战略似已奏效，他对我们的关心爱护终于"领教"。但他在我们心中的形象，此时已顷刻间轰然倒塌。彭先生对学生的一腔凛然正气感到由衷钦佩。他肯定了学生明辨是非、坚持真理的精神，表扬了学生敢于揭露丑恶、面对现实的勇气。他认为，老师是学生的镜子，老师的一言一行都应该是学生的表率。人们说，只有真诚勇敢的老师，才能教出勇敢真诚的学生。

学生张元浩是学校老师公认的刺头，班主任劝彭先生少招惹。彭先生仔细分析小张平时课内外各种出格的表现，发现他其实就是想方设法"刷存在感"，逗老师和同学的注意。一次，彭先生抓住一个稍纵即逝的交流机会，了解了他的祖父原也是湖南人，早年参加革命离开家乡。于是彭先生告诉小张，湖南人有霸得蛮、发得狠、拼得命的骨气，希望他的骨气还在。这让小张感到他并没有淡出老师的视野，而且自愿要求补课。当小张后来把补课费交给彭先生时，彭先生当即拒收。他感到这是对他的不敬，他告诉小张，纯洁的师生关系容不得半点铜臭味。小张沉默了，转变了，从此有了精气神。他发狠拼命，终于考上一所理想的大学。多年来，各种教育理念层出不穷，但对学生的教育，彭先生始终认为还是得教学生做大写的人，还是得多讲些骨气——国家自强的、民族振兴的、个人立身的铮铮铁骨、浩然正气。

他把教育作为爱的艺术

彭靖武先生深知教育是艺术，艺术的生命在于创新——教无定法，法自于心，法贵于行。

彭先生教了几十年语文，探索出了一条别具特色的途径，总结出了一套成功的教学经验。彭先生对自己的专业具有精深独到的见解。他认为:“语文教学的重头戏在作文教学。只有从作文批改的大山下解放出来,语文老师才能带领学生轻松自主地学习。”他重点抓了两项工作:一是引导学生写随笔;二是在学生中组织文学社。通过这两项教学活动,他不但成功地化解了作文教学之难,而且将学生作文之苦和老师批阅之苦,都变成了“乐”。彭先生说:“作文就是思维体操,必须坚持常练。关键是激发所有学生的学习兴趣,让他们不断收获成功的喜悦。”彭靖武先生能让学生对作文产生浓厚的兴趣,把苦变成乐,他已经将语文教学升华为一种艺术。

彭靖武先生 1984 年创办的“红山茶文学社”,后更名“卢峰石文学社”,曾获全国中学生文联评选的百强文学社团,社刊《缪斯之梦》获得大奖。文学社各届社员如小戴、罗林、小白等均以优异成绩被北大、南大、武大等著名高校录取。凡是在彭先生的影响下,受过他文学熏陶的学生,走上社会后,都有骄人的表现。他悉心教育辅导的学生丁旭、向晓金、向叶平、王建华、黄蒙水等,均已经在诗歌、小说、散文、影视等各个方面有了不俗的成绩。他认为,一个学生,不管他日后是否能成作家、诗人,但只要有高尚的情怀与追求,都值得肯定和赞赏。

对因为高考不准写诗歌的规矩而被视为“鸡肋”的诗歌教学,他从不放弃。他曾组织全班学生个个都写诗,人人做诗人,并且由学生自己编辑出版了《五十一家诗》,让学生在诗的年华有诗的歌唱,唯愿学生能有诗的情怀和诗意的人生。现在《五十一家诗》成了学生们一生最美丽的回忆和珍藏。

彭靖武先生认为,文学是人学,教语文即教学生做人,做一个真正的人。要做到这一点,首先是老师自己的人品,其次是老师要专业、敬业,这两点就如两翼,同举才能飞翔。他将人文关怀,看作是对学生的终身教育;他将激发学生内驱力作为教育的首要。而要做到这一点,他认为,老师必须善于掌握时机,善于捕捉细节,善于因势机变,这一切都需要老师的智慧。他的一生都在追求教师、学生、环境、载体之间达成“默契”的教育最高境界。

笔耕不辍,硕果累累

退休多年,彭先生依然关注教育,关注学生。他仍然兼任溆浦县义凤教育基金会的副理事长,继续为圆贫困学生的求学梦而尽心尽力。他参加溆浦教育科协《杏坛之路》的编辑,仍为教育事业献出自己的余热。他一如既往地关心着溆浦一中的发展，为一中的校园文化建设出谋划策。

退休后，他笔耕不辍，相继有作品问世。长篇小说《盲流》描写了 20 世纪 60 年代初各地“盲流”进疆，在准噶尔和老军垦一起开发建设农场的艰苦历程。将一个特殊年代、特殊环境下，一群特殊人群的特殊生活予以真实展现。特殊的题材和异域的风情受到读者关注，引起较大反响。诗集《风之韵》反映了新疆兵团军垦战士战天斗地的风采，讴歌了改革开放农村的巨大变化。《师说心语》是彭靖武先生从教 45 年发自心灵深处的感悟和回望，是他和他的学生们浓浓师生情谊的真情再现。学生是他人生最宝贵的财富，他珍爱有加。《师说心语》对教师的自我修养是很有启迪的，教育工作者，特别是年轻教师读后当有所获益。时至今日，彭先生一部约 30 万字的口述史已经完稿。

桃李满天下，笑唱最美夕阳红

彭靖武先生站了 45 年讲台，他对三尺讲台情有独钟。

45 年，扪心自问，无论站在哪个讲台，无论时处何种境地，他都不曾大意，不曾懈怠。他尽了自己的心力而不辱讲台的神圣。从拼音、笔顺讲到鲁迅、马克·吐温，从诚实守信讲到理想人生，面对每一双渴求的眼神，他极力在知识的海洋、精神的天空将他们引领，提升。他只要一站上讲台，什么世俗的烦恼，命运的坎坷，生活的纠结，每每都顷刻云散。他在讲台熔铸生命，升华人格，竭尽热情。

彭先生曾动情地说：“讲台是神圣的，我没有带来庸俗。讲台是温柔的，我没有带来粗暴。讲台是谦卑的，我没有带来狂妄。讲台是给人以幸福、满足、快乐、鼓舞和希望的，我没有带给浮躁、贫乏、疲惫、压抑或沮丧。讲台也是给学生的，我没有只留给自己……”

三尺讲坛写春秋，彭靖武先生无怨无悔。现在，他正喜看桃李满天下，笑唱最美夕阳红……

浏阳珠心算优秀教练李金凤：

世界品牌有她的无私奉献

余振魁

在浏阳市珠心算教育20周年庆典大会上，浏阳市副市长张葵红代表市四大家致祝贺词时说："在国际上浏阳珠心算和浏阳花炮相互媲美，交相辉映！"谁都认可李金凤就是铸就浏阳珠心算这个世界品牌的功臣之一。

1991年7月，李金凤高中毕业，当时她家乡浏阳永安扶正小学新开的珠心算实验班急需教练。她毅然放弃上大学的机会，边学边教，办起了实验班。从此她在这个陌生的领域摸爬滚打，并以出色的表现赢得了社会各界的赞许。1995年上半年，李金凤毫不犹豫地接受了珠心算教学整班推进和选手培训的重任,从小学一年级一直带到小学三年级。腊月二十九才放假,次年正月初三就开始训练。她没休过双休日和寒暑假,一天到晚都和全班的小朋友一起学习、生活,晚上就给罗潇、龙沛、秦小芳三位小选手进行训练。三年后,经过浏阳市教育局整班测试全部达标。三位小选手参加各级比赛也取得了优异的成绩,罗潇 1996 年参加浏阳市第五届珠心算比赛获个人全能第一名。

1997 年 7 月,李金凤光荣加入中国共产党。1998 年 8 月,浏阳市出台了珠心算选手培训的《8.14 工程》实施方案(孩子从 4 岁起步,在 8 岁时通过培训达到五项全能,成绩按全国比赛标准达 1400 分),分别在永安、普迹、文家市、蕉溪设立培训基地。李金凤被派到永安培训基地礼耕学校担任教练。她从幼儿园挑选了罗晓峰、苏美佳、李洁颖、王健等一批 4 岁左右的小选手,放弃所有的节假日,不间断地每天进行 3 小时以上的训练。当时,她唯一的女儿出生才几个月,除哺乳外,都由她母亲带养。每次比赛的前一个月,她都要带着小选手同吃同住。罗晓峰那时刚 4 岁,年龄最小,身体又不太好,李老师就给他洗澡、洗衣甚至喂饭。在 2001 年浏阳市永安珠心算邀请赛中,李金凤带的选手获得团体一等奖,并囊括了个人全能前 6 项的成绩。小小的罗晓峰参加各级比赛连连夺冠:2004 年 8 月参加首届世界珠心算比赛获 C 组个人排名 11 的好成绩,2003 年他在《8.14 工程》中获阶段性达标,不满 7 岁就会 7 位数 10 笔加减心算和多位数的乘除法。李金凤因而获得浏阳市唯一的“辛勤耕耘,成绩显著优秀珠心算教练”的荣誉和奖金。学校被评为“浏阳市先进基地”。2003 年 4 月教育部周济部长视察了该校,并高兴地和罗晓峰、苏美佳等小选手一一握手,鼓励他们好好学习,做祖国的有用之才。同年 10 月,全国珠心算教育现场会在浏阳召开,与会代表莅临该校参观。

2002 年 4 月,浏阳珠心算培训学校成立。同年 12 月又在长沙市成立分校,领导派李金凤去长沙分校当校长。由农村转入城市,由选手培训转入普及教学和学校管理,她和老师们同甘共苦,带领着一支珠心算的“娘子军”跑点、招生、表演、上课。该校终于由开始的 100 多学生发展到后来每年有数千学生参加学习的培训学校。2006 年在长沙市教育部门举办的首届长沙市人民满意的十佳培训学校评选中,浏阳珠心算培训学校以绝对优势一举获得“长沙市人民满意的十佳培训学校”光荣称号。2007 年 6 月领导调李金凤回浏,担任总校校长并兼任浏阳市科协、省、市珠协等各项领导职务。2008 年暑假,李金凤受国家财政部原常务副部长、中珠协会长迟海滨邀请,前往北京担任财政部“少年之家”暑期班小班的珠心算教学任务。

李金凤经常抓住每一个机会向有经验的专家及教授请教，多次参加各种业务培训，珠心算教师培训、鉴定员、裁判员培训和教练师以及高级教练师的培训。2000 年和 2003 年曾两次去武汉军事经济学院向国家主教练王卫达大校取经。她还刻苦自学，2013 年 7 月获得湖南大学会计学专业本科学历。

这些年，李金凤除完成好行政、业务的领导工作外，还一直耕耘在教学的第一线。2012 年她入选“全国珠心算教师培训师资库”成员，承担了中珠协珠心算教师和湖南省珠心算教师资格证培训的教学任务；还应邀到江西省珠协、南昌市珠协和本省部分县（市、区）培训珠心算教师以及银行系统进行业务辅导。浏阳珠心算是全国珠心算教育先进单位和中珠协浏阳珠心算师资培训基地。为了规范珠心算教学管理，珠心算教师必须经过培训考试合格可从事珠心算教学。中珠协浏阳珠心算师资培训基地现已培训了来自全国各地的教师 600 多人，共办了 32 期培训班，李金凤每期都参与组织领导和教学任务。

李金凤干一行，爱一行，专一行。她常说：“我一生只办一件事，就是珠心算。”她认为办学要有自己的特色，要创造自己的品牌，要做到教有所循，学有所依，关键要有一套好的教材。2007 年起在她的带领下，组织有经验的老师重新编写出具有针对性，适用性较强的教材和教学资料。有适合幼儿用的《浏阳珠心算 1–6 册》实验教材及配套的练习册，有小学生用的《新苗珠心算》校本课程教材，有教师用的工具书《浏阳珠心算教学参考》等 30 多种。

2012 年国家新课标将珠心算纳入地方课程内容。经请示湖南省珠心算协会同意，由李金凤主编，在原有基础上将《浏阳珠心算实验教材》进行修改并改版，更名为《珠心算实验教材（试用本）》，作为全省地方课程试用教材，也被江西等许多省、市采用为珠心算地方课程试用教材。

李金凤成为了珠心算教育专家。这些年来她多次、多项获市、省、国家级大奖。2008 年 5 月撰写的《坚持教改科研实验　开发儿童智力潜能》和 2012 年 11 月撰写的《在普及的基础上　抓好提高工作》两篇论文均荣获中珠协学术研究二等奖。

李金凤收获的荣誉和头衔也多得惊人。她先后荣获浏阳市“优秀共产党员”“三八红旗手”“女能人”等称号。浏阳市科学技术协会委员、浏阳市自然科学委员会理事、浏阳市珠心算教育领导小组办公室副主任、中珠协浏阳师资培训基地副主任、中珠协珠心算鉴定比赛专业委员会委员、浏阳市珠算心算协会秘书长、湖南省珠心算协会理事、全国珠心算优秀教练师，全国珠心算技能等级鉴定一级鉴定员，全国珠心算比赛一级裁判员。2012 年 8 月 31 日参加第四届世界珠心算比赛获选手组优秀教练；2014 年 7 月 20 日参加第四届全国珠心算比赛获学生 A 组优秀教练；2014 年 7 月 22 日参加第五届世界珠心算比赛获学生 A 组优秀教练；2016 年 7 月 28 日参加第六届世界珠心算比赛获学生 A 组优秀教练。

当年和她一起参加浏阳珠心算教师行列的 3000 多个代课教师，历经大浪淘沙，仅有李金凤一直坚守到如今。李金凤参加教育工作近 30 年，前 19 年还是代课教师，直到 2010 年 4 月，她参加浏阳市教师招聘考试，才转为公办教师，由浏阳市教育局派遣到市财政局珠算心算协会和市珠心算教育领导小组主持日常工作。她从不计较收入的低微和个人的得失。她的丈夫在一家民企打工，她唯一的女儿从小请人带养，小小年纪便进了幼儿园全托，小学阶段也寄宿学校……为了不影响工作，她让女儿从小自立，现已进入高校读大二。

李金凤的收获岂止在个人，1995 年最初带训的选手龙沛，考上福州大学，2011 年毕业留校任教；1999 年带训选手罗晓峰小学毕业，现已毕业于华中科技大学。2006 年 10 月，中央电视台少儿频道还曾为其拍了专题节目，命名为“绝活少年”；2017 年，她的珠心算学生雷咏荃获得省高考文科状元，被北京大学录取。李金凤扳着指头娓娓道来，自豪地对记者说：“这才是珠心算人的最大收获！”

人民教师向友心：

最美警嫂，辛勤的园丁

◐ 梦　斯

由怀化市公安局举办的首届“忠诚卫士，最美警属”正在进行前期的投票活动，向友心作为怀化沅陵公安局治安大队教导员肖礼福的妻子是其中一位参加评选的警嫂。从参加评选起，她的票数就一直处于领先地位，亲友、学生都发自肺腑的为这位警嫂投下一票又一票。他的学生还自发地发动身边的人来帮他们敬爱的老师投票。这个评选活动是一个漫长的过程，这个坚持的过程所折射出来的正是向友心作为一名警嫂，一名党员，一位优秀老师累积多年口碑与人品的凝缩。

向友心和丈夫肖礼福开始都是学校的老师，日子一直过得充实而平淡。稳定的工作，美满的家庭都有了，丈夫肖礼福却不甘一直只是做一名代课老师，他觉得男人应该有更广阔的天地和更大的作为。对于丈夫的雄心壮志，向友心没有反对也没有阻拦，而是非常开明的支持丈夫去做自己的事业，肖礼福由一名代课老师转作了副乡长。

从老师转为副乡长之后，最明显的两个变化就是丈夫的工作时间更长了，服务的群众更多了，家里经济状况没有以前稳定了。家中里里外外都需要向友心一手操持，而她自己还要管着学校里面那一大群孩子。困难一个接着一个出现，现状是她始料未及的。现实的困难并没有吓倒向友心，没有时间，每天就少睡几个小时，没有其他经济来源，她甚至利用课余时间在学校周边的空地上种蔬菜补贴家用。凭着这一股逢山开路，遇水架桥的不服输精神，她很快把一团乱麻的生活理得顺顺畅畅。

丈夫肖礼福在做副乡长这段时间里没少将自家东西免费送给乡里的贫困家庭，但是却从没有往家里拿过公家的一针一线，一饭一菜。对此，向友心也没有说过一句丈夫的不是，她的大度与包容帮助丈夫在人民群众中建立起了廉洁奉公，一心为人民服务的良好形象。做了一段时间副乡长之后，因为工作能力突出，肖礼福成为一名派出所所长，向友心也正式成为了一名警嫂。

一个男人如果投身警营，那么他的生命就不再完全属于他自己，如果说女人是社会的半边天，那么警嫂就是警察那片蔚蓝的天空。警嫂用娇柔的肩膀，托起丈夫那片蔚蓝的天空。

成为警察后的肖礼福工作更加忙碌，24 小时随时待命，随时出警，通宵达旦地工作那更是家常便饭。向友心自己也带着即将参加高考的高三学生，一方面担心丈夫的安危；另一方面工作的巨大压力也压得她几乎喘不过气来。夜深人静的时候，一向坚强的向友心也暗自流了不少眼泪，然而第二天她仍然又是一副满血复活的样子。

丈夫肖礼福的学历并不高，在成为一名派出所所长之后，他自己也深知知识的重要性，萌发了继续学习深造的想法。生活工作已经接近饱和状态的向友心，在听到丈夫这个想法后非常高兴，丈夫的努力上进让她觉得一切付出都是值得的，于是毅然决然利用自己的所学帮助丈夫从高中学历提升到本科学历。

这样一个本该被呵护的弱女子将所有的困与苦打碎了往肚子里咽，而这些没有将她打倒的苦难都结在一起，形成了一副坚实的铠甲，为家庭的幸福遮风挡雨，为丈夫的事业开疆拓土，为学生的学业披荆斩棘。

2016年，沅陵县公安局治安大队民警历时3个多月，成功侦破了一起横跨湘粤、震惊全国的360多吨假盐案，涉案金额高达100多万元，涉案人员10余人。该案被列为公安部督案，破案过程和结果得到了湖南经视、湖南都市等媒体的详细报道，多家媒体还对主办此案的民警肖礼福做了专访。

在庆功宴上，参与办案的民警拉着向友心说："嫂子，肖教真的廉洁，在广东和常德办案中他多次拒绝别人的行贿，一次是数万元现金，一次是十几条名烟。"作为党员的向友心很是欣慰。"公安者，让公众安宁也。公正无私，百姓才能安心，办案人员也才安心，社会才会长治久安。"这是她经常讲给丈夫的话。肖礼福从警26年办理大案要案无数，多次受到省市县公安的表彰、记功、嘉奖。如果说丈夫肖礼福是伟岸的武陵山，那么向友心就是围绕在那山间的小溪流，涓涓细流，温和而永恒。

如果说警察是国家的栋梁，那么警嫂就是一个家庭的支柱，她们坚强地扛起了家庭中所有的重担，生活中，工作中，揽下日常所有的琐琐碎碎，只想给警察一个温馨安逸的家，一个心灵停靠的港湾。日子或许艰苦，或许清贫，但警察是她们精神世界的财富，只有真正去理解它的人才会感到幸福。警嫂只是最普普通通的女子，她们也需要更多的关爱，但为了丈夫，向友心与其他警嫂一样，承担了一切，用娇柔的肩膀，托起丈夫那片蔚蓝的天空，用细巧的心灵包容、理解和支持丈夫的执着。

向友心作为丈夫背后默默支持他事业的女人，就如舒婷的诗歌《致橡树》中的木棉，以独立的姿态，充溢着丰盈、刚健的生命气息站立在警察丈夫旁边，相互理解、相互帮助、相互信任。她从初级中学的优秀教师进步成省示范性高级中学的名师，从普通的党员进步成了省里的党代表；她是沅陵一中学校组织的学生民主测评教师活动中唯一的双百教师；她是那个百年老校里唯一的女年级组长；百年校庆时，她是沅陵一中向社会推荐的五位名师中唯一的女老师……一次又一次的华丽蜕变也让她成了最美的警嫂，最贤的妻子，最优秀的教师。

"最美警属"的投票活动已经接近尾声，向友心始终坚持实打实的投票，不弄虚作假，她说不能因为这件事情丢了知识分子的品格和党员的原则。在此，祝愿这位美丽、坚强、独立的警嫂，这位优秀的人民教师一切顺意，生活安康，给我们更多的精彩与感动。

北京市海淀区九一小学老师刘光仪：

爱心奉献，播撒希望

◐ 湖南读书会

一种选择

从小到大我们会面临着各种各样的选择，选择成为什么样的人，选择从事什么样的职业等，其实在面临人生重大抉择的时候，向左或者向右，向前或者向后我们做出的最终选择都折射出我们在成长过程中所形成的价值观和人格。

读小学开始老师就爱问我们的理想是什么，相当一部分人脱口而出的理想就是成为一名老师，好像明天我们就可以长大，就可以站到讲台上了，那时候在我们眼里老师就像一道光，而我们就是那追光者，她们好像无所不知无所不能，有问题找老师成了我们孩童时代心照不宣的默契。长大后，随着我们知识的扩展，经历的增加，我们长大了对于老师我们依然心怀敬意，只是不会再像小时候那般热切的将成为一名老师当作自己的理想。

本文的主人公刘光仪老师，我无从得知她读书的时候是不是也是在回答老师关于理想问题的时候她的答案是老师，不过从后面她作为一名老师刻苦地钻研、无私地奉献的时候，我相信，她在选择成为一名老师的时候内心是坚定不移的。怀揣着对老师这份职业的憧憬和信仰，刘光仪坚定地选择成为一名光荣的人名教师。而后来她在职业生涯中表现出来的敬业、无私、勤恳等优良的品质也是由她成长过程中形成的价值观和人格的体现。

一种责任

刘光仪老师除了担任年级教研组长外，还一直担任班主任及1—6年级语文教学等工作。在工作中，她时时处处以一名优秀教师的标准严格要求自己，勤勤恳恳，兢兢业业，为人师表，教书育人，严谨治学，热爱学生，勤奋工作，无私奉献，深受学生、家长、领导、同事的好评。曾被评为双榆树学区优秀党员、海淀区国家基础教育课程改革先进个人、海淀区教育系统优秀共产党员及海淀区优秀班主任，从2006年至今一直被认定为海淀区小学语文学科带头人。

她一直坚守在小学语文教学的第一线。注重学科能力提高，不断增强业务素养，深入钻研教材，以学定教，精心设计教学环节、教学方法，做到因材施教。认真进行教学研究，积极探索更加高效的语文教学方式及课内外相结合的学习策略，营造和谐轻松的学习环境，促使学生的语文素养得到有效的发展和培养。耐心指导学生参加全国青少年春蕾杯等各类征文竞赛，多人次获一、二、三等奖，并且多次荣获园丁奖。多次代表学校参加中心学区及海淀区的展示课、评优课活动，在学校里较好地起到了示范、引领、辐射等作用。除积极参加全国、市、区及学校的各个教科研课题研究外，作为课题负责人主持了海淀区"十二五"及"十三五"部分规划课题工作。撰写了多篇论文、征文，获得国家、市、区级奖项，多篇论文在公开刊物上发表。

正是怀着对教师这份工作的高度责任感，刘光仪老师兢兢业业，一丝不苟地在这个工作岗位上深耕着，一次又一次获得了学生，家长，社会，国家的高度认可。

一种信仰

是什么让她十年如一日地坚守在教师这个岗位上，我想除了本身的勤奋、敬业之外还有一份对教师这个职业深沉的敬畏感，这已经成了她根植于心的信仰，在这种信仰地指引下，她在教师这条道路上走得坚定而踏实。在做好教书的本职工作之外，刘光仪老师还特别注重育人，言传身教帮助她的学生树立正确的人生观、世界观、价值观。

她用独特的思路与创新精神，将爱心、耐心、细心、恒心贯穿于教育过程之中。尊重学生，爱护学生，注重营造自我教育、自我管理的集体氛围，开展丰富多彩的活动，培养学生独立自主的人格、独特鲜明的个性、开放竞争的意识和努力创新的精神，使学生在德、智、体、美、劳各方面得到了全面、健康的发展，使班集体逐步成长为凝聚力强、积极向上、健康活泼、民主和谐的优秀班集体。她和热心家长一起积极组织学生参加向西藏、新疆等地贫困儿童捐赠书籍和衣物等公益活动，组织学生承担义务讲解员参加科普公益活动，不仅奉献了爱心，更给予了孩子们积极的正能量，受到学校、学生和家长的广泛好评，被评为海淀区优秀班主任。

为了帮助家长们更好地进行家庭教育，她利用业余时间注册了“宝爸宝妈学吧”微信公众号，将自己在教育实践中遇到的一些具体事例结合理论进行分析，使家长们在教育培养孩子的过程中少走弯路，避免误区。公众号创办一年多，不管工作多么忙碌，她都一直坚持搜集整理素材，编写实用的文章，在家长中得到了高度认可与好评。

“爱心奉献，播撒希望”，是刘光仪作为一名人民教师不懈地追求。长期以来，她都是恪守着“奉献不言苦，追求无止境”的人生格言，凭着对教育事业的热爱和高度的责任感，一直在教育工作的一线发光发热。

小时候，我们都只看到了老师在讲台上的滔滔不绝，只看到了老师在课间的多才多艺，只看到了老师的光鲜亮丽，长大之后我们才发觉，老师丰富的知识是因为她在挑灯夜读，她的才华横溢是因为她勤奋好学。老师这个工作是一个知识和观点的输出者，她们的一言一行都对学生产生着巨大的影响。刘光仪老师就是这样一位勤奋、敬业、无私奉献的好老师，一手托举着学生的现在，一手迎接着学生的未来，将自己热爱的教师工作做到了极致。我们向这样一位好老师致敬。

优秀人民教师蒋雪芳:

辛勤耕耘育桃李,放飞公益付丹心

◐ 马细莲

自 2005 年大学毕业踏上讲台那一刻开始,她就执着地坚守在教育阵地上。14 年来,她始终告诫自己一定要尽最大可能去成就学生;14 年来,她努力成长,多次被评为“县优秀教师”,连续 4 年考核优秀,成绩斐然;14 年来,她用“观山者视巍然突兀者为高,观水者视源远流长者为大,观人者视卓尔不群者为杰”来激励自己,用青春和激情铸就充实的教育人生。她就是湖南读书会会员,现就职溆浦县第一中学的蒋雪芳老师。

无私奉献，春泥更护花

“只要站在讲台上，我才感觉身心愉悦。”蒋雪芳老师如是说。的确，在蒋雪芳的世界里，孩子的成长比什么都重要，呵护孩子们的梦想比谁的分量都重。

为了不影响学生的学习，2010年休完产假的她带病前往学校上课，乐观开朗的她面对每周19节课的繁重任务从来没有过抱怨。课堂上，当她痛得满头大汗，不能站立时，她也只是咬着牙忍挺着。面对同事和家人的不解，她总是坚强地且淡然地说：“我不能因为我的休假而耽误孩子们的毕业，也不能辜负领导对我的信任。”

率先垂范，润物细无声

教育是一门用灵魂陶冶灵魂的职业，从走上讲台的第一天起，蒋雪芳老师就把“做一个学生尊敬的老师”作为自己的出发点和落脚点。她说：“师范师范，学高为师身正为范，只有己正才能正人。”

这些年来，她明显地感觉到：她的言谈举止，既处于学生最严格的监督之下，又处于时刻被学生效仿之中。所以，当她要求学生努力学习时，她首先做到了忘我的工作态度和刻苦钻研的精神；当她教育学生热爱劳动时，她没有指手画脚、拈轻怕重，而是和学生一起参与劳动的全过程；当她叮嘱学生遵守纪律时，她首先做到了遵守校纪班规。终于，有人主动弯腰拣废纸了；有人早晚主动开关电灯了；有人主动下课为学困生讲题了……当她表扬学生时，同学们的回答都是一样的：“我是跟您学的。”

扶贫公益，助燃爱之花

“蒋老师，像我妈妈，有妈妈的味道，是老师让我重燃起希望，让我体会到了温情与爱。”向艳蓉同学深情地说。天有不测风云，2015年，她班上的黄德洋和向艳蓉同学，一个失去了父亲，一个失去了母亲。她听说了这个消息，立即召开了班会，并组织老师和学生们爱心捐款，给他们两家送去了温暖，并积极与溆浦县志愿者协会取得联系，帮助争取资助名额。

另外，每逢过节时，她都会给他们送去吃的用的东西，有时还会亲自给他们做一顿饭，让他们觉得虽然亲人离开了但爱一直都在。自她加入湖南省读书会以来，她扩大了爱的界限，不仅爱她的学生，而且十分注重偏远贫困山区的学子，多次跟随读书会这个组织进行献爱心活动，给贫困山区的孩子们送去了新书、新书包等，还指导示范朗诵阳光励志文字，激荡寒门学子的学习信念，温暖他们的心灵。

“春蚕到死丝方尽，蜡炬成灰泪始干”，蒋雪芳老师用她实实在在的行动，突显着奉献与关怀，在她身上，我们看到的不仅仅是“经师”更是“人师”。

第四辑

时代之光

中国科学院院士周其凤:学界精英,国家赤子

全国学雷锋先进个人何煜:新化汉子,湘西好人

慈善家陈富刚:用大爱情怀诠释多彩人生

鞍山好警察祝恩霜:传承雷锋精神的"央视歌画第一人"

人民公仆易延凤:为国家奉献青春,为百姓谱写诗篇

中国科学院院士周其凤：

学界精英，国家赤子

余振魁

艰难的求学之路

1947 年 11 月 20 日（农历十月初八日），未足月、瘦弱不堪的周其凤出生在湖南省浏阳市龙伏镇尚埠村的一个贫苦农家。父亲周常国个儿不高体力不强还常生病；母亲吴美华未读过书，可家里家外都是一把好手。周其凤出生后，吴美华费神给他取了个“其凤”的雅名，以期孩子易长成人，日后能像山中凤凰，飞出这个世居的穷山沟！

1949年，当新中国的灿烂阳光照进这座小山村时，周其凤才3岁，万恶的旧社会或许在他幼小心灵中仅有朦胧的印象。

周其凤聪颖、乖巧，才几岁就羡慕挎着书包念书的邻居哥姐们，特别是每当听到附近学校飘来的琅琅书声和悠扬歌声，他的心儿就像插上了翅膀，飞进了欢乐的校园。“我要读书！”他常在父母跟前迸出这句天真的话。

1952年，秋季一开学，才5岁，个儿矮小的其凤就迫不及待地随便提了个家里的布袋，吵着父母带他去报名。“国家规定要7岁才能入学呢！”老师不肯收他。“管你收不收，我就是要读书，我天天来！”小其凤扭头就往一年级的教室跑去。老师拿他没法子，只好破例安排他坐在最前排。

家里穷得叮当响，不但交不起学费，就连买纸笔的小钱都拿不出。读5年级了，其凤才用上一支母亲花7分钱买的“点水笔”。尽管他当成宝贝，小心地用着，可有一天却发现“点水笔”丢了。他求母亲再买一支，从来不舍得打他的母亲流着眼泪狠揍了他一顿。后来，一个特别喜欢其凤的邻居奶奶卖几个鸡蛋买上一支送他。他的小学学费，也是在快毕业时在乡邻们的帮助下还清的。

1959年下期，其凤以好成绩考上了浏阳三中初中部。在学校里，其凤过着节衣缩食的生活，他穿着最破旧，吃得最简单。他自个儿勤奋读书，几乎把所有的时间和精力都用在了学习上。假期回到家里，他除了帮父母劳作，晚上总是一个人待在昏黄的亮蔑火或桐油灯光下温习功课或阅读课外书籍。

1962年，其凤以优异的成绩考入浏阳一中高中部。在浏阳县城上高中，尽管节俭，开支显然比乡下要大些，加上其凤的三个弟弟都相继念中学了，这对于他们这个贫困的农村家庭更是不堪重负。其凤读到高中二年一期，负债累累的家庭实在支撑不住了，一向坚强的其凤也开始动摇，打算回家学做木匠，一来可以减轻父母的负担，好让三个弟弟上好学；二来自己也谋得了一份当年又赚钱、又赚吃的较好职业。读完二年一期，其凤真的回家拜师做木匠了。得知这个消息，班主任文超凡、校长胡国运、教导主任李忠汉、常务副教导主任杨圣谟心急如焚，几次开会研究，决定无论如何也要接这个孩子回校完成学业！于是，下期开学前夕，李忠汉主任等不远百里山路专程来到其凤家劝学，其凤重新回到了浏阳一中。

1965年，周其凤以骄人的成绩被北京大学化学系录取。一年后，“文革”爆发了，大多数同学都搞“大串联”“闹革命”去了，而周其凤却坚持在学校自学，他不是躲在图书馆，就是待在宿舍里看书。他借来《普通化学》等一本本英文版的化学基础课程苦读。一边学英语，一边学化学。实在读不懂的，就整段背下来，还去请教外籍教师。北大四年，周其凤一天都没有荒废学业，他凭着优异成绩毕业并得以留校任教。

1978 年，周其凤考取北大化学系高分子化学专业研究生。1980 年 1 月，他被国家公派到美国马萨诸塞大学(麻省大学)高分子科学与工程系学习。他进入这所著名大学就得了个年纪最大、个子最矮小、英文最差、钱最少的“四最学生”绰号。但他凭着坚忍不拔的意志潜心学问，1981 年 9 月就获得了硕士学位；1983 年 2 月获得了博士学位。

周其凤完成学业后，谢绝了美国科研机构的一再挽留，放弃国外优厚待遇和极好的工作条件，于 1983 年 5 月毅然回到北大。1986 年，他被北大聘为副教授；1990 年，聘为教授，博士生导师；1999 年被增选为中国科学院院士。

国际一流的科研成果

周其凤学成回国后，便长期潜心高分子领域的高端思考和创新开拓。20 世纪八九十年代，高分子合成和液晶高分子的研究领域，全世界科学家都还是沿用两种思路对其进行研究和合成，没有突破性的进展。一种是美国科学家为代表的利用缩合聚合方法合成刚性分子。另一种思路则是德国科学家为代表的加成聚合方法。周其凤在充分认知、了解和完全掌握国际上通用的这两种研究思路和合成方法的基础上，他大胆创新，另辟蹊径，通过精密科学论证提出了第三种研究和合成的方法，并于 1987 年在《Macromolecnles》杂志的 20 卷第一期上发表了一篇论文，创造性地使用了“MESOGEN-JACKETED POLYMER”这一全新的词汇，并以“JACHET”一词谐音译为“甲壳型液晶高分子”。从化学结构看，运用这种合成方法合成的液晶高分子自成体系，属于新辟的与国际科学界通常沿用的前两种思路和方法鼎立的第三种液晶高分子。这一独到的理论概念一经提出，便立即引起了国内外学术界的高度关注和重视。英国剑桥科学院用 X 衍射法证实了其科学性；法国科学家用中子散射法也证明了这一理论的科学性；美国的科学家在同类研究机构跟踪并论证了周其凤这一研究思路和方法的正确性……周其凤这一重大突破性的开拓得到了全世界科学界的公认，在高分子研究领域具有引领作用，有力地促进了国际高分子学科理论和实验技术上的提升和发展。围绕和跟踪这一理论而进行的科研和实验，中国科学家一直处于领先地位，并在科研中不断有新的发现，而且在应用领域很有可能取得较大的突破。

周其凤提出了“甲壳型液晶高分子”的概念并从化学合成和物理性质等角度给出了证明。因而，周其凤的这一方法合成的高分子材料是目前信息领域最有特性的、最好的材料。周其凤的其他贡献包括对液晶高分子取代基效应的研究，关于通过共聚合或提高分子量可以使亚稳态液晶高分子转变为热力学稳定的液晶高分子等科学原理的发现，以及发现了人工合成的最早的热致性液晶高分子等。他研究之余，笔耕不止，已发表学术论文 200 多篇；学术论著近 10 本；申请发明专利多个；作为项目负责人承担国家自然科学基金项目、国家重点基础研究发展计划（973 计划）项目多项。他的精辟论述曾在国内外被引用近 500 次。

周其凤杰出的科研成果获得国内外科学界的公认，也赢得了不少崇高的荣誉和大奖：1986 年北大教学优秀奖；1988 年中国化学会高分子基础研究王葆仁奖；1988 年教育部“霍英东青年教师基金”；1991 年国家教委科技进步二等奖；1992 年中国青年科学家提名奖；1997 年国家教委、人事部“全国优秀留学回国人员”称号；1997 年国家自然科学三等奖；2001 年中国化学会高分子化学创新论文奖；2001 年北大教学成果一等奖、北京市教育教学成果一等奖等等。

繁忙的政务和社会活动

科学家专注科研是最好不过的，但作为中共党员的周其凤，忠诚党的事业，服从党的安排则是他的天职。

2004 年 7 月，教育部长找周其凤谈话，组织上需要他去吉林大学当校长。周其凤起先不愿去吉大，但他服从组织决定，愉快上任了。新组建的吉大由原吉林大学与吉林工业大学、白求恩医科大学、长春科技大学、长春邮电学院合并，后来又并入中国人民解放军军需大学共 6 所高校组成，教职工和学生近 10 万，规模庞大，集中了中国那个年代高校改革的所有矛盾特征，处在各种漩涡之中，庞大的新吉大问题层出不穷。问题主要表现在并入的各校实力、福利待遇很不均衡，差距大。尤其是 2000 年并校后，为追求“建设与高水平研究型相适应的硬件设施”大兴土木而背上了近 30 亿元的沉重债务，周其凤上任第二天就接到法院通知书，要求交纳 7000 多万元的教师实验保险金及滞纳金。而此时，学校能用的钱也就只这么多了，如交出这笔钱，整个学校教职工当月的工资都难以发出，课题经费、差旅费等更报销不了……

周其凤接此重任，在充分调查研究的基础上大刀阔斧地改革了。针对吉大近30亿元的内外债务，他在征得教育部长的同意后尝试以“土地置换”的方式逐步还清，后因某些校区教职工担心自己学校的占地被卖掉而强烈反对，有人还在吉大网上发帖骂他“周贼”，土地部门也不支持这事，以至这一改革未取得进展。这虽让周其凤感到很无奈，但组织理解他，政府给了他强有力的支持。针对师资队伍存在的问题，他建立“博士生导师淘汰机制”，实行评聘分开，打破终身制，取消了45名教授带博士生的资格；同时基本上解决了由并入的各校实力不均，福利待遇不均而引起的人才外流，一些教师工作积极性不高等问题。针对管理上存在的问题，他以招生为突破口。以前吉大教职工子女只要上了二本分数线就可进吉大读书，这就极不公平而且难以保证吉大的生源质量。而他则要求必须达到重点本科分数线才能被吉大录取。“习惯势力是最可怕的，也是最难战胜的”。周其凤的这项改革遇到了很大的阻力，一些教职工深表不满，甚至在校门口打着横幅向他施压，还扬言要将他赶出吉林……但周其凤并未泄气，改革的意志更加坚强了，他冲破重重阻力，引领吉大的改革向纵深发展。

周其凤的奋力改革最终赢得了吉大教职工和社会的理解与支持；特别是吉大广大学生的拥护，有学生称他的改革为“传奇”。周其凤虽然感到“工作上比较困难”，但他还是平衡了各方面的关系，解决了突出的矛盾，维持了吉大的平稳发展，使吉大教学、科研质量得到了快速提升。

周其凤出色的工作得到了党中央、国务院的高度重视。2008年11月，国务院任命周其凤担任北京大学校长。上任后，周其凤从北大实际出发，用“慢功细活”推进系列改革。在办学上，坚持思想自由、兼容包并、爱国进步、民主科学、求实创新等好的传统。在本科教育的具体操作上强调加强基础、淡化专业、因材施教、分流培养。同时开展了“元培计划”“双学位课程”等可贵尝试。还就加强师资队伍建设、进一步发挥第二课堂作用、增强学生的国际视野等等方面下功夫……使北大的办学宗旨与经济社会发展和国家战略需要紧密结合，朝着把北大建设成世界一流大学的宏伟目标迈进。

从国家的改革开放大局出发，周其凤努力探索有中国特色的社会主义大学教育。为动员北大广大校友都来关注、助力学校的发展，2008年11月，设立首个叶氏“校友配比基金”。2010年3月，周其凤表示北大欢迎“怪才”，不唯学历论。2012年在全国范围内试行“中学校长实名推荐制”。作为全国人大代表，2013年3月周其凤在全国人大、政协两会期间接受媒体记者采访时明确阐述了他的中国梦。他说，全国人民最关心北大的，一个是提高教育质量，能够让全国人民为北大感到骄傲，第二是关于公平。“我们作为一所大学，按照现在的国家的办法，不可能满足所有的青年来北大上学的愿望。但是我也有一个梦想，是能够实现的梦想，我们正在努力，当然，这要借助现在科学技术的支撑，我相信能够实现。”我们的理念就是“共享北大”，让全社会共享北大的优质教育资源。目前北大正在实施网络公开课工程，将知名教师的课程做成视频放在网上，供全社会共享。“目前已做了几十集课程，以后会越来越多。”周其凤还说“北大为西部地区和农村学生尽量多提供一些入学名额，但毕竟是有限的，还是要利用现代化科技手段才能让更多人共享北大。”

……

除了繁重的政务，国务院还委任周其凤国务院学位委员会委员、国务院学位委员会副秘书长、中国科学院化学部常委、教育部化学和化工专业教学指导委员会主任委员、人事部博士后管理委员会委员、国家自然科学基金委员会委员等近十项社会兼职。从北大卸任后，他又被选为全国人大常委会委员。

赤子情怀

受父母亲优良美德和家乡淳朴民风的熏陶，周院士从小就勤劳、俭朴、善良、忠厚、乖顺。成了国际著名的科学家，当了大学校长以后，他每次回家乡几乎都是飞抵长沙后，乘出租车回家。他总是一到家就先拜见父母，然后分别上门看望村里的老人。有空就帮父母忙里忙外。每次回老家，他还不忘给老妈洗头、梳发。他的夫人也忙个不停，或陪老人家，或给老家的侄儿侄女们洗头洗衣。大年三十，他和夫人亲自下厨做好饭菜请家人吃团年饭。父亲病故后，他不忘带着妻子和女儿去安息在长谷岭的老爸墓前拜祭。

1973 年初，周院士在家乡的父亲因长期患骨结核，病情加重，卧床不起，院士身居重要领导岗位，还要致力高科技领域的研究，无暇抽身回乡照料父亲。他除请假回老家短暂陪伴父亲，其医疗费用几乎全由他承担。在家乡治不好，他就嘱咐弟弟们将父亲转到长沙湘雅医院住院治疗了一年，但仍不见效果。1975 年初，周院士便接父亲去北京医院动大手术。住院 8 个多月，他每天下班后总要去医院伺候父亲，假日更是陪在身边。未能病愈的父亲出院后，他把父亲接到自己狭窄的家里住了 5 个多月。院士住地离上班地很远，但他每天利用回家后的一切空闲时间精心照料父亲，为父亲接尿端屎、洗脸、洗脚、洗澡、换衣、洗衣、喂茶饭。总是清早起床照料好父亲后就去上班，下班一到家就来到父亲的房间，做完这些又脏又累又烦琐的事情后，就守在床前为父亲按摩痛处，和父亲聊天，让父亲开开心心过好每一天。父亲病情基本稳定后，其凤留父亲在北京养老，因为这时其凤把母亲也接来了北京，但父亲不习惯城市生活，也十分惦记老家，坚持要回老家照看乡下的儿孙们，在其凤家住了一段时间后，就回到了浏阳。然而，痼疾难除，1997 年，回乡养老的父亲最终安详地闭上了双眼。临终前，父亲紧紧地拉着其凤的手不放，老人实在是舍不得诀别他这个孝顺的好儿子啊！

1975 年 1 月，周院士结婚才不久，岳母就患病卧床，于 1976 年病故，岳父又接着瘫痪在床，生活不能自理。岳父母的儿子远在四川工作，难以回家，照料岳父母饮食起居，治病的事情就责无旁贷地落在了周院士夫人和他这个“半子”身上了。周院士如同对待自己父母亲一样，竭尽孝道，于 1978 年送别岳父。对周院士的义举，岳父母生前也是感激不尽，逢人必夸他这个虽是半子却是尽了人子之孝的好女婿。

尽管周院士身居高位，政务、科研繁忙，但他心系乡下的母亲。他与母亲建立了电话专线。除特殊情况，每年春节和母亲生日，他都要飞回老家看望母亲和乡亲们。周院士为了让母亲颐养天年，2004 年，他为主和 3 个弟弟一道为母亲设计并建造了一栋乡间别墅楼，并以母亲的名字命名为“美华堂”。他让三个弟弟的家人都住进这栋别墅楼，众星拱月般孝养母亲，让母亲尽享儿孙绕膝的天伦之乐。周院士亲自为“美华堂”题写了别墅名，还撰题了“重峦秀我，万象宜人”的门联，颂扬母亲“物我和谐，施礼于人”的人格和品格。

周其凤担任北大校长后还把孝心教育纳入了北大德育教育的重要内容，并身体力行，亲自抓紧抓好，他创作的《唱给妈妈的歌》在北大广为传唱……从而，孝道美德在北大校园蔚然成风。

周其凤对家乡的修路、架桥、办学等公益事业倾注着满腔热情。他委托母亲，凡要捐款的都要积极响应。他视乡邻为亲人，凡有困难者只要晓得的都要助一把。周其凤关爱学生，总是与学生打成一片。无论在吉大还是在北大当校长，每届新生入学，他都要亲自到校门口接学生，帮他们背行李到宿舍开铺，和他们一起包饺子进餐话家常。周其凤对母校感情很深。他每回浏阳必去泮春小学、浏阳三中、一中看望。每次去都要拜见恩师，有的恩师不在世了，他也要去恩师家慰问遗属，拜谒恩师遗像。

从浏阳的大山走向了国际舞台，当上了副部级高官的农民儿子周其凤就是这样一位科技精英，国家赤子。

全国学雷锋先进个人何煜：

新化汉子，湘西好人

湖南读书会

在湘西，有一位从新化来的汉子，他在拥有经济学博士、法学博士双学位的同时，还先后获得3个硕士学位，是一个典型的知识精英。

他先后被聘为清华大学中国文化创意产业研究中心高级顾问、研究员，清华大学总裁合作发展委员会常务副主任，中国政法大学博士校友会常务理事，对外经济贸易大学客座教授。

他先后33次受到中央、省、州表彰奖励，是中共中央办公厅表彰的全国先进个人，湖南省委表彰的全省优秀共产党员。

如果仅凭这些，在湘西生活网发此帖，可能没有多大意义！“高端大气上档次”方面够格了，“低调奢华有内涵”方面可能要失分不少，在这篇帖子里，我们不讲那些“高端大气上档次”的方面，专门讲讲这个人“低调奢华有内涵”的一面。

——孤老张义玉体弱多病，孤儿石超交不起学费，他每年从有限的工资中挤出4000多元予以资助；

——吉于村一农户家发生火灾，损失巨大。他获悉后，主动捐款800元，衣服139件；

——州中心血库血源告急，他又在单位里带头献血。

他，就是从新化县天门乡曙光村走出的汉子，被评为全省学雷锋标兵，全国学雷锋先进个人，获得全国学雷锋最高奖的湘西自治州政协文教卫体委副主任何煜。

何煜，1988年大学毕业后，被组织选派到湘西工作。他19岁进湘西，28年来，扎根湘西，倾情奉献，学雷锋，写大爱，赢得了当地干群的一致称赞。

尽心尽力助群众脱贫

2001年12月28日，何煜请缨，到花垣县排吾乡牛皮村扶贫。在这里，他了解到村民龙三高上有80岁的老母亲，下有3岁多的小孩，一家4口住在“篱笆墙”里，家庭特别困难。他请湖南雪峰集团援助水泥，并自掏腰包买来门窗、瓷砖，帮龙家修建了一栋崭新的红砖楼房，又修建了沼气池和羊圈，还给他们买来了山羊、母猪、耕牛。这点燃了龙三高致富奔小康的希望。

在牛皮村扶贫期间，何煜说农家话、吃农家饭，和群众打成一片。为了高质量修好羊圈，他不分雨雪阴晴，不分白天黑夜，不分工作日和节假日，蹲在村里与群众一起作规划、定地点、抓质量、督进度；他起早摸黑为群众购买材料、调运优良牧草种子。草种刚下地那段时间，他连续几天顶着烈日，一个一个山头检查牧草的种植情况和生长情况。有一天，何煜搭乘一台农用车给村里运送一头杂种羊，由于天色太早太黑，司机睡眠不足、视线不好，车子在矮寨坡上险些滑下陡峭险峻的岩坎。回到村里，他又忙着逐户给养羊户查看病症，一直忙到下午4点钟才吃午饭。

全力救助6名受难者

家住湖南省湘西自治州凤凰县林峰乡的蒋蛟、付胡军参加完高考后，会同另外三名高考成绩较好的同学一起外出打工，准备挣钱读大学。他们乘坐的农用小货车行至该县吉信镇满家村地段时，由于车速过快，翻倒在公路左边的路坝下，车上6人全部受伤。此时，陪同《中国扶贫与就业》杂志记者刘滨到基层调研的何煜恰好路过。见此情景他立即下车，对受难者展开救援。何煜发现剧烈撞击后的事故车严重变形，伤者卡在车内不能动弹，于是他带头找来木棒、锄头，一点点地撬开车门，再将伤者一个个"抠"了出来，背到安全地带。紧接着他一边组织现场救援，一边联系护送车辆与医院。就这样，从事发到伤者被送进手术室，只用了短短的1个多小时。据医生说，伤者失血很多，如晚送来半小时就有生命危险。

考虑到伤者大都是高考过后的贫困学者，何煜当场捐款200元，并积极奔走于州直部门和爱心人士之间，吁请全社会一起唱响爱的奉献。很快救助受伤学生的消息通过湖南电视台、《团结报》、湘西电视台等媒体迅速传遍了三湘四水，爱心善款也如潮水般涌来，最终募集到9万多元善款。

为山区孩子送光明

2007年5月，"昆山义工联合会"获悉凤凰县一些村办小学学生的贫困情况后，决定送爱到湘西，为贫困山区的孩子们出力。但是，昆山和湘西相隔千里，怎样才能保障爱心行动顺利进行?他们决定请何煜帮忙。此时，正在北京读研究生的何煜，热情地配合这次爱心大行动。他和义工们商量后，决定给那里的孩子们每人一个新书包、一套新文具、一身新衣服。随后，昆山义工们踊跃捐款捐物、积极奔走呼吁，共募集善款7306.5元、衣物2000多件以及众多的文具用品。

为了使爱心钱物及时送到贫困研究生手中，何煜从武警部队借来一辆大卡车和相关部门的同志一起把装有价值45万捐助物资的20个大箱子装上汽车。经过70多公里4小时的山路颠簸，终将物资送达学校。时隔一日，江苏昆山义工联合会来湘西了解捐赠情况，又购买了数千元的学习用品，捐赠给凤凰的学生。在参与昆山义工爱心行动的同时，何煜还成功地促成了搜狐社区湘西公益行活动，受助对象是湘西自治州吉首市排绸乡小学。2007年12月，搜狐社区发起“2007搜狐社区湘西公益行”活动，网友捐赠了26000多元钱。何煜不但积极参与捐赠，还主动担当起活动的联络和接待工作。

2008年初，我国南方地区遭受冰冻灾害，搜狐社区网友、搜狐社区及搜狐销售部员工担心受助孩子的情况，决定进行湘西公益行回访活动，同时开展了新的公益活动。这次何煜依然责无旁贷地承担了联系和接待工作。4月12日，何煜租来两辆大巴，把50多名携带捐赠物资的爱心人士从贵州铜仁机场接到吉首时已是凌晨3点，经过短暂休息后，他们又立刻从吉首出发前往排绸乡。当时，大雨滂沱，公路泥泞，车子颠簸行进4个多小时才到达排绸小学。何煜和搜狐员工将10000余元的文具、生活用品发放给学生，将搜狐公司员工捐赠的40400块钱送达学校。

何煜的爱心奉献，远非上述几例，而是数不胜数。有人说他就像女神一样，不停地向弱势群体送温暖。在他的心灵深处，已把学雷锋当作精神财富、把奉献爱心视作个人的幸福，把解危济困当成了自己的血魂。

对此，有人笑他傻，有人说他跟不上时代：“雷锋同志没户口，三月里来四月走。犯得上如此执着吗？”然而，何煜却不这样认为。在一篇文章中，他写道：“我理解和感悟道德之于生命的价值和意义，犹如血液、水源之于生命。道德并不是激昂的教义和口号，而是一种获得，是人生的积累。道德都能让生活变得更有质感，让生命变得更有厚度。

这就是何煜，一个用实际行动书写忠诚大爱的好人！

慈善家陈富刚：

用大爱情怀诠释多彩人生

◐ 涉江红帆

在湖南，处处都留有一串串红色的足迹与文化。这一首一首红色正能量的乐章，激励鼓舞着一代又一代湖南后辈。北京博爱妇女发展慈善基金会陈富刚会长就是其中一位被熏陶出来的出色慈善家。他是从山清水秀、鸟语花香的美丽湖南永州道县山区走出来的。如今，这一位从山区农村走出来的汉子的名字和他的慈善事业正在被越来越多的人渲染得绚丽悦耳：昔日的农村娃，今朝的大慈善家——陈富刚，每一个知道他事迹的人无不竖起大拇指赞不绝口。

陈富刚，湖南省道县人。大学毕业先后在国务院引进办中国引进报社、国家发改委宏观研究院、国家文物局中国秦文研究会，中华慈善总会贫困母亲救助项目办公室、北京博爱妇女发展慈善基金会工作。在慈善事业和帮助贫困妇女、儿童及监狱服刑人员未成年子女等救助工作中做出了积极贡献。

2012 年 7 月荣获 “中华慈善优秀工作者”、2014 年 9 月荣获 “中华慈善突出贡献奖”、2015 年 5 月荣获“慈善爱心大使”、2017 年元月荣获“公益中国慈善奖”、北京市慈善先进人物，从事慈善工作 10 年连续 7 年被邀参加“两会”、全国妇联三八妇女暨表彰会议。陈富刚会长以其朴实、乐于奉献的大爱情怀诠释着“有志者事竟成”的多彩人生。

温暖贫困母亲，关爱服刑人员的孩子

陈富刚总是用爱心感化高墙服刑妇女的孩子，温暖贫困母亲，让社会更和谐与温暖。2008 年陈富刚与爱心人士捐赠创建了贫困母亲救助项目和情暖高墙项目，负责中华慈善总会贫困母亲救助项目办公室工作。此公益项目与其他慈善机构共同开展了关爱贫困母亲行动和情暖高墙·关爱孩子项目，在北京、内蒙古、新疆、陕西、广西、安徽、河北、四川、甘肃、福建、山西、黑龙江、辽宁等 20 多省市针对贫困地区一批特殊贫困母亲、贫困妇女、大病救助以及贫困学子和福利院、孤儿院、贫困家庭开展了救助和扶贫；同时，在湖南省女子监狱、湖南省未成年犯管教所、司法部燕城监狱等 12 所监狱系统开展了帮扶工作，对部分监狱服刑人员未成年子女进行了帮助。10 年来开展关爱贫困母亲救助行动和情暖高墙·关爱孩子爱心活动，已累计发放善款和物资共计 9 千多万元，惠及 8 万多人次，使众多贫困妇女及其家庭和服刑人员的孩子等困难群众因此受益，被广大民众誉为“母亲的阳光，爱心的春雨”，并授予“中华慈善突出贡献奖”，特别是基金会设立的情暖高墙·关爱孩子公益项目是司法部监狱管理局唯一指导的特殊救助项目。2016 年 9 月荣获湖南省社会管理综合治理委员会办公室“帮教爱心单位”，2016 年 12 月荣获 CCTV 公益中国项目奖，受到了社会各界的好评和关注。

慈悲之心，大爱绽放

2012 年 7 月 25 日，辽宁省贫困母亲于桂华女士来到北京求助，她女儿赵允婕身患恶性肿瘤在 304 医院住院治疗，急需一部分手术费用，希望我们解决部分，为了帮助女儿治病，她把房也卖了，家庭十分贫困，只有母女俩相依为命。陈富刚主任接待了她，下午他匆忙赶去 304 医院了解情况。当时时间紧迫，按照财务正常程序会来不及，需要半个月，可救助要紧，他只好自己发动朋友捐赠，赶在 27 日手术前给她们解决了手术费。在后来的一年中，陈富刚主任带着同事多次看望她们，并在过节时组织爱心人士给母女俩送去慰问金。

2013 年 8 月 1 日凌晨，身患恶性肿瘤的 18 岁赵允婕因病在 316 医院去世。早晨 5 点多，于桂华女士给陈富刚打来电话，说女儿赵允婕走了。于桂华说还欠着一部分住院费用，火化也没钱了，希望我们给予她帮助。陈富刚当时在外省出差，因情况特殊，他接到电话的第二天晚上 10 点便急忙赶回北京。他与同事和好朋友魏振先生，带着 8000 元善款急忙赶往 316 医院交给于桂华女士。离开医院已是深夜 12 点多，他带着疲惫的身体回到了家。第二天早晨 7 点多，陈富刚带着工作人员去北京八宝山帮助火化，最后送一程可怜的赵允婕。

奉献爱心，点燃希望

陈富刚是一位特别真诚、善良的慈善工作者，也是非常有爱心的人。2003 年，他开始关注慈善，并以慈善志愿者的身份捐赠款物，帮助贫困大学生和贫困母亲及家庭，10 年来他自己捐款捐物价值达几十万元。陈富刚同志一直默默奉献自己的爱心，每次去贫困地区发放救助款或者走访贫困家庭，除了基金会救助款外，对特别困难的家庭他会自己悄悄地再给一些。他平静地说，他看不得老人和小孩困难，每次家访心里难受会流眼泪，回到北京好几天才平静下来。

2015 年，他随湖南女子监狱干警走访慰问服刑人员未成年子女及贫困家庭，行程 1700 公里。在走访 13 户因过失犯罪女性服刑人员和夫妻双方入狱的贫困家庭中，按照计划基金会已经给每户慰问金，可他每到一户看到服刑人员的孩子，实在太困难了，他自己悄悄地再给贫困家庭和孩子一些钱，一趟下来自己要掏大约 8 千元。后来被监狱领导看见，才得知此事，他路过自己的家乡回家看望父母的花销还是问朋友借的。

百善孝为先

2015 年，陈富刚把年迈的父母接到北京，父亲 87 岁是半身瘫痪，不能自理，而母亲 81 岁，有些老年痴呆。他每天花许多时间照顾他们，从早上开始，洗脸、做饭、洗衣服，把中饭做好放在桌子上再去上班，下班赶回来再做晚饭，晚上有时间分别给两位老人泡脚、洗脚。刚开始父母不好意思，时间长了也就习惯了。特别是给父亲洗澡，要放在凳子上洗，陈会长腰不好（腰椎间盘突出），每次抱着父亲非常吃力，会出一身汗，休息二次才能完成。父亲上厕所也不方便，需要在客厅拉屎拉尿，陈富刚每天坚持倒便盆。他怕父亲肌肉萎缩，晚上如果有时间就给父亲全身按摩，遇到出差时就叫基金会的同事和亲戚来照看。在他精心照顾下，母亲在北京二年来没感冒过一次，父亲身体逐渐好转。

陈富刚对母亲有着特殊的感情。“母亲心地善良”，他说，“今天我能从事慈善工作应该与善良的妈妈有关。我生于农村，兄妹众多。在我幼小的记忆中，经常有邻人将走街串村要饭的人领到家中，同样贫困的母亲从不嫌弃，好生收留照顾。要饭的又臭又脏不讲，有的人走时，还顺走家里的东西。在我印象当中收留了十几个。对此，同样少吃没穿的我们兄妹自然对妈妈多有怨言。”妈妈却告诉他们：“孩子，出门在外不容易，谁都有困难的时候，等你们长大就能体会到。”

2016 年下半年，他发现父母喜欢听歌，为了让父母开心，他学唱歌给他们听。父母听到歌曲非常开心，有时母亲还跟着打拍，站起来就唱起《没有共产党没有新中国》。陈富刚喜欢和父母开玩笑，一顿饭下来五六个笑话，有时候把母亲笑得肚子疼，直到他妈妈摇手说不行了为止。他说与父母一起住，虽然有些累，但天天能看到父母，很幸福。他深有体会地说，照顾老人除了物质更重要的是精神和陪伴。他还感慨，我们也有老的一天，父母一旦走了，就再也没有父母了……

慈善工作兢兢业业

在他负责贫困母亲救助项目和主持北京博爱妇女发展慈善基金会工作时，全国各地来求助的困难群众特别多。如果不符合条件，他就推荐到其他基金会或者与朋友一起帮助。求助人只要见到他,他就想办法解决,至今还没有拒绝过谁,也没被谁投诉过。

陈富刚会长做事认真,工作负责,经常加班到晚上10至11点才回家。提到家人,他难过地说,特别对不起孩子和家人,陪伴他们的时间真的太少了。10年来,帮扶工作涉及20几个省市,获得了社会效益,除了基金会救助工作,他自己帮助的人不计其数,同时得到了社会各界的好评。新华社、中央电视台、人民政协报、中国青年网、中国妇女报等媒体多次报道了关爱贫困母亲行动和情暖高墙·关爱孩子公益项目以及开展关爱贫困妇女儿童和监狱服刑人员未成年子女救助活动以及陈富刚本人的扶贫事迹。

慈善事业任重道远

今天的社会在不断发展,我国社会在转型中,目前困难群众还有几千万,多数是贫困妇女、儿童、残疾人及服刑人员未成年子女,约占60%。特别是因病致贫、因灾致贫、大病救助、残疾人救助,这是一个社会系统问题,慈善机构作为保障体系中的补充,需要社会的大力支持和理解。

他常常说自己就是个普通的慈善工作者,我们要把爱心企业和爱心人士捐赠的钱管好、用好,帮助真正的困难群众,才能够赢得信任;他还说慈善工作除了按照国家的法律法规执行外,慈善工作者最重要的是真诚、善良、慈悲,这样才能做好扶贫救助工作。

慈善也是一份责任,参与做慈善,是我们的感恩。他希望人人参与慈善,人人奉献爱心,我们的社会就会更加和谐。

一路采访,一路收获满满,感动连连。每每被陈富刚会长的感人事迹感染着,震撼着。让我们追寻着这位从湖南永州道县山区走出来的优秀慈善家陈会长的闪光足迹,大力发展慈善事业,传递爱心,凝聚力量,慰藉心灵。让我们携手起来,共同关注困难群众,支持慈善事业发展,为实现中华民族伟大复兴的中国梦贡献自己的一分力量。

鞍山好警察祝恩霜：

传承雷锋精神的“央视歌画第一人”

◐刘　奇

央视舞台是令人瞩目的焦点，当一个身穿警服，胸戴勋章的警官出现在央视新春舞台，向全球华人拜年时，顿如金鸡报晓，引吭高歌，全场欢呼。只见他手拿巨毫，一曲嘹亮的歌声响起，边唱边画，在优美悦耳的歌声中，一只英武俊秀的大公鸡傲然挺立，跃然纸上。鸡冠鲜红如火，熠熠夺目，鸡尾黑亮如金，飘洒有力。央视的收视圈霎时轰动，密切关注舞台的全球华人无不为之叫好。

这位有着一手歌画绝活的警官就是航天英雄杨利伟的战友，来自辽宁省鞍山市公安局铁东分局的祝恩霜。

鞍山是雷锋的第二故乡，是一片英雄辈出，薪火相传的土地。祝恩霜曾在解放军空军第六飞行学院学习过，与航天英雄杨利伟是空军第二航空预备学校的好战友，两人朝夕相处，祝恩霜从杨利伟身上学到了很多优秀品质，转业后成为一名交警。他时刻不忘军人的本色，1985 年夏天在执勤时，街头闹市车水马龙，忽然出现了险情，一辆马车受到惊吓，挟着巨大的车马声狂奔而来。这正是交通繁忙的时候，惊马如猛兽般疯狂冲撞，人民的生命安全受到严重威胁。面对惊险的一幕，祝恩霜毫不犹豫，挺身而出，立刻迎着狂奔的惊马冲上去，飞身跃起，一把抓住惊马的缰绳，拼力往下压。

祝恩霜身材不高，体质瘦弱，岂是惊马的对手？惊马凶猛如虎，突然被拉住缰绳，愈发暴烈，仰头长嘶，拖着祝恩霜继续狂奔。在这生死时刻，祝恩霜毫不顾及自己，人民的生命安全重于泰山，他伸出双臂用力抱住惊马的头颅，咬紧牙关要与惊马拼了。

祝恩霜肩扛蓝盾，勇于担当，拖着瘦弱的身体与狂奔的惊马和滚滚车轮进行殊死搏斗，稍有不慎，后果不堪设想，周围的人们都惊呆了。

在群众受到危险的紧要关头，祝恩霜没有丝毫的犹豫，心中只有一个坚定的信念，人民的利益高于一切，保卫人民的生命安全，义不容辞。

惊马一路狂奔，祝恩霜用全部的力气牢牢抱住马头，决心与惊马拼搏到底，他只要还有一口气，就要忠实履行人民警察的神圣使命，一缕鲜血染红了蓝盾，一颗红心映亮了钢城，祝恩霜胜利了，他以一个复员军人的坚定和勇敢战胜了惊马，以一个警察的赤胆忠心保护了人民群众的生命安全。

祝恩霜勇拦惊马的消息登上了《鞍山日报》，他顿时成了鞍山的刘英俊，成为人们群众爱慕的英雄。

还有一次，祝恩霜在一个铁路道口执勤时，一列火车正驶向厂区。忽然，一个骑着自行车的小伙子疾驰而来，一场惨祸即将发生。千钧一发之际，祝恩霜大喊一声，如利箭一样冲上，在火车驶来的瞬间，抢先一步把小伙子救下，火车挟着巨大的轰鸣声贴着他的脊背隆隆驶过。

祝恩霜以自己的老战友航天英雄杨利伟为学习榜样，凭着对党的无比忠诚和坚定信念，坚守在人民警察的岗位上，不忘初心，牢记使命，时刻心系人民群众的安危，谱写了一曲又一曲见义勇为的爱民赞歌。

祝恩霜在担任对炉派出所副所长时，一个有着精神病史的小伙子突然病情发作，手中握着菜刀，两眼血红，狂躁不已，操起刀来胡乱砍人。周围的百姓惊慌失措，家属也是束手无策。关键时刻，祝恩霜带着一个民警火速赶到现场。面对百姓安危的关键时刻，他决不能让人民群众受到伤害。但是，祝恩霜面对的是一个挥刀乱砍的精神病患者，他不能硬拼，只能斗智斗勇。他一边躲闪精神病患者的疯狂砍刀，一边勇敢地向前迎去，面带微笑，巧妙周旋。趁其不备，他一个箭步冲上，几经搏斗，顾不上自己被刀划破的手臂，终于夺下血染的刀。他来不及包扎自己的伤口，心中只想一定要救助这个患病的小伙子，连忙与战友一道将这位患者送往医院治疗。

祝恩霜从警多年，经历了数不清的突发事件，成功地救助了许多危难群众，被人民群众称颂为“信得过的好警察”。

祝恩霜出身书香世家，红色家庭。父亲祝洪烈是共产党员，身为语文教师，擅长文学艺术；母亲赵玉香作为一名优秀的共产党员，70 年代被评为商业战线服务标兵。这些对祝恩霜的成长有着至关重要的影响，良好的家教让他健康成长。祝恩霜从小跟随父母学习音乐，学习绘画，受到艺术的陶冶，心中对祖国，对人民充满了大爱。他是警察，也是一名优秀义工，热衷于慈善事业，积极参加各种爱心活动。他与道德模范郭明义结为最好的朋友，是郭明义爱心团队的一员。有一次到养老院慰问时，他给老人画画，有的老人视力不好，无法看清楚他的画，非常着急。祝恩霜便停下画笔，放开歌喉为老人唱歌。可是唱歌耽误画画，这怎么办？祝恩霜心中一急，索性一边唱一边画，他要让所有的老人都能得到欢乐和艺术的享受。

这次爱心经历打开了祝恩霜一扇心灵的天窗，他立刻想到，自己可以独创一门边画边唱的艺术形式。然而，绘画需要全神贯注，凝心聚力，唱歌也需要全身发力，五脏共鸣，容不得三心二意，他又该怎样将这两门风马牛不相及的艺术融为一体呢？

谁也说不清楚祝恩霜为此用了多少心，出了多少力，在一次次的爱心活动中，祝恩霜按捺不住自己的心情，忍不住又唱又画，一幅幅蕴含着优美歌声的画作问世了。

祝恩霜的艺术创作获得了成功，但他毫不满足，心中有了更高的追求和思索，怎样才能在歌声和绘画中唱响时代主旋律，高声赞美祖国呢？

祝恩霜作为慈善义工，来到乡下资助贫困孩子读书。祝恩霜工资不多，妻子王萍从事法官工作。夫妻二人相濡以沫，恩爱有加，不求富贵，有着同样的爱心，过日子省吃俭用，甚至几年舍不得换一件新衣。祝恩霜和妻子王萍把省吃俭用的钱积攒起来，像郭明义那样一次次地捐助贫困学子。接受捐助的贫困孩子不知怎样感激，捧起家中的一只大公鸡要答谢。祝恩霜立刻被这只美丽的大公鸡深深吸引了，心中想到，中国的版图多像一只昂首屹立的大公鸡，鲜红傲立的鸡冠，犹如旭日东升，光芒万丈。五彩鸡尾高耸，雄劲有力，犹如群山巍峨，江河澎湃，多么雄魄壮丽。

祝恩霜立刻找到了创作方向，他要用雄鸡一样的激情，唱起最响亮的歌曲，展开雄鸡的双翼，大笔描绘祖国。他要让日益强大的中国在雄鸡的啼鸣中昂着傲立。

爱党爱国是亿万中国百姓的崇高心愿，祝恩霜牢牢抓住这个时代主旋律，放声歌唱，大笔描绘，作品充满正能量，深得百姓的喜爱，争相收藏。祝恩霜在艺术创作追求和探索中获得了巨大成功，他一次次走上央视舞台，被誉为“央视歌画第一人”。全国各地的电视台纷纷邀请他现场表演，观众反响极为强烈。

祝恩霜的画作影响很广，多次应邀参加各种书画展和大奖赛，荣获世界华人书画大赛金奖等诸多奖项。他在荣誉和成就面前不骄不躁，愈发谦虚谨慎，爱心博大，无偿奉献。有一次，他在央视参加晚会时，发现来自南方某城的一支少年演出队由于缺少资金，回程旅费出现了危机。祝恩霜当即在晚会现场拍卖了自己刚刚完成的一幅歌画艺术品，将拍卖的 3 万余元款项全部资助这支少年演出队。

祝恩霜的艺术创作得到报酬，体现了艺术家的劳动价值，但他得到的纸币还没捂热，常常便当场捐献出去。因为他的眼里看到了亟须救助的孤寡老人，还有需要帮助的贫困学子。他把一个艺术家的作品化作一颗颗爱心呈现给人民，为了社会的和谐稳定和人民的文化娱乐献出自己的光和热，把满腔热血化作人们最需要的“作品”，让所有的人饱享祖国改革开放的春天。

这就是鞍山的好警察祝恩霜，充分展示了德艺双馨艺术家的高尚风范。祝恩霜作为雷锋精神忠实传承者，如同一颗耀眼的艺术新星，熠熠闪烁，为人民群众带来了更新更美的画图，庄严地展示了一个中国警官的壮丽风采。

人民公仆易延凤：

为国家奉献青春，为百姓谱写诗篇

◐左　笔　红　帆

“卢峰山下溆水河畔，有我们的美丽校园。历史悠久的溆浦一中，是青年奋斗的乐园。……卢峰山下溆水河边，有我们的美丽校园。环境优美的溆浦一中，是人才辈出的摇篮。……为了祖国，为了人民，我们愿装点河山，把美好青春无私奉献。”

这是位于美丽的溆水河畔的溆浦一中的校歌，主要词作者是易延凤。易延凤是从溆浦一中走出去的，大学毕业后又回母校工作。这首校歌歌词，饱含了他对母校深沉和真挚的爱。当年写这首校歌时，他参加工作不到1年，还是一个20出头的年轻小伙子。他的这首校歌是写给母校成千上万名莘莘学子的，也是写给他自己的，是对学子们的殷切期望，也是对自己的青春承诺。

（一）

易延凤是从湖南省溆浦县走出来的一位领导干部。他在溆浦工作了20多年，历经10多个岗位，最后从县委常委、常务副县长上调任怀化市农机局党组书记、局长，而后又调任怀化市政协任市政协常委、文史委主任、提案委主任至今。30多年过去了，易延凤用自己的行动践行着当年的诺言。

易延凤是有着浓烈草根情节的作家、诗人、楹联家。他是中华诗词学会会员、中国楹联学会会员，湖南省作家协会会员、湖南省诗词协会会员、怀化市诗词楹联协会常务副会长兼秘书长。诗词作品入选《中国当代诗词大典》《中国最美爱情诗》《新世纪新诗典》《中国对联作品集》（2017年卷），连续多次入选《中国诗歌网》每日精选、每日好诗，有多首（副）诗词楹联作品在《中华诗词》《中国楹联报》《中华楹联报》《中国诗歌网》《湖南日报》《湖南诗词》《夏风》等多家报刊网站发表。

（二）

2002年9月25日，这是一个特殊的日子，也是易延凤至今回想起来都觉得有些酸楚的日子。

那天是他父亲70大寿，他不记得有多少年没和父亲一起好好过一个生日了，有多久没有好好陪父亲说说话了。那一天，他把所有的事情都推掉了，想好好地陪父亲一天。那一天，父亲也很开心，拿出象棋，两人对弈厮杀。

正当两人的棋杀得难分难解时，县长打来电话让易延凤马上动身去长沙争取交通项目。易延凤看着父亲很是无奈，父亲却对儿子这样的状况习以为常，拍着他的肩膀说："孩子，去吧，你是党的人，要以工作为重，我等你回来再分输赢。"听了父亲这番话，易延凤心里有些内疚，但更多的是感激，他收拾几件衣服就朝着省城出发了。

是啊，这么多年来，父亲的谆谆教诲激励着他，家人的无条件理解支持着他。工作几十年来，他不忘初心，完成了一件又一件工作，争取了一个又一个项目，创下了一年又一年佳绩。在他任副县长分管教育时，在他努力工作下，溆浦高考取得了历史性的突破。分管交通工作时，在他的争取下，交通项目相继落地实施，浦大桥经过加宽加固，由一座危桥变为一座民心桥；140多公里通乡公路完成了路基改造，投资800余万元的39个通村公路项目全面启动；投资5亿多元创下全国最长连接线记录、80公里的邵怀高速公路溆浦连接线建成通车……

面对国家、面对党、面对人民，易延凤用他的努力，漂亮地兑现了一个又一个诺言；而面对老父亲、面对妻子、面对女儿，他却失信了一次又一次。他把陪女儿玩一天的诺言兑现成了一个又一个“下次”；把对家人的承诺兑现成了一声又一声“对不起”。

（三）

“在丘陵山区推广农机仍然任重道远，不仅要打破地理上的沟坎，更要破除农民思想上的障碍。”在易延凤看来，困难只是弱者的借口。易延凤说：“虽然在山区推广农机有重重困难，但事在人为，我们愿意用十分的努力换取农民哪怕一分的轻松。”正是易延凤和怀化农机人凭着这个“十分努力”，使怀化市2015年水稻机收率达到62%，从2010年的38%连年递增，仅略低于全省65.5%的水平，这样的成绩对于丘陵山区来说实属不易。全市已拥有85家在工商注册的农机专业合作社，入社成员2997个，基本形成以农机专业合作社、农机作业公司、农机经纪人为主体，农机大户为基础，基层农机推广、培训、维修、信息服务和投诉监督等服务组织为支撑，政府支持服务为保障的新型农机社会化服务体系。

2015年8月，经湖南省农机局推荐，《农民日报》记者对为怀化农机化工作付出努力和血汗的易延凤进行了采访。8月25日，《中国农机化导报》刊发了《中稻喜丰收，农民盼机来》一文，长篇报道了易延凤任职怀化市农机局4年多来怀化农机化工作所取得的成绩。

2015年10月，易延凤积极支持政府机构改革，卸任怀化市农机局党组书记、局长，改任怀化市政协常委、文史委主任。上任伊始，他团结带领文史委一班人，积极发挥专委会作用，扎实开展文史资料征集编辑工作，完成市政协常委会、主席会议和市政协党组安排的各项工作任务，取得了很好的成绩。

为了总结经验，展示成果，也为下一届政协委员、承办单位和从事提案工作的同志提供学习和借鉴，易延凤担任主编编辑出版了《政协怀化市第四届委员会提案精选》，共收入提案 84 件，提案答复件 84 件，撰写提案再现 36 篇，计 35 万余字，167 幅图片。

（四）

易延凤一边工作，一边用诗词楹联记录美丽。读延凤写的诗，你会在诗中看到时代的踪迹，看到他前进的脚印。每一首诗，每一副楹联，似乎都在给我们讲一个真实的故事，或感动，或悲怆，或提气，或给力。他的诗，立意高远，充满着对朋友、对家人、对社会，对美好生活、对党、对人民、对大自然，对世界的无限热爱。“易延凤的妻子对自己丈夫的诗作了很好的评价，两人相识相知到相爱相伴已经 30 余年，作为妻子默默支持着丈夫的工作，但她爱的却是这位才华横溢的浪漫诗人。”

易延凤是一个诗词楹联爱好者，风花雪月可为诗联，虫鸟鱼虾亦可为诗联，他的诗充满着灵性，他的生活亦充满着诗情画意。他的诗联题材丰富、意境深远，浪漫主义与现实主义并存，豪放与婉约并举。他的作品集中在由中国文联出版社正式出版的《我和冬天有个约会》、散文集《前进的脚步》两本书中。

2001 年春节刚过，县里决定扩宽省道 1802 线，让易延凤担任常务副指挥长，负责全长 42 公里公路拓宽改造工作。3 个月，他一直在工地第一线。当 1802 线即将竣工，喜悦让这位浪漫的诗人躲进了自己的小房，一气呵成写下了《哦，1802》：“把那张工程竣工验收单卡在手里/你狂热的心动不要停息/记住炮火连天的日子/长长的战线上人流如织/总结并不一定意味着结束/验收只是新的开始/乘上疾驰的直达快车/让人车路陶醉自己……/我收藏着那张带有 1802 印记的车票/我收藏着那些工程验收单/不为表扬/不为请功/但知道人民的企盼化成了现实/回味时我握紧拳头狠命地呐喊：/哦，1802，哦，1802！”这是炽热的心深情的呼唤，这是炽热的心滚烫的语言。

如今，易延凤双鬓已些许花白，岁月开始在他的脸上镂刻印痕，然而，他对国家的热爱、对党事业的热爱、对人民的热爱、对大自然的热爱、对诗词的热爱分毫不减。

他面对两岁的外甥女会写：“专挑漂亮紫衣裳/两岁女娃着盛装/一口一声三舅舅/亲情荡漾满华堂。”朴实无华的文字正如朴实无华的人。

他会时时想起农村的艰苦生活，感恩老百姓的淳朴感情，回忆起儿时的生活片断，再用诗的语言加以表达。“漫山遍找两头牛/夜起凉风母更忧/老父接儿十里地/一行月影走深秋。”

他在溆浦县委、政府机关工作生活20多年，对机关的一草一木，非常有感悟，其中的一棵千年香樟树特别引起了他的感慨：“煌煌老古樟/宅住县衙旁/阅尽千年事/无言话短长。”

他策划了怀化“吟颂脱贫故事，弘扬传统文化”脱贫攻坚诗词楹联选登活动，得到全国十多个省、市诗词楹联家的支持，在《边城晚报》已经发稿600余首(副)。他自己也动手写稿：“引老乡，回故乡，脱贫点子条条棒；联强者，扶穷者，致富山村处处新。”他的心在哪里，他的诗联就在哪里。

他面对几近花甲的人生，慷慨写道：“华年对酒论乾坤/莫怨人生短度春/沐浴朝晖心不老/谁言花甲是黄昏。”豪放乐观的心态注定人生充满精彩。

沐浴春晖心不老，谁言花甲是黄昏。让我们来记住这位人民的好公仆，记住这位浪漫的好诗人、楹联家：个头不高不矮，不胖不瘦，方方正正的国字脸，轮廓分明，浓浓的眉毛，深邃的目光，满脸的络腮胡子，看起来沉稳、老练、深情的易延凤。

“传奇哥”曾征：
行善事，践善行，做善人

◐ 梦　斯

在湖南星沙有一位家喻户晓的“传奇哥”，“传奇哥”相貌平平，皮肤黝黑，放在人群中毫不起眼，“传奇哥”现在的正式工作仍然是一名基层工作人员，本职工作也没有传奇色彩，“传奇哥”一妻一女，家庭背景更是和中国大多数家庭一样简单，没有惊世骇俗的传奇样貌，没有轰轰烈烈的传奇事业，没有显赫的传奇家世，那么“传奇哥”这个名字究竟是怎么来的呢，且听本文作者一一道来。

“传奇哥”本名曾征，是长沙县宣传部门的一名基层工作人员，然而就是这样一名看似平凡普通的基层工作人员却坚持做了一份常人难以想象的慈善事业。

2015年元月，曾征和朋友一起创办了星沙读书会，目的就是想推广读书活动。当时他们的想法很简单，把读书会做好，让更多的人爱上阅读。读书会创办初期并没有固定举办活动的地点，曾征就开始和一些咖啡厅等商业场所合作，几场活动做下来，因为场所的不固定和商业场所的环境不够纯粹导致读书会所举办的活动并没有达到理想的效果。他们开始思索解决这个问题的办法，这个关键的问题得不到解决，读书会就陷入发展的瓶颈，弄不好甚至会难以继续。

曾征意识到问题的严重性，冥思苦想了很久，一时也没有找到解决问题的好方法。一天，他回到家坐在客厅里面看书，抬头看了下客厅，突然一个想法从脑海里蹦出来，可以把自家客厅改成一个书屋作为读书会固定的活动地点啊。而要实现这个想法首先就要征得妻子女儿的同意，因为家里本身面积并不大，如果再将客厅改成书屋，家里可用的空间将会更加狭窄。曾征自己也意识到这个问题，但是目前没有比这个更好的办法了，他还是将自己的想法跟妻子和女儿说了，出乎意料的是，他的妻子和女儿竟然支持了他。

有了家人的支持，曾征设在自己客厅的书屋很快建立起来。他自己本来就收藏了不少书籍再加上其他人的捐赠，客厅里的几个大书架很快便塞满了各类书籍。书屋有了，读者也多起来了，他开始琢磨着给书屋起一个名字，“传奇书屋”是他给自己的客厅书屋取的名字。有了名字，就有了标志，有了标志，读者、会员、书友、邻里之间就因为“传奇书屋”而有了心的连接。随着“传奇书屋”读者队伍不断地扩大，书屋开始在星沙凤凰城一带小有名气，而创办人曾征也被读者们称为“传奇哥”，“传奇哥”的名称便是由此而来。

现在曾征的传奇书屋已经有了自己专门的地方，他在小区业委会和物业公司的支持下，在6栋架空层新建了一家公益阅览室，面积有100余平方米，已经增设书架和杂志书柜，24小时免费开放，引导更多的家庭加入阅读行列，书屋的空间更大，能容纳更多的读者。传奇书屋是一个完全公益性质的书屋，创办的初衷是为读者提供免费的书籍，2016年被湖南新闻出版广电局、湖南省妇联评为“湖南书香之家”，长沙县仅此一家。今年3月荣获湖南省“雷锋式志愿者”荣誉称号；而现在传奇书屋已经不仅仅是一间单纯意义上的书屋，“传奇书屋”四个字被曾征和他的伙伴们赋予了更多内涵和意义。

2017年9月29日晚，松雅湖小学的大礼堂正在举办一场亲子爱心活动，这也是曾征和他的传奇书屋为脑瘫儿童举办的爱心活动。数十位脑瘫儿童在家长的带领下出席活动,他们的故事也让现场观众泪目。这场爱心活动的举办也让更多的人了解脑瘫儿童家庭遇到的困境，让更多的人伸出援助之手帮助这些没有被上帝眷顾到的孩子。

举办爱心活动只是曾征和传奇书屋爱心团队行善事的冰山一角，在平时他们都会定期探望这些脑瘫儿童。脑瘫儿童救助中心有任何需要帮助的地方,他们也是义不容辞,想尽办法为其解决问题。他们不喊口号只是一直默默地用实际行动来践行慈善。现在传奇书屋的队伍还在不断地壮大,以“传奇书屋”命名的书屋有 3 家,还有其他志同道合的伙伴也在曾征的影响下创立了自己的书屋,也有更多的爱心人士加入曾征的慈善队伍,传奇哥的慈善版图已经开始走出星沙,辐射至整个长沙,整个湖南,甚至相隔千里的山东等地的爱心人士也慕名前来加入传奇哥的爱心队伍。

创办爱心书屋，关爱和帮助弱势群体等一系列公益爱心活动花费了曾征很多时间和精力,但是,传奇哥的能量好像用不完一样,做好传奇书屋的同时他还创立了降龙篮球训练营。曾征从小就爱打篮球,当他看到现在很多的小孩子都沉迷于网络、电脑、手机,不爱运动所导致身体素质越来越差的时候,他觉得自己可以做一些事情来改变这种现状。

这时候翔龙篮球训练营应运而生。他自己免费教训练营的孩子们打篮球,带领他们体会运动的快乐。他说他现在的目标是教会 10000 个孩子打篮球。其实,真的教到 10000 个孩子的时候,他也不会停止,只是会重新制定目标,然后继续自己的公益事业。

对传奇哥曾征来说,慈善就像是长征,他没有给自己设立终点,在他看来慈善不是苦难的长征,而是快乐的长征。

平凡的我们常常无法做伟大的事，但是我们可以用伟大的爱去做些小事,身体力行,做一个善良的人,尽自己最大的努力去帮助他人,奉献社会。看到这里,相信读者朋友们觉得传奇哥确实是名副其实,传奇哥和他传奇书屋的公益爱心活动还在继续,愿这些行善事,践善行,做善人的爱心人士都能得到好报。

“湖南好人”罗文英：

她用双拐撑起生命的蓝天

◐ 涉江红帆

她身有残疾，却乐观地面对生活，坚强地拄着拐杖，携手一群爱心人士组成“志愿者”，乐此不疲地帮助需要帮助的人。爱传千万家。她就是2018年“湖南好人”、溆浦县志愿者协会会长罗文英。

家训：吃亏是福

罗文英今年50岁，家住湖南省溆浦县城卢峰镇。她小时候患上小儿麻痹症，现在还靠拐杖行走，虽然行动不便，但她从小就乐于助人。

在罗文英的记忆里，父亲罗玉堂对她说得最多的一句话就是吃亏是福。小时候，奶奶因病瘫痪在床，生活无法自理。父亲把奶奶接到身边，一边工作一边照顾她长达 8 年之久。每天早上，父亲都会准时把早饭端进奶奶的卧房，喂给奶奶吃。罗文英每天放学回家，也会像父亲一样一口一口给奶奶喂饭，陪她聊天解闷。

除了孝顺，父亲助人为乐的热心肠也对罗文英产生了莫大的影响。罗玉堂以前是一家建筑公司的会计，在公司最困难的时期，因为发不出工资，一些贫困工人家里断了炊。罗玉堂在自己家并不富裕的情况下主动借钱，让他们买米买油，渡过难关。

罗文英长大后，继承了父母身上的优良品质。2008 年，一个偶然的机会，她报名参加了溆浦网络志愿者组织的活动，感受到“赠人玫瑰、手有余香”的快乐。第二年，她便与其他爱心人士发起成立了溆浦县志愿者协会。

协会成立之初，会员总数不到 30 人，组织者仅 5 人。自 2010 年 12 月担任会长后，罗文英拄着拐杖四处奔走。目前，协会已发展志愿者 1086 人，筹集善款 400 多万元，帮助困难群众和失学儿童 1000 多人，开展社区志愿服务 1000 余次。罗文英被评为湖南省优秀志愿者、最美志愿者、“湖南好人”等称号。每次活动，罗文英都要精心组织、策划，拄着双拐到场，全县 25 个乡镇都留下了她的足迹。

做公益是最幸福的时刻

这些年，她留给别人的不是荣耀，而更多的是一份份感动。她不拿协会一分钱的工资，每一个志愿者也没有动用过爱心善款一分钱，协会更不存在接待费用，外地兄弟团队来人住宿都是罗文英自己或者有关联的志愿者主动掏钱解决。

有一次，罗文英为爱心人士来溆浦回访学生安排流程不幸骨折，仅仅为了一句“你来溆浦，我全程陪同”的承诺，她居然还真的陪了 40 多人的长沙团队两天走访、捐赠贫困孩子，活动完后回到家，她却卧床了半个月没下地。医生再三叮嘱她注意别走远路，至今腿上还有三个钢钉的她，依旧跋山涉水走在乡间小路上坚持做公益。她说，做公益是她最幸福的时刻。

为了能够摄下最美时刻，留下最美记忆，她学会了摄影、PS 相片，学会了录像，制作视频，也学会了做表格，成了全能型人才。每天忙忙碌碌，充实无比，生命的字典里没有“无聊”这两个字眼。

有一年，她带队帮 5 个平均年龄 93 岁的抗战老兵重走革命之路——长沙岳麓山，帮助96岁的抗战老兵去湖北见101岁的老战友。一路上，她也是提心吊胆，战战兢兢，老兵上厕所都叫志愿者陪着，生怕安全出任何问题，梦里都在想着如何把老兵安全带回家。

据统计，2015年一年，她在路上实地走访的时间是709个小时，在电脑上的时间每天超过5个小时。全年志愿时间超过2500个小时。走访的300台车次全部来自义务赞助，因为她的爱心感染，带动了更多的爱心人士加入活动中来。

一次在机场候机，她邂逅了台湾高先生，聊起她的公益，高先生感觉非常投缘，当即就表示要加入他们的爱心团队，并拿出一沓钱捐给孩子们。从那以后，高先生每年都会捐赠爱心善款给贫困孩子。高先生说：看见你，我就乖乖拿钱，心甘情愿被你打劫。

罗文英说："协会里的志愿者绝大多数人经济条件都一般，但是他们都有颗做公益的心，做公益与钱多少没有关系。"

助人为乐代代传

这些年，罗文英经常约时间和老公一起去乡下看婆婆，但总是因这事那事而失约，一年都去不了几回，而且还是一拖再拖。

她的丈夫和女儿非常理解，还多次一同参加志愿服务，进社区当义工，去乡村爱心助学，关爱抗战老兵……"父亲的言传身教让我感受很深，这可能是我从事公益的初衷吧。"

女儿李思妮上小学后，罗文英很注重培养她的独立意识。除了必要的生活费，不会额外给她零花钱。受父母影响，李思妮也十分热衷公益活动。上大学后，李思妮利用课余时间，做兼职赚钱。她将赚来的钱大部分捐给了志愿者协会发起的募捐活动和贫困学生。

做志愿者这些年，通过各种渠道，她帮助学生寻找一对一捐赠人，帮捐赠人寻找一对一的资助人。帮亲人寻找亲人，帮同学寻找老师。能做的，能管的，可以不用管的，她全部都去做了。

她希望越来越多的人能加入志愿者队伍，传递正能量，帮助需要帮助的人，让社会变得更加温暖。

她的事迹，感动了包括全国妇联焦扬副主席在内的无数人。一路上，除了大爱、坚强和善良，还有许许多多的艰辛与困苦……但是她都笑着挺过，继续前行。她用双拐撑起了生命的蓝天。

浏阳市优秀计生工作者黄海霞:

青春献给了“天下第一难事”

余振魁

如果不是深入采访，很难相信眼前这位文秀的年轻妹子就是浏阳市“2013 年十大杰出青年”，市“2014 年劳动模范”，连年“优秀共产党员”，“优秀计生工作者”……

就是这个文秀的，拥有很多串耀眼光环的妹子，冲破世俗偏见和种种阻力，勇敢地肩负起浏阳市计生服务站党支部书记兼副站长的重担，无怨无悔地把青春奉献给了“天下第一难事”。

看了我这段文字，大多数浏阳人就能一口肯定，她就是如大海朝霞般灿烂的黄海霞。

（一）

1976 年，黄海霞出生在浏阳官桥农家。海霞自幼天真烂漫，人见人爱。她在校一直表现良好，读初中就加入了共青团。她学习刻苦，成绩优异，家人和老师都希望她能上重点大学，可她初中毕业后却自主选择考入了长沙卫校临床专业，她要做个医生，为解决当年父老乡亲们看医难的现状。1994 年毕业，当党和人民需要她干“天下第一难事”时，她又毫不犹豫地走上了浏阳市计生技术服务站的一线岗位。而这，却与她所学的专业不相符。她下决心一定要苦学苦练计生技术，尽可能减少育龄兄弟姐妹们的痛苦。因当时站里人手紧缺，脱产学习不可能，她就把工作之余的时间几乎都用在了自学上。她虚心向临床经验较丰富的同事请教，在实践中学，对照书本学，不到一年，她就在节育手术等方面能独挡一面了，而且手术都做得很成功。计生局领导见小黄妹子是块好料，2000 年和 2005 年选派她分别到湖南省中医院附属第一医院和浏阳市人民医院进修了 1 年。

在岗和进修期间，小黄要求自己做到三多：多挤时间学习，每天提前 1 小时上班，推迟 1 小时下班；多临床学习，不管哪个老师做手术，只要她能抽身，她都申请到手术室当助手；多积累、分析临床术例，总结其经验和教训。为了提高专业理论水平，她参加成人高考，于 1998 年与 2006 年取得湖南医学高等专科文凭与华中科技大学相关专业的本科文凭。终于她这个学习狂成为浏阳计生技术服务的骨干。2011 年 6 月，古港有位妇女上环后身体不适，在某市级医院进行取环手术时环断裂剩下一截，医院建议其进行宫腔镜检查。患者极其害怕也没有经济承受能力，后转到市计生技术服务站，仅花了 10 多分钟就成功将残留的一截环完整地取了出来，患者没有什么痛苦感。

掌握了精湛的技术，小黄更加刻苦学习，工作更加认真。她常说：“学无止境”“医疗安全重于泰山”。她从业迄今 20 年，上环、取环、结扎等各类手术达 21800 多例，无一例出现差错，更未出过事故。

（二）

计生工作是公认的天下第一难事。作为从事计生技术服务的黄海霞是深知其难的，而且是在与困难的拼搏中走过来的。20 世纪 90 年代来服务站做终止妊娠和节育手术的人非常多，而站里人手少，黄海霞义不容辞地担当起了主将。她通常是从一台手术下来就马不停蹄地上第二台手术，往往是从早上 8 点一直干到晚上 10 点，几乎没有休息，最多的一天做结扎手术 30 例。累极了她就趴在桌子上打个盹；饿了就在手术室吃盒饭。有一次为了完成节育手术，小黄一连坚持了六天六夜加班工作，每天休息不足 5 个小时，一个星期下来，人瘦了 3 斤。20 年如一日，黄海霞就是这样把工作放在第一位全力拼搏，即使自己怀孕了，她也仍然拖着孕身坚持站手术台。

黄海霞情系万家却忘了自家。女儿降生才 40 天，她就回到了工作岗位。平日早出晚归，节假日加班是常有的事，少了对家的照顾，对丈夫和女儿的关爱让黄海霞引为愧疚，不过，她总觉得这样做是值得的。2007 年小黄担任科室主任后担子更重了，压力也更大了，为了确保医疗安全，凡高危疑难手术她都要亲自把关。有一次，一名剖宫产后 8 个月的妇女已怀孕 4 个月来站里引产，出现产程阻滞。她做了一天的手术，已是累得全身要散架了，但想到那位接受手术妇女的安全，小黄仍然守在患者床前，观察产程，直到安全分娩。深夜当她回到家时，难得发脾气的丈夫耐不住性子了，冲着她说：“你真是个工作狂，难道你为了工作连女儿和家都可以不要么？”小黄哽咽地说服丈夫，取得了丈夫的理解。20 年来，粗略统计，黄海霞上夜班 2000 多个，超勤 300 多天，加班 10000 多小时，海霞就是这样的一个工作狂。

（三）

天下第一难事就是工作人员的一片好心往往不能被计生对象所理解所接受，还要不时受到计生对象的讽刺、挖苦甚至辱骂。工作中，黄海霞没少受气，但她相信“精诚所至，金石为开”，她把大爱全部留给了计生对象，视他们为自己的兄弟姐妹，千方百计的为他们提供优质服务，因而她赢得了计生对象们的理解和信任。2002 年初，一名女性结扎对象已生育了两个女孩，仍不肯手术，小黄热情接待，该女子却恶言相向。小黄并没有生气而是轻言细语地劝导，感动得那女子直说小黄好，愉快地接受了手术。

农村妇科病发病率高、查治率低是计生工作的一大难题。2000 年，黄海霞大胆提出改“坐堂行医”为“上门服务”的建议，得到领导的采纳。站里组建一支医疗小分队，每天带着 B 超等医疗器械，深入全市乡村为育龄夫妇提供面对面，心贴心的服务，每年下乡260多天，深得计生对象们的好评。在社港的一次普查中，黄海霞发现有个妇女疑似患宫颈癌，她提议该妇女到上级医院确诊治疗，并为之联系当年自己进修医院的教授，当了解到该女子家庭贫困时，小黄悄悄地将200元钱塞给了该女子。入院后，小黄多次电话询问该妇女的病情。几个月后，该妇女和家人特地来服务站感谢黄海霞，连夸"黄医生真好！"

2008年，黄海霞担任基层指导组负责人，牵头制定出工作手册，明确工作职责，规范服务流程，使生殖保健服务跃上了一个新的台阶。这项工作在2009年市政协组织的民意调查中，被评为政府为老百姓办的十件实事之一。

（四）

2005年5月，黄海霞光荣加入中国共产党，从此她以中国工人阶级先锋队队员的身份冲锋陷阵在计生服务的岗位上。2007年，她担任住院部科室带头人，2009年担任业务副站长，2010年担任站党支部书记，一步一个脚印地开拓进取。

2007年，海霞决心打破传统的结扎手术局部麻醉，以减轻手术对象的剧烈疼痛和害怕心情。经过深入研究，她大胆提出了将"复合静脉麻醉应用于结扎"的设想。不少同事心存疑虑，但她没有畏缩，而是以严谨的科学态度不断地探索，反复斟酌，制订出了一套严密的手术方案，成功完成了首例"无痛结扎"手术。从此，"无痛结扎"手术解除了育龄群众因怕痛而不愿结扎的顾虑。吸引着许多外省市同行纷纷前来观摩学习。随后，黄海霞又先后引进了无痛人流、TCT、HPV检查等多项新技术，给服务站带来了良好的社会效益和经济效益。

2009年，黄海霞担任副站长后，她以满足广大育龄群众需求为出发点，通过借鉴二甲医院的管理模式，加强内部管理，建立和完善了一整套规章制度，使服务站的工作日益规范化、制度化。黄海霞认为"要服务好群众，光有热情是不够的，还要带出一支团结战斗的团队，带出一支锐意创新的团队，带出一支技术过硬的团队。"她是这么想的也是这么做的。她对同事如同兄弟姐妹，关心备至，和谐相处，特别注重为同事们搭建学技平台。她定期邀请省、市有关专家来站里进行业务指导和培训；轮流选派医务人员到省级医院进修；她还积极鼓励医务人员在职自学；大力组织开展结扎、上环、引产、B

超、生化检验等技术大比武活动，使站里医务人员的技术明显提高。2010年市计生站代表长沙市参加省计生委科技大练兵竞赛获团体冠军和多个单项一等奖。

2010年，黄海霞当选党支部书记，率先垂范，引领站里的党员们发挥先锋模范作用，服务群众，服务社会。她十分注重党员干部的作风建设，每季度组织干部和职工进行职业道德教育和医德、医风教育，在全站推行阳光服务、上门服务、温馨服务，把优质服务融入各个环节。她聘请了20名行风评议监督员，定期反馈群众意见，倾听建议，全方位了解育龄群众的服务需求，不断提高服务质量。2012年，计生服务站被评为"长沙市先进基层党组织"。

2012年，她在全省率先提出"关注生殖健康，关爱亚健康人群"的计生服务理念，采取"送服务上门"与"站内义诊"相结合、"亚健康人群的健康指导"与"生殖健康普查"同步进行、"生殖保健"与"家庭保健"相互融合的方式，为城乡老百姓提供优质服务。全新的服务方式受到了育龄群众的热烈欢迎，每年受益群众达10万多人，《湖南日报》于2012年底对该服务方式做了典型推介。

作为市计生服务站的掌门人，黄海霞竭诚尽力带好了班，但她并不满足市站的辉煌，她心里装着整个浏阳的计生服务事业。在她的努力下，这些年浏阳的计生服务网络化更加完善，功能更加完备。全市计生网络化包括以市站为龙头，乡所为依托，村室为基础，组级为联络，流动服务车为纽带几方面的有机联动，形成宣传、督查、转诊、治疗的服务体系。小黄书记介绍：市服务站的龙头作用主要是统筹全市的计生技术服务工作；提供技术指导和上门技术服务。

乡（镇）计生技术服务所主要是组织好需提供服务的育龄夫妇、提供服务场地、开展后期随访、做好早孕随访、产后妊娠结局随访、避孕节育服务、生殖健康检查等。而村室和组指导员的职责主要是做好第一线的宣传、联络、及时准确地向上级提供计生信息等。为实现全市计生优质服务网络化，全市37个乡镇、街道都设立了计划生育技术服务所，401个村、社区都设立了服务室；每80–100名育龄妇女配备1名组指导员，全市共配备了3300多名，并且由市、乡适当发放津贴。市站的两辆流动服务车一辆负责生殖健康检查；另一辆则负责免费孕前优生健康检查。

在改革开放进入新的历史时期以后，随着城镇化步伐的加快，人口日益向城镇集中，外来人口越来越多，人口的流动性越来越大。大多数人们的生活越来越富裕，计生的新情况、新问题层出不穷，计生工作越来越复杂，任务越来越繁重，不创新网络化的有机联动服务体系就很难适应形势的发展，离开了网络中任何一个环节，计生工作就难以做好。就是上述组成的这张覆盖全市的网络把全市的优生优育、不孕不育、育龄夫妇健康技术服务有机联动起来。毫无疑问，是黄海霞劳模舞活了市服务站这个龙头，在龙头的带动下，全市的计生服务网络化有机联动起来共同致力开创全国一流的“四优一满意”新局面。因此，黄海霞对浏阳计生服务网络化的建设，对开创全国一流的浏阳计生服务“四优一满意”新局面是做出了贡献。

黄海霞劳模用青春编织出了道道光环，如同海平面上升起的朝霞，璀璨夺目，她激情似火，事业方兴。

因国家机构调整，卫生系统和计生系统合并。2016 年 10 月浏阳市计生服务站和浏阳市妇幼保健院合并，黄海霞因为工作出色被提拔为浏阳市妇幼保健院的纪委书记。到新岗位后，黄海霞加强纪检知识学习，很快就适应了新的工作岗位。工作中她严于律己，要求别人做到的自己率先垂范，严格管理医院干部职工，不徇私情，照章办事。在这种严肃的氛围里，大家都遵章守纪，医院干部作风风清气正，没有出现违纪违规现象。2017 年她分管的纪检工作被浏阳市卫计局评为专项工作优秀。我们期待她在新的工作岗位再创辉煌。

浏阳市官渡镇文化站站长孔昭谷：

28年坚守，只为振兴乡村文体事业

余振魁

孔昭谷，1965年5月出生在浏阳市官渡镇竹山社区石河组的农家，文艺的天赋使得他幼小就能歌善舞。他长得帅，加上良好的家教，人见人爱，乡亲们都亲切地称他“谷伢崽”。谷伢崽高中毕业后，凭他的天赋和优异成绩，本可以上大学深造，但他父亲的身体却每况愈下，病倒卧床。老父遗憾地对他说：“伢崽，是父亲无能让你上大学啊，以后家庭的重担就靠你担起啦！家乡的事你要多出力呀！”谷伢崽带着老父新的期待回乡务农了。送走老父亲，家里还有体弱多病的母亲。成婚后，又有了两个女儿。谷伢崽并不沮丧，他扶犁掌耙，唱着歌儿样样农活都干得好好的。他还在家乡的文艺赛事中屡屡获奖,名声越来越大。

面对20世纪80年代的南下打工潮,谷伢崽心动了。凭他能歌善舞的特长,他很快在广州的燕舞娱乐城当上了歌手,挣的钱也让他的腰包慢慢地鼓了起来。

1990年,官渡镇党政为了扭转群众文化体育事业落后的局面,决定召孔昭谷回乡担任文化站站长。孔昭谷犹豫了一阵子,是呀,有金子不淘,回乡干个工资低微的文化站长,有啥奔头呢?亲朋好友都劝他别往荆棘丛里钻;娱乐城老板,同事们都极力地挽留他。孔昭谷思考了好几天,他想起了为基层奋斗了30几年的老父亲,记起老父的嘱咐;他在遥远的广州似乎看到了乡亲们渴望丰富文化体育生活的神情。按捺不住内心的冲动,就在当年4月,孔昭谷走马上任官渡镇文化站站长。

群众文化体育工作底子薄,几乎是从零起步;改革开放的外界诱惑又大,怎么开展工作呢?他给自己下了几条硬性规定:一是紧跟上级的部署;二是配合镇党政的中心工作;三是从本镇的实际出发;四是尽善尽美,执着追求;五是不为私事所耽误;六是刻苦自学,紧跟时代。

他的老母亲长病卧床,需料理;妻子体弱,只能做些日常家务;两个女儿要上学,家里的一摊子事主要得靠他;他还种着3亩多责任田和几块自留土。但他起早贪黑,科学安排有限的工余时间,用拼搏精神干好了这么多繁杂的家事,还在工余时间当主持、唱歌、创作等来创收。我采访镇政府的公务员们,他们一致称赞老孔公私分明,每天上班他到得最早,回得最晚。

老孔上任几年后,广州燕舞娱乐城老板还多次来信许以高薪邀他回娱乐城。他回信说:"没有什么比家乡需要更重要的,家乡太需要我了!"1994年,当地的一家网吧很赚钱,邀老孔入股,不要他出钱,只求他挂个名,照样分红,还可安排他的妻子在网吧干些力所能及的事情,同样给工资。老孔回答:"上级有规定,凡是从事文化工作的人员都不得进入文化娱乐的股份。"面对诱惑,老孔硬是没去吃这块"肥肉"。

在市场经济的大背景下,官渡不少人做火焙鱼、嗦螺等生意;还有人开婚庆公司等都发了财,而老孔却依然固守着自己的阵地与清贫。他幽默地对笔者说:"其实,用我所能,不论干点什么我都早成了百万富翁,但我不能光图赚钱啊!乡村文体事业是振兴乡村的一项重要工作,用我所长,能为振兴家乡做点事,值啊!"

村民陈四清(女)对笔者说:"老孔为了做到一专多能,与时代合拍,总是见缝插针，学而不厌，他那多才多艺都是自学来的。我佩服他的敬业精神。”

说起老孔的敬业，他的同事和村民们无不称赞。

金元苏维埃政纲标语遗址是浏阳市文物保护单位，保护面宽（一栋清代支祠），但资金缺乏，为了省钱，老孔宁可不请人，每年自己爬上屋顶加瓦检漏；每次举行文艺晚会，为防止道具遗失，老孔就在台下开个地铺，彻夜守护；每次开展文化活动，因镇里资金有限，老孔都要跑东跑西，到镇域企业，找先富人家拉赞助。2008 年，由于镇上的两艘赛船已坏，镇龙舟赛组委会决定取消当年端午龙舟赛。老孔心急如焚，“这怎么行呢？龙舟赛可是我俚官渡文体工作的一张亮丽明片呀！好多人都想来看我们的传统龙舟赛呢！”他跑遍全镇的企业，筹集到 12 万元，邀同事去汨罗购回两艘标准赛船，才使得当年的龙舟赛如期举行。

为了看护每年龙舟赛场的物件，老孔每年在浏阳河边的沙滩上睡一两晚是常事。我采访的村民都异口同声赞扬老孔在龙舟赛中舍己救人的一桩往事。那是 2002 年的龙舟赛，开赛后一艘龙船不慎在河心翻倒，说时迟，那时快，老孔毫不犹豫地指挥船上的同事们跳进急流救人，把 8 个水性不太好的赛手都救上了岸。

……

28 年如一日，最终全心全意、满腔热情、执着而默默地耕耘着官渡镇的群众文化体育事业，并让其成为浏阳市群文园地的一朵奇葩。孔昭谷则坚守着清贫与执着，奉献了他的青春、壮年，奉献了他的才艺，而且还将坚守，还将奉献。可是谁知道，他一心扑在工作上没少受过爱妻的埋怨，也没少受过不少人的冷嘲热讽。

官渡镇地处浏阳东区，人口 3 万多，总面积 102 平方公里，辖 5 个行政村，3 个居委会，365 个村民小组。浏阳市委、市政府要求官渡建成“浏东明珠”，而官渡的群文工作则是“浏东明珠”的一束耀眼光环。过去的官渡文化体育活动贫乏，从 1990 年开始，辖区培育了多项丰富多彩的文化体育活动品牌。龙舟文化节已成功地举办至第 19 届（从 1990 年老孔任文化站长开始计算）；元宵舞龙舞狮赛到 2016 年已举办至第 16 届；庆元旦文艺汇演已举办至第 20 届；歌手赛已举办至第 6 届；篮球赛已举办至第 11 届；门球赛已举办至第 9 届；象棋赛已举办至第 5 届；交谊舞赛举办至第 3 届；演讲赛已举办至第 6 届；民间剪纸展演、皮影戏展演、美食文化节、客家文化节、情人节、书法春联大派送、农民运动会、广场舞、腰鼓舞展演、庙会等百花齐放，如火如荼，辖区文化骨干培养至上千名。

请看：2001 年被省人民政府授予“湖南省百强集镇文化站”称号；1997 年、1998 年、2002 年、2003 年分别被长沙市授予群众体育和送戏送电影下乡先进单位；2004 年—2008 年被长沙市委、市人民政府授予“群众体育工作先进单位”称号；2004 年被省体育局授予“群众体育工作先进单位”；2005 年被长沙市授予“长沙市群众文化艺术之乡”称号；2014 年被授予“湖南省民间文化艺术之乡”称号；1990 年至 2016 年有 21 年被省、长沙市和浏阳市评为文体工作先进单位，老孔都被评为先进个人，连年被本乡镇评为先进个人。他在本职业务方面的歌手赛、演讲赛、花鼓戏等比赛中屡次获浏阳市级以上的奖励。

面对这些成绩，老孔憨笑着说：“成绩一般，不值得恭维，没有最好，只有更好，我会一直坚守、一直拼搏进取的！”

……

笔者走访了镇党委原组织委员周英娥（女），周领导对老孔工作的评价是：他对文化体育事业非常热爱、执着；对官渡的文化体育活动组织得很好；对官渡的文化历史很了解，收集、整理了很多文史资料。他一家 5 口，全靠他一人维持，从没影响过工作，是个难得的德艺双馨人才！镇党政办曹主任对记者说：“孔大哥冒得讲，他爱岗敬业，认真负责，全身心投入，注重细节，力求完美；他人缘关系好，对同事、老百姓一往情深，最肯帮助别人……”

孔昭谷，好样的，你虽 54 岁了，可在你的家乡官渡，乡亲们依然像对当年的“谷伢崽”一样。党政领导们也无不赞扬你对建设“浏东明珠”做出的杰出贡献！对振兴乡村文体事业所起的榜样作用！

秋收起义纪念馆宣教科长余小平：

秋收起义纪念馆的芙蓉花

◐ 湖南读书会

她，1984 年 7 月出生的浏阳农村妹子，2004 年毕业于长沙大学附属浏阳师范学校，爱好与特长是舞蹈，就业的第一份工作是当讲解员。她先后在浏阳文庙、谭嗣同故居、胡耀邦故居、秋收起义文家市会师纪念馆担任讲解员工作。她从对革命历史不太感兴趣到主动刻苦钻研；对讲解工作从懵懂不清到有所建树。她极富亲和力的讲解风格无人不知，她就是余小平。

余小平在“芙蓉杯”竞赛宗旨的激励下，像一朵越开越艳的芙蓉花绽放在浏阳文博战线。她凭借自己扎实的业务素质、

热情的服务态度和精湛的讲解技巧圆满地完成了若干次重大接待任务:

2006 年 1 月 15 日,中共中央政治局常委、国家副主席曾庆红同志前往秋收起义文家市会师纪念馆和胡耀邦故居参观,省、市对这两处地方实施了特级安保,所有工作人员都得进行身份验证和户口普查,尤其对与曾副主席有直接接触的讲解员审查更严。谁能担此重任呢?这一光荣而神圣的任务唯有形象大方、业务精湛、机灵活泼的余小平最适合。接到任务后的余小平,既欣喜又惶恐,欣喜的是自己能幸运地与党和国家领导人保持 1 米的距离进行交谈,惶恐的是自己参加工作毕竟才 1 年的时间,害怕因业务水平不精而造成失误。于是,她更加认真努力的研究讲解词,更加全面地设想首长可能会提出的问题和遇到的情况。

那一天,是她有生以来第一次见到国家领导人,她热情而细心地为曾庆红同志讲解了胡耀邦同志故居及一些故事,将耀邦书记"一身正气,两袖清风"的事迹说得淋漓尽致,参观完曾庆红同志握住她的手说:"小同志,你讲解得不错嘛,感谢你们把胡总书记的故居保护和宣传得那么好!"他慈爱的形象和鼓励的话语深深地烙在了余小平的脑海里。她出色地完成了这次的讲解和接待任务,获得了各级领导的一致好评。

同年 4 月 12 日,中央政治局常委、中纪委书记吴官正莅临文家市纪念馆和耀邦故居指导工作,而这次的讲解接待工作,各级领导又一致推选余小平担任胡耀邦故居的讲解。余小平仔细地完善了日常讲解中的一些不足之处,当她第一次看到吴官正常委时,被他黝黑的面色、严肃的表情怔住了,顿时她又多了一份紧张。她灵机一动,如此严肃的领导怎样才能博他一笑呢?讲生动活泼的小故事吧。于是用她灿烂的微笑去迎接首长、用她真诚的话语去感染首长、用生动的故事去逗趣首长,最终在说到小耀邦和小杨勇两老表的故事时,首长的眉头舒展了,笑容露出来了,小余感到无比的欣慰,全场的各级领导也乐开了,整场讲解便在这样轻松愉悦的收尾中结束。随之王兆国、王乐泉、贾廷安、何振梁等高级领导同志,陆续来馆参观,而讲解接待的光荣任务都非小余莫属了,小余不负众望,每次都圆满完成了任务。

就这样,年轻的小平在"芙蓉杯"竞赛中不断地磨炼,在一个个光荣而重大任务中不断成长……

"每一场赛事,无论是心理上,还是水平上,都是一种很大的考验与锻炼",余小平在回顾中深情地说。

参加工作 11 年来,余小平参加了多个主题的演讲赛,一路跌跌撞撞,越挫越勇，终于在演讲领域闯出了一片蓝天，被浏阳市演讲与口才学会吸纳为会员。

2004 年，刚参加工作的余小平作为浏阳市唯一代表参加了湖南省“岳阳楼”首届讲解员比赛。她向全省各界介绍了“南欧北梅”之一的欧阳予倩先生光辉的一生，宣传了浏阳的文人与文化，荣获了三等奖；

2005 年，她参加浏阳市“学习文花枝精神”主题演讲赛，荣获三等奖；

2006 年，她参加浏阳市“共产党之光”主题演讲赛，荣获二等奖；

2007 年，她参加浏阳市“信心与黄金”主题演讲赛，荣获三等奖；

2008 年，她参加浏阳市“反腐倡廉”主题演讲赛，荣获二等奖；

2009 年，她参加湖南省“在历史现场，向祖国报告”主题演讲大赛，以“山乡文化颂辉煌”的演讲内容赢得了演讲大赛的金奖，同时被评为“2009 年湖南省十佳演讲员”；

2010 年，冲锋陷阵的她参加浏阳市“我与读书”演讲赛，结合单位实际和自身情况，用“力量之源伴我行”的内容夺得了一等奖。

……

2011 年，她做了母亲。然而这一年，身怀六甲的她仍工作在第一线，尤其在“七一”建党节期间，这是纪念馆一年中游客最多，讲解任务最繁重的时候，已经怀孕 8 个多月的她仍挺着大肚子，顶着烈日，迈着浮肿的双腿在为游客导游、讲解，走累了就站一会再讲；呼吸困难了就请大家先看看展版，所有的游客向她投来敬佩的眼光，在参观过程中大家也更加的认真，更加尊重她。

《红色的回忆》是纪念馆推出的第一个特色文艺节目，当这一任务落在宣教科时，大家都想到能胜任的主角唯有曾经是舞蹈特长生的余小平了，从编写剧本、编录音乐、排练舞蹈、表演节目，小平都保持着兴奋状态，乐此不疲地全程组织参与，因为这个节目是她爱好的快板舞蹈，是她重拾舞蹈灵气的节目，曾经多少次与老师推敲快板词句，曾在长沙编曲录音至凌晨 1 点才回家，曾多少次组织同事们练习到喉咙嘶哑。经过 4 个多月的酝酿与编排，一台优秀的节目终于精彩完美地展现在了大众的面前，赢得了如雷般的掌声。秀出了文家市纪念馆的靓丽风采，扩大了纪念馆的影响。

都说讲解员是个吃青春饭的职业，但余小平却一笑了之，11 年了，她用自己宝贵的青春和诚挚的热心投入到工作上，在这个岗位上默默无闻地奉献着，无怨无悔地坚守在讲解第一线，每年都要完成大大小小的讲解接待任务500多批，倾听过小平讲解的人可以用成千上万、不计其数来形容。她也记不清多少次中午没赶上开饭点，天热劳累没胃口，只好吃几口冷饭充饥，却导致了胃痉挛；也记不清多少次因长时间使用嗓子而喝着中药，最后诊断为慢性咽炎、喉炎……

馆领导看中了这棵好苗子，2008年起至今，余小平被馆领导委任为宣教科科长，宣教科向来被视为纪念馆的名片。她未讲半句价钱，以更高的热情担当起了这副重担。她一如既往，以共产党员的先锋模范作用影响着科里的5位同事。尤其可贵的是她从宣教科的接待、讲解和科员的素质出发，先后规范了科员的讲解用语、着装、行为举止等，从制度上加以创新，出台了《宣教科2015星级评定方案》，星级划分为一至八级，讲解员的收入由基础工资+目标管理奖+绩效考核奖×星级系数组成。她注重科室成员的业务培训，制定了"黄金一与三"学习计划，即每日读一份报、30分钟形体训练；每周一次业务研讨、三页读书笔记；每月一次内部素质培训、三次进课堂授课；每季一次评选考核，三分钟反思发言；每年一次外出跟班学习、三份学习心得。她尝试接待讲解与文艺形式如快板、歌舞、诗朗颂等有机融合。她创新了红色文化进校园活动，与里仁学校、文家市中学等联谊，将红色精神与国学文化结合起来，主题是"红色精神泽故里，传统文化润校园"，注重培养学生们如何做人，树立正确的人生观、价值观。她在当地儿童少年中开展"争做红色小传人"活动；开展讲红色故事比赛。她还分期开办"小讲解员培训班"并组织小讲解员参加"中华小导游"视频比赛。她创新的"八朵金花之博学月季"，历经风霜，精彩绽放。"八朵金花"是去年纪念馆提出的八种特色讲解风格，选定好的"博学月季"是以1927年里仁学校老师身份亲身讲述秋收起义会师时的场景与情节，在历时大半年的修改、打磨、两次试讲后，终于在2015年5月下旬崭露头角，精彩绽放。她积极协同馆领导进行全方位的对外宣传工作，多方发声，全面报道。自2012年建立起多方媒体平台以来，宣教科充分利用这些平台宣传报道，2015年上半年，已有94条信息上传至纪念馆官方网站，上传66条信息至政府信息网，邀请省市媒体报道的大型活动有6次。新媒体方面，微信编辑15条信息，包括工程、新闻、活动等信息，其中大型活动有："种植梦想、身体'栗'行"文家市镇2015年植树节活动、"百家旅行社、媒体走进浏阳"；浏阳河文化产业园、快乐大本营入榜2015年度中国文化品牌；多项活动迎2015博物馆日；"小举动·大关爱"纪念馆捐助山区32名留守儿童；浏阳秋收起义陈列馆年内完成主体建设等全面及时进行报道，最大限度地为纪念馆宣传造势，树立行业标杆。

……

余小平于2012年加入中国共产党，转正后便担任了馆支部的组织、纪检委员，支部则评为了“创先争优先进基层党组织”……

“小平，你这么优秀可以去更高更广阔的平台发展。”很多人都向她说过这样的话。她只是莞尔一笑，是红色情结和“芙蓉杯”竞赛将她牢牢系在了这个平凡的工作岗位上。每一次讲解并非简单而枯燥的重复讲解词，而是一次对他人宣传与教育活动，尽管有时候会很累，会很苦，但是游客们一阵阵的掌声和如潮的赞扬就是对她最好的鼓励，“小姑娘，讲解得真好！”“你长得美、笑得甜，如同一朵夺目的芙蓉花！你的讲解也堪称一流！”“谢谢你的讲解，让我们清楚地了解了中国革命这段历史。”在这个工作岗位上，余小平找到了自己的存在感和价值感，因此一种幸福感油然而生。近年来，余小平不断地开拓进取，她带领宣讲科的“娘子军”相继开展了红色历史进学校、进机关、进农家；培训小导游、小讲解员等活动；还将红色历史编排成许多文艺节目演出；在讲解中融合快板、歌唱、朗诵等文艺形式让枯燥单调的讲解活起来，生动起来……她决心在“芙蓉杯”竞赛中永远冲锋在前；在文博战线上奉献一辈子，让“芙蓉花”越开越艳丽。

浏阳市劳动模范李继章：

在历练中成就完美

◐ 余振魁

在采访浏阳市劳动模范李继章先进事迹的几天里，凡接触到老李曾经工作过的市花鼓戏剧团和现工作单位市文体广电局的领导、同事，大家都无不啧啧赞叹，称赞他是“一心为公”“诚朴、勤俭、德艺双馨”……

农民儿子的成长之路

去李继章家采访，老李被记者劝得不得已的搬出百多本荣誉证书。那一本本见证他成长足迹的红本本在我脑海里凝聚、升华，一个令人钦敬的劳动模范形象便渐渐丰满起来，最终取代了眼前这个极普通的老李。我记下了这些红本本，其中有：1992 年省文化厅颁发的"湖南第二届映山红民间戏剧节晋京汇报演出工作做出了显著成绩"的嘉奖；2009 年获省财务系统"优秀论文二等奖"；2010 年省人民政府荣记的"三等功"；连续 19 年评为"优秀共产党员"；连续 10 年评为"优秀公务员""先进工作者"，2017 年获中华人民共和国财政部"会计工作 30 年"荣誉证书……这百多本荣誉证书清晰地反映出了李继章这个农民儿子的成长之路。

1958 年，李继章出生在浏阳市普迹镇金江社区的一个农民家庭，他是四兄妹中的老大。未上过学的父母虽然负担重，家境贫寒，但节衣缩食也要送这个喜歌爱舞的乖孩子上学。1972 年上半年，小继章快初中毕业，被浏阳师范小演员培训班录取。两年的培训，少年继章不但受到了器乐、表演等专业培训，而且还学完了高中的文化课。1974 年 8 月，李继章入选县花鼓戏剧团，以演奏乐器为主。他为人热情诚恳，很快就成了剧团里一个人见人爱的好团员。与此同时，他还自学并通过了会计证考试。1980 年，领导委任他为剧团会计。24 岁那年，已是团支部书记的小李光荣加入了中国共产党；两年后他升任党支部副书记，在继任会计的同时还兼管人事工作。

当年，县文化局正缺个既懂文艺又懂财务的干部，局领导在全县文化系统选拔，李继章被选中。1995 年 1 月，一纸调令将李继章摆在了县文化局财务科长的位置。2000 年，文化局与体育局合并，2011 年文体局又与广电局合并，李继章这个理财能手被留住。迄今，从文化局到文体广电局的 24 年间，尽管变换了 6 位局长，但无一不满意李继章的出色工作。显然，李继章是最令浏阳市文体广电系统信赖和尊重的财务专家。

爱岗敬业，甘为事业孺子牛

今年快满 60 岁的李继章还坚持在文体广电局计财产业科工作。在剧团干了 20 年，又在文体广电局干了 24 年。他从一个普通乐手起步，先后担任过乐队队长、灯光组长、会计、团支书、党支部副书记。在文体广电局先后担任过办公室副主任、计财科长、内部审计室主任等。他还兼任浏阳市琵琶分会常务理事、市会计学会副会长、市内审协会理事、局机关党支部副书记等。现任局党委书记、局长余海波动情地对记者说："我已与老李共事 5 年，他谦谨寡言、踏实勤奋、不图名利，称得上是献身人民事业的一头'老黄牛'"。

李继章的爱妻李建辉在市人民医院工作，她最心疼丈夫，也最理解、支持丈夫的工作。她动情地对记者说着丈夫的往事："1982年底，我临产女儿时，他正在乡下演出，他接到电话后硬是坚持到演出完才抽空回家看宝贝女儿。""每当年终决算，他就要加班熬夜，继章得了颈椎病，时常喊头疼，我劝他请假去看医生，他总是摇着头说'工作任务紧啊！'，于是他往脖子上贴膏药，吃几粒药丸，又去上班了……"

由于财务工作的特殊性和时间性，加班加点，成为他的家常便饭，尤其是年初预算，年终结算。他除了本身业务，还得对局里的8个二级机构（文物管理局、体育运动管理局、执法局、文化馆、博物馆、图书馆、剧团、欧阳予倩大剧院）财务人员进行指导、监督、审查。原任局纪委书记李承旭、谢文佳介绍：早些年文体广电局每年的经济收入几十万元，如今已达几千万元。2004年—2006年进行欧阳予倩大剧院基建，年均进出账目达2000多万元，欧阳予倩大剧院共耗资金6000多万元。这些年在老李的精心操持下，竟然连一分钱的差错都没出过。他俩还讲到，欧阳予倩大剧院是浏阳"十五规划"重点建设工程，当初仅有200万元拆迁补偿费，李继章主动与当时的局领导班子一道积极从多条渠道融资4000多万元。为了欧阳予倩大剧院的建设，他把办公桌搬到了基建工棚内。有一天他加班到夜深12点，大雨滂沱，加上工地泥泞路滑，他连人带自行车倒在了泥坑里，头部和手臂被石头剐出了深深的伤口，鲜血直流，他不动声色地去医院缝针、包扎后，第二天一早又忙在了工地上……

我问李继章这么多年管理这么多的巨款为何未出现过一分钱的差错？他回答："财务工作责任如山，容不得丝毫的马虎，我一旦发现差错，就反复核算，有时一连复核十多次"。

剧团的同事们说："老李兼管人事那几年，亲自跑有关单位查档、核实、办手续，为6位老同志落实了政策。"文体广电局原副局长李美成说："凡与财务有关的同事们的养老、医疗、住房公积金、失业保险等，干部调进、调出的有关手续，李继章都热心经办，为领导、同事们解除忧虑。""文体部门家底薄，经费紧张，李继章每年年初都尽早主动向领导提出预算，为了解决单位经费周转困难和离退休老同志的福利待遇问题，历年来，曾向上级写请示报告数百份，都取得了一定的效果。"

廉洁奉公，一尘不染传美誉

李继章执掌全市文体系统的财经大权，在业务往来上，他从不为难对方。同事们说："他坚持原则，凡不合理的开支，凡白纸条子，普通收据，哪怕是几元钱，领导签了字的他也尽量说服对方，取得对方谅解，坚持不予报销。机关的会议费、车辆费、招待费、水、电、油、电话费等，每年发放奖金、福利等一律按规定执行，从未超标，而且有节余。节余指标他从不内部私分或变相私分，总是结转下个年度。"由于李继章的勤奋努力工作，2004 年—2014 年文体广电局的会计工作连续被浏阳市财政局评为先进单位。

2004 年，李继章从解放路剧团的老家搬到龚家桥小区的新家，他坚持不动用公车，大量家具他硬是请板车和自己骑单车拖过来，一连花了半个多月。人家笑他："你们局里有车子，你不用，你这是何苦哟！"他坦言回答："公车私用搞不得，我应该以身作则。"

李继章就是这样一位廉洁奉公，一尘不染的账务人。

艰苦奋斗，政治本色永弘扬

李继章执掌财权几十年，始终保持着艰苦奋斗，勤劳节俭的政治本色。

他用的办公电脑也已 8 年，陈旧迟钝了仍不肯换。局里承办文艺活动和公务接待，除特殊情况进宾馆外，一般都按小饭店的每桌 200 元至 400 元进行经费预算和控制。这样一来，文体广电局的招待费每年均能节省 10%以上。对此，有人笑他小气，他淡然答之："用公家的钱我就是小气，不小气可不得了呀！"

励志成才，报效国家情高尚

李继章几十年来他刻苦自学，励志成才。他拜师学弹琵琶，两次参加成人高考，获电算会计中专文凭和财务管理大专文凭。1995 年 4 月，他参加国家公务员考试被录取。他刻苦磨炼自己，成了琵琶演奏高手，为浏阳的文艺事业做出了独特的贡献。他参与演奏的浏阳弹词《红旗飘飘上井冈》《赶鸡》曾多次在湖南人民广播电台播放；他参加省艺术节调演的花鼓戏《菊石魂》

和《石榴湾风情》由湖南卫视录音、录像并多次播放;他曾三次应邀参加国家文化部的“映山红”民间文艺调演晋京汇报演出。近期他又应邀参加北京“感动中国2018群众文化艺术周”,以《浏阳风情》器乐合奏曲,荣获金鼎奖。他的多篇财务、内审论文屡获省、市嘉奖。他总结了珠算竞赛和电算会计指导学习的成功经验,并培训了大批财务人才,他以出色的工作实绩为浏阳文体广电系统的财务管理做出了重大贡献,这就是他人生的追求与豪迈。

总而言之,李继章就是这么一位德才兼备、极富亲和力、极受大家赞誉的人。他献身文体广电事业,是在40多年如一日的栉风沐雨中,勤学苦练,顽强拼搏,无私奉献历练出来的完美劳动模范。他无愧新时代劳动者的楷模。